Geschichte, Entwicklung, Globalisierung

Clemens Six
Hindu-Nationalismus und Globalisierung

Indien ist ein kulturell gespaltenes Land, das sich in Folge der graduell erfolgenden Globalisierung vor allem der Städte einerseits und der ideologischen Umgestaltung der Innenpolitik zugunsten hindu-nationalistischer Kräfte andererseits aufteilt. In einem Wettstreit der Symbole lassen sich Anzeichen für einen »Kampf der Kulturen« zwischen dem Eigenen, dem Hinduistischen und dem Anderen, dem global Fremden, ausmachen. Vor diesem Hintergrund kommt es zu gewaltsamen Protesten gegen Popkonzerte, Softdrinks und Esskulturen westlicher Herkunft. Etwa zeitgleich setzt eine Radikalisierung als Ausformung einer Gemeinschaft der Hindus ein, die den Nicht-Hindu zum Objekt der Bedrohung erklärt. Ebenfalls durch Symbole als kulturelle Art der Mitteilung wird so die exklusive Nation der Hindus begründet, deren ideologisches Profil zur Sprache kommt. Der Autor zeigt, in welcher Weise diese scheinbar gegenläufigen Trends in einem Zusammenhang stehen und für die Zukunft Indiens und der gesamten Region von entscheidender Bedeutung sind.

In der Reihe *Geschichte, Entwicklung, Globalisierung* werden zukunftsweisende wissenschaftliche Arbeiten publiziert, die historische Fragestellungen in die Analyse aktueller Globalisierungs- und Entwicklungprozesse einbeziehen. Die jeweiligen Themen werden in pointierter und überschaubarer Form der *scientific community* zur Diskussion präsentiert.

Der Autor:
Clemens Six, Mag. phil., geb. 1975, Studium der Geschichte, Theologie und Philosophie in Salzburg und Wien; 1995/96 und 1998/99 mehrmonatige Studienaufenthalte in Indien, u.a. bei Prof. Francis X. D'Sa am Institute for the Study of Religion De Nobili College in Pune und am Department of Anthropology an der North Eastern Hill University in Shillong.

Clemens Six

Hindu-Nationalismus und Globalisierung

Die zwei Gesichter Indiens:
Symbole der Identität und des Anderen

Geschichte, Entwicklung, Globalisierung, Band 2

Brandes & Apsel / Südwind

Gedruckt mit Förderung des Bundesministeriums für Bildung, Wissenschaft und Kultur in Wien

Herausgeber: Peter Feldbauer, Irmi Hanak, Gottfried Liedl, John Morrissey, Andreas Novy, Christof Parnreiter

Redaktion/Satz: Andrea Schnöller / Marianne Oppel

Für den Mattersburger Kreis für Entwicklungspolitik an den Österreichischen Universitäten und den Verein für Geschichte und Sozialkunde, Institut für Wirtschafts- und Sozialgeschichte der Universität Wien

Die Deutsche Bibliothek - CIP-Einheitsaufnahme

Six, Clemens:
Hindu-Nationalismus und Globalisierung : die zwei Gesichter Indiens: Symbole der Identität und des Anderen / Clemens Six. - 1. Aufl.. - Frankfurt a.M. : Brandes und Apsel; Wien: Südwind, 2001
(Geschichte, Entwicklung, Globalisierung; Bd. 2)
ISBN 3-86099-215-5

1. Auflage 2001
© Brandes & Apsel Verlag GmbH, Scheidswaldstr. 33, D–60385 Frankfurt a. M.
Umschlaggestaltung: Petra Sartowski, Franz Richter Online GmbH Frankfurt am Main, unter Verwendung eines Fotos von Clemens Six, Wien
Druck und Verarbeitung: Difo-Druck OHG, Bamberg, Deutschland
Gedruckt auf säurefreiem, alterungsbeständigem und chlorfrei gebleichtem Papier

ISBN 3-86099-215-5

Inhalt

Vorwort

Am 11. Mai 1998 avancierte die Republik Indien 51 Jahre nach ihrer Unabhängigkeit durch die Zündung dreier unterirdischer Atomsprengköpfe zur offiziellen Atommacht. Die rechtsgerichtete, hindunationalistisch orientierte Bharatiya Janata Party (BJP), die als jüngst im Amt vereidigte Regierungspartei die Tests anordnete, sprach von einer Neopositionierung Indiens im internationalen politischen System, das nun in seiner formalen Dominanz durch die fünf Atommächte in Frage gestellt schien. Diesem ebenso dramatischen wie weitreichenden politischen Schritt ging eine innerindische, durch die hindunationalistisch orientierte Rechte bestimmte Neudefinition Indiens als politischer Raum, als Staatsvolk und als Kultur- und Traditionsträger voraus, die sich im Rahmen internationaler wirtschaftlicher und globalpolitischer Veränderungen vollzog, nämlich dem Wegfall der bipolaren Weltordnung und einer neuen, höchst intensiven Phase der Globalisierung der Ökonomie. Das vorliegende Buch ist der Versuch einer Parallelisierung zwischen diesen Prozessen der globalen Entwicklung und den politischen und kulturellen Neudefinitionen im Inneren Indiens. Zur Sprache kommt dabei eine vermutete Dialektik zwischen der sich international ereignenden Öffnung durch die Neo-Globalisierung der Wirtschaft und einer national inszenierten Verschließung durch die Hinduisierung Indiens. Diesen möglichen Zusammenhang, seine genauere Wirkweise und seine gesellschaftlichen und politischen Konsequenzen näher zu charakterisieren, ist das Thema der Arbeit.

Der Anlass zu diesem Thema fand sich im Studienjahr 1995/96, das ich in Indien verbrachte. Auf meiner Reise mit dem Fahrrad durch Zentralindien bekam ich im Jänner '96 eine ausgebrannte Kentucky Fried Chicken-Filiale in Bangalore zu Gesicht, die unter schwerem Polizeischutz neu errichtet wurde. Die Frage nach den Gründen und Motiven dieser Aggression gegen das amerikanische Fremde erwies sich in den Zeitungsarchiven als äußerst interessant und weitreichend, sodass der Bezug zur wirtschaftlichen Öffnung des Landes nicht lange gesucht werden musste. Inwieweit hier nicht nur rhetorisch, sondern auch kausal ein Zusammenhang zwischen einem Kampf der Kulturen und der Globalisierung bestand und inwieweit dieser Widerstand in einer wachsenden innerindischen Feindseligkeit zwischen den Religionsgruppen eingebettet war, waren die weiterführenden Fragen, die ich mir vornahm zu erörtern.

Der Text ist die überarbeitete Version meiner Diplomarbeit aus Geschichte, eingereicht am Institut für Wirtschafts- und Sozialgeschichte der Universität Wien. Die Studien vor Ort wurden während eines viermonatigen Aufenthaltes am

8 Vorwort

Department of Geography der Universität Mumbai im WS 1998/99 geleistet, der durch ein Stipendium des Bundesministeriums für Wissenschaft und Verkehr mitfinanziert wurde. Abschließend möchte ich besonders jenen Menschen danken, die maßgeblich an der Entstehung beteiligt waren, nämlich Peter Feldbauer, der die Arbeit von den ersten Fragestellungen an begleitete, sowie Swapna Banerjee-Guha, deren ‚Perspektiven von innen' sehr hilf- und lehrreich waren.

1. Globalisierung und Kultur

Seit nunmehr einigen Jahrzehnten verändern sich die Voraussetzungen für das soziale und kulturelle Leben der Menschen weltweit in signifikanter Weise. Eine sich zunehmend stärker globalisierende Weltwirtschaft schafft veränderte Rahmenbedingungen, die für sämtliche Bereiche des Lebensvollzuges aller Menschen von Bedeutung sind. Den Anlass findet die vorliegende Arbeit unmittelbar in diesen geänderten Rahmenbedingungen, die in ihren Eigenschaften und vor allem Auswirkungen auf einen lokalen, d.h. im Gegensatz zum globalen Ganzen abgrenzbaren Kontext, nämlich Indien, untersucht werden sollen. Aus der bisher recht breit und umfangreich geführten Debatte zum Thema Globalisierung geht primär der Eindruck hervor, dass es sich dabei zunächst um einen ökonomischen Prozess handelt, der seine neue Qualität vor allem aus der nun gesteigerten und beinahe uneingeschränkten Mobilität von Kapital, Waren und Menschen gewinnt. Nach dem anfänglichen Marktkapitalismus der frühen Moderne, der die Herausbildung überregionaler, kapitalistisch organisierter wirtschaftlicher Netzwerke brachte, und dem imperialistischen Monopolstadium der westlichen Wirtschafts- und Kolonialmächte tritt das Kapital nunmehr in die dritte, für die Fragestellung dieser Arbeit entscheidende Phase seiner Entwicklung ein, in der es sich der noch verbliebenen Reste nationalstaatlicher Grenzen entledigt und auch die letzten Regionen vorkapitalistischer Existenz zu durchdringen ansetzt (Jameson 1984:78). Neue Techniken und vor allem die globale Informations- und Kommunikationsrevolution transformieren nicht nur den Modus des Wirtschaftens, sondern ermöglichen auch kulturell völlig neuartige und ebenso global wirksame Dynamiken, die sämtliche Regionalkulturen dieses Planeten mit einbeziehen (Lyotard 1994:21f). Mit anderen Worten erwachsen aus der primär ökonomisch charakterisierten, postmodernen Voraussetzung weltweit Effekte und Konsequenzen, die ihrerseits wiederum weit über den wirtschaftlichen Bereich hinausgehen, wie zum Beispiel in den Feldern kultureller Formationen. Unübersehbar gehen mit der weltwirtschaftlichen Umgestaltung Prozesse der Neuformulierung und Neukonzeption von kultureller Identität und Differenz einher, die nicht selten in eine Radikalisierung und Fundamentalisierung des kulturell Eigenen gegenüber einem kulturell als Bedrohung wahrgenommenen Anderen münden. Im Folgenden soll eine Auseinandersetzung mit möglichen Reaktionen, Umgangsweisen und Handhabungsversuchen mit dieser postmodernen Voraussetzung unternommen werden, die als globales Phänomen seit der schrittweisen wirtschaftlichen Öffnung Indiens in den 80er und besonders in den 90er Jahren auch diesen Subkontinent mit seinen Traditionen, Kulturen, Religionen und sozialen wie wirtschaftlichen Strukturen betrifft. Damit ist klar, dass es bei dieser postmodernen Voraussetzung um ein komplexes Konglomerat von Bedingungen, Prozessen und Wirkmechanismen geht, das die unterschiedlichen Bereiche des gesellschaftlichen und individuellen Lebens auf ebenso unterschiedliche Weise verändert. Die Neustrukturierung der Weltwirtschaft im postfordistischen Zeitalter, die Revolution der Kommunikationstechnologie und der globalen Medienlandschaft, die damit notwendig einhergehende Neuverteilung der Macht durch exklusiven Informationszugang und die sich daraus ergebenden kulturellen Dynamiken sind die Eckpfeiler dieser sich rasch ändernden Voraussetzung des Lebens. Die vorliegende Erörterung ist der Versuch, diese globalen Vorgänge im Bereich der Kultur sowohl theoretisch wie auch praktisch-empirisch zu kontextualisieren und die nationale Auseinandersetzung mit diesen zu beschreiben und zu analysieren. Quasi als Maßstab oder auch als Arena der Auseinandersetzung, die sich allzu oft auch zur gewaltsamen Ablehnung gegenüber dem vermeintlich Globalen entwickelte, habe ich die Ebene der Zeichen und Symbole, der Semiotik, gewählt. Diese erschien mir als signifikantes Medium des kulturellen Sprechens, mit dem tief sitzende Ängste und Befürchtungen artikuliert werden, die für die gesellschaftliche und politische Entwicklung Indiens von großer Bedeutung sind, insbesondere, da es sich bei diesem Kampf gegen das Fremde um ein Motiv handelt, das sich hervorragend zur demokratie-politischen Instrumentalisierung eignet und damit seine vehementen Vertreter in höchsten politischen Kreisen findet.

Das Thema eines möglichen Zusammenhanges zwischen der Globalisierung als wirtschaftliche Öffnung Indiens und der innerindischen Radikalisierung der Religion, Kultur und Politik im Sinne einer Hinduisierung soll in vier Arbeitsschritten dargestellt werden. Zunächst scheint es notwendig, die kulturellen Dynamiken der Globalisierung etwas näher zu charakterisieren, zu erklären, was ich unter den möglichen kulturellen Implikationen dieses primär wirtschaftlichen Prozesses verstehe, und wie die Rollen der einzelnen Teilnehmer dieses globalen Austausches verteilt sind. Anschließend geht es darum, die sich an den sichtbaren Symptomen der Globalisierung, wie etwa Straßenschilder westlicher Unternehmen oder US-amerikanischen Fastfood-Restaurants, entzündenden Protestformen zu beschreiben und die dahinter stehenden Agitatoren näher zu betrachten. Dabei kommt es darauf an, ihre möglichen ideologischen oder realpolitischen Motivationen herauszufinden und näher zu charakterisieren. Da die Kontroversen um das Globale in Indien aber keinesfalls isolierte Vorgänge sind, ist es im nächsten Schritt, drittens, unabdingbar, diese sowohl ideologisch als auch politisch in den innerindischen Kontext einzuordnen. Es wird dabei ersichtlich, dass die radikale Ablehnung des Globalen in eine sich seit zwei Jahrzehnten intensiv ereignende Radikalisierung und Hinduisierung der indischen Gesellschaft und auch Politik eingebettet ist und diese Ablehnung daher nur durch eine Erweiterung der

Betrachtung der zeitgeschichtlichen Entwicklungen Indiens verstanden werden kann. Um zu zeigen, dass der ideologische Kreuzzug gegen das Globale, Fremde, Andere in Indien lediglich die (ideo-) logische Fortsetzung einer innerindischen Radikalisierung darstellt, versuche ich in diesem dritten Schritt, die historische Perspektive der Einbettung in die indische Zeitgeschichte in obigem Sinn zu erweitern. Diese Logik der Kontinuität kann an zwei Punkten besonders deutlich erkannt werden. Zum einen hinsichtlich der Personen des Protestes gegen das globale Fremde, die nämlich genau die selben sind, die auch in der Innenpolitik die Hinduisierung und gewaltgeladene Radikalisierung sowohl der Gesellschaft wie auch der Politik selbst vorantreiben. Zum anderen erscheint diese Logik durch einen Blick auf die Ideologie dieser Hindunationalisten evident, die einen exklusiven Kulturnationalismus vertreten, der auch faschistoide Elemente kennt und sowohl den Feind innerhalb der Landesgrenzen, nämlich den Nicht-Hindu, wie auch außerhalb dieser, nämlich das globale Fremde, ausmacht. In einem vierten Schritt wird daher versucht, genau diese Entsprechungen durch einen genaueren Blick auf die handelnden Personen und auch auf den Nationsbegriff der Hindunationalisten als die wohl zentralste Kategorie ihrer Ideologie aufzuzeigen. Schließlich werden als Essenz dieser Gegenüberstellung von kultureller Radikalisierung und Globalisierung fünf mögliche, direkte Wechselwirkungen dieser beiden Entwicklungen aufgezeigt, um einen kausalen Zusammenhang und dessen konkretes Wirken zu erkennen.

1.1. Kulturelle Dimensionen der Globalisierung

Einleitend ist es für diese oben beschriebenen Zielsetzungen wichtig, das Globale in seinen Dimensionen zunächst in theoretischer Hinsicht festzulegen, um klar zu machen, was damit gemeint ist, welche Prozesse ihm zugeschrieben werden können und wie seine möglichen kulturellen Implikationen aussehen. Wie bereits erwähnt, muss in der Debatte über Globalisierung und ihre möglichen Dimensionen ein Ausgangspunkt fixiert werden, der in der sich neu formierenden Weltökonomie liegt (Harvey 1995). Diese flexibilisierte Weltwirtschaft lässt den Raum und auch die Zeit auf einer weltumspannenden Oberfläche komprimieren und erklärt den gesamten Globus zunächst nur für den Kapitalverkehr zum Schauplatz flexibler Akkumulation, die heute da und morgen bei nur leicht geänderten Bedingungen dort passieren kann (Harvey 1990:284). Dieser Ausgangspunkt überzeugt schon alleine dadurch, dass sich in ihm das kausale wie entstehungsgeschichtliche Primat der Ökonomie widerspiegelt, das den Prozess der Globalisierung in entscheidender Weise determiniert. Auch Frederic Jameson nimmt wie David Harvey seinen Ausgang in dieser Feststellung und analysiert davon ausgehend die möglichen kulturellen Implikationen. Dieser neue kulturelle Raum des Globalen ist nach Jameson (1984:60) in erster Linie das Ergebnis des späten, also jüngsten Kapitalismus, der durch seine Eigenschaften die weltweiten

Veränderungen kultureller Muster bestimmen würde. Diese postmoderne Kultur sei durch eine „neue Oberflächlichkeit" charakterisiert, die sich in der Rezeption kurzlebiger Trends erschöpft und nur mehr einen persiflagen Vergangenheitsbezug aufweist (Jameson 1984:65), also keine unmittelbare und verbindliche Rückbindung an die Tradition kennt. Etwas weniger wirtschaftsdeterministisch geht John Tomlinson vor, der in seiner Darstellung des kulturimperialistischen Ansatzes – ich komme noch ausführlicher darauf zurück – die Postmoderne, also die Kondition des Globalen, als epochale Nachfolge auf das Zeitalter des Imperialismus begreift und davon ausgehend Systemzwänge und kulturelle Hegemonie analysiert (Tomlinson 1991:173-179). All diesen Ansätzen gemeinsam ist die deklarierte Reichweite der Ökonomie, die als Fundament aller weiteren Konsequenzen dieser Globalisierung angenommen wird. Von der wirtschaftlichen Entwicklung ausgehend werden die Auswirkungen auf die einzelnen Teilbereiche des gesellschaftlichen Lebens wie etwa das Politische, Soziale oder Kulturelle dargestellt, sodass dabei die Gefahr eines „Wirtschaftsdeterminismus" (Robertson 1991:282; 1992:16) besteht, der hier durch einige Zusätze auf dem Weg zu einer Definition des Globalen vermieden werden soll.

Ich will den Prozess der Globalisierung zunächst als einen Kanon unterschiedlicher Entwicklungen verstehen, dessen einendes Moment das prozesshafte Ereignis der Transformation dieses Planeten zu einem singulären Raum ist (Robertson 1991:283). Diese zunächst lose Inhaltsbestimmung soll in keiner Weise romantische Sehnsüchte nach Harmonie und Einheit nähren, da diese unter den gegebenen Bedingungen weder Realität noch Möglichkeit sind, sie erlaubt aber das äquivalente Einreihen der unterschiedlichen Aspekte dieser Entwicklung, das besonders für den kulturellen Bereich von entscheidender Bedeutung ist. Anthony Giddens (1990:64) meint in diesem Sinn, dass Globalisierung vor allem und zunächst die weltweite langzeitliche Intensivierung der sozialen Verhältnisse bedeutet, die untereinander distanzierte lokale Einheiten in solcher Weise einander annähert, dass lokale Ereignisse in entscheidender Weise von weiter weg stattfindenden Vorgängen mitbestimmt werden und umgekehrt. Giddens interpretiert damit das Globale als einen dialogischen Austausch von sozialdeterminierenden Faktoren und lässt dabei jegliche Konnotation von Macht und Hierarchie ungeachtet, die etwa ein Ungleichgewicht in diesem Prozess des Austausches erklären würde. Ich werde diese fehlende Dimension etwas weiter unten noch hinzufügen.

Jan Nederveen Pieterse, der ausführlich und mit starker Referenz für den nichtwestlichen Bereich zum Thema Globalisierung publiziert hat (Nederveen Pieterse 1995; 1996; Nederveen Pieterse/Parekh 1997), spricht sich im obigen Sinn für eine Korrektur des Begriffes aus, der nur im Plural zu begreifen sei. In Anlehnung an die Definition von M. Albrow, der unter Globalisierung all jene Prozesse zusammenfasst, die die Menschen in eine globale Gesellschaft, eine Weltgesellschaft inkorporieren, hält Nederveen Pieterse es für nötig, von

Globalisierung*en* zu sprechen, die gemäß ihren heterogenen Segmenten eine Vielzahl an wissenschaftlichen Disziplinen beschäftigen müssen (Nederveen Pieterse 1995:45). Globalisierung auf diese Weise verstanden umfasst demnach eine Vielzahl von Entwicklungen und Prozessen, die nicht monokausal auf die weltweite Flexibilisierung der Wirtschaft zurückgeführt werden können. Stand auch am Anfang die graduell fortschreitende Entfesselung der Weltwirtschaft, so umfasst diese Dynamisierung mittlerweile Segmente des gesellschaftlichen und individuellen Lebens, die zumindest teilweise autonom von der ökonomischen Sphäre gedacht werden müssen.

Um im kulturellen Bereich gegenseitige Bedingungen zwischen dem Globalen und dem Lokalen zu fassen, muss ein Charakterzug der Prozesse der Globalisierung besonders hervorgehoben werden, nämlich das Vereinen von binären Oppositionen, die als Wesenszug des Globalen schlechthin verstanden werden können. Der Universalisierung gewisser kultureller Muster steht eine vehemente Partikularisierung als eine deutliche Überbetonung der kulturellen Eigenheit gegenüber, die sich nicht selten als aggressive Abgrenzung gegenüber dem Fremden, meist Westlichen versteht. Homogenisierung wird dabei konterkarriert von Differenzierung, globalökonomisch und auch politisch opponieren Integration und Fragmentation. Im globalen Kräftespiel steht Staatspolitik auf Dauer in der scheinbar ruinösen Spannung zwischen Zentralisierung und Dezentralisierung und hinsichtlich der Frage der kulturellen und religiösen Identität bringt das Globale das Nebeneinander versus den Synkretismus (McGrew 1992:74f). Diese gegensätzlich anmutenden Entwicklungen sind in der Globalisierung interdependent vorhanden, bilden quasi die beiden Seiten ein und der selben Medaille (Robertson 1996:165). Diese fusionieren als Aktion und Reaktion im Prozess der weltweiten Umgestaltung und bilden nicht das Für oder Wider gegenüber dem Globalen, sondern sind als dessen Wesenszüge inhärent vorhanden. Ein Beispiel dazu. Für das Verständnis der Genese und politischen Etablierung der hindunationalistischen *Shiv Sena* Partei in Mumbai ist es von Bedeutung, Homogenisierung nicht *versus* Differenzierung zu verstehen, sondern Differenzierung *innerhalb* einer religiösen Homogenisierung und im globalen Kontext auch umgekehrt. Zum einen vertritt die Partei einen regional geprägten, sehr spezifischen Hindunationalismus, der sich als Sondergut innerhalb der landesweiten religiösen Homogenisierung ausnimmt, die andererseits wiederum bewusst als ein einheitliches Ganzes im verwirrenden Prozess der globalen Differenzierungen inszeniert wird. Vor allem für den vierten, bereits erwähnten Arbeitsschritt, in dem versucht werden soll, die möglichen Wechselwirkungen zwischen Globalisierung und Hinduisierung Indiens zu klären, wird es nötig sein, obige Oppositionen im Sinne eines derartigen Verhältnisses zu verstehen, denn globaler Kapitalismus forciert und findet als unumgängliche Kondition seinerseits beides: kulturelle Homogenität und kulturelle Heterogenität (Robertson 1996:173). Es ist keine Frage des Entweder-Oder, sondern die Analyse der

Weisen, in denen beide Tendenzen zu unverzichtbaren Determinanten des Lebens am Ende des 20. Jahrhunderts geworden sind.

Die beiden entscheidenden Koordinaten des Sozialen, Raum und Zeit, erfahren im Prozess der Globalisierung eine wichtige Transformation, die von einigen Autoren als die Kernpunkte der globalen Kondition angesehen werden. Allen voran analysiert David Harvey (1990:284) diese Neuorganisation von Raum und Zeit und interpretiert deren Kompression im Zuge vor allem wirtschaftlicher, post-fordistischer Veränderungen als störend für die Bereiche der Politökonomie, des Sozialen, der Klassenkonsistenzen und auch der Kultur. Robertson erweitert diesen Ansatz noch und charakterisiert die Globalisierung als fundamentalen Aspekt der Raum-Zeit-Distanzierung (Robertson 1995:26). Als solche verbindet diese nicht nur kausal räumlich getrennte Lokalbereiche, sondern bringt das Anwesende mit dem Abwesenden in direkten Austausch, sodass Kausalitäten wahrgenommen werden können, die vorher inexistent waren. Das Bedeutende an diesem Vorgang ist ihr vereinnahmender Charakter, d.h. die neue Raum-Zeit-Kompression inkludiert sämtliche Lebensbereiche der Menschen, erlaubt keine lokale Elitisierung und bedarf keiner persönlichen Anstrengungen von Seiten jener, die zum Gegenstand dieser Integration werden. Die modernen Kommunikations- und Transportmedien beseitigen freilich graduell alle weißen Punkte der globalen Raummatrix und bieten nicht nur jedem Orientierung, sondern zwängen die Partizipienten in die neue Zeitmatrix. Globalität wird zur „provinziellen Haltung" (Altvater/Mahnkopf 1997:39), die sich im Wesentlichen im geänderten Bewusstsein manifestiert, das sich zu globalisieren beginnt (Robertson 1992:22). Globalität wird von sich aus relevant, sobald die für sie notwendigen Rahmenbedingungen gegeben sind.

Das bedeutet aber gleichzeitig, dass in den Sozialwissenschaften durch die omnipräsente Form der globalen Transformation im Globalen kein neues Thema erschlossen wird, zumal die Frage nach den lokalen Beziehungen zu einer globalen Ebene historisch nichts Neues ist (vgl. Falk 1996). In seiner Beschaffenheit und omnipräsenten, alles einschließenden Durchdringung wird das Globale jedoch zu einer in sämtliche Bereiche der sozialen Existenz vordringenden relevanten Determinante, die eine Revision der sozialwissenschaftlichen Perspektiven unumgänglich macht und das Globale in den Rang einer neuen Metaerzählung erhebt. Nach der Ablöse der Metaerzählungen der Moderne wie der Aufklärung, des Kommunismus oder des fortschrittsorientierten Positivismus der modernen Naturwissenschaften bleibt im postmodernen Zeitalter die Globalisierung als schematisierender Bogen, der in der theoretischen Reflexion als Sinnhorizont über das Soziale, Wirtschaftliche, Politische und Kulturelle gespannt wird, um so nicht nur diesem Bogen gemäß die Gegenwart aus der Vergangenheit zu verstehen, sondern auch entsprechende Imperative für die Zukunft zu formulieren. Alles, was bisher über das soziale und kulturelle Leben der Menschen gesagt wurde, muss unter der Einbeziehung der globalen Vernetzung und globalen wirtschaftlichen Durchdringung neu gesagt werden, jede ernst zu nehmende Perspektive in die nahe Zukunft hat sich an diesem Maßstab der Globalisierung zu orientieren. Konsequenz dieser Bewertung der global wirksamen Faktoren kann es aber nicht sein, sämtliche Dynamiken des Sozialen im lokalen Bereich nur mehr als Reflexion globaler Verhältnisse zu verstehen, zumal man damit eine exklusive Dichotomie zwischen global und lokal konstruiert, die für ein fundiertes Verständnis lokaler Vorgänge, Veränderungen und deren Ursachen zu kurz greift. Es ist hingegen notwendig, das Lokale in zumindest möglicher omnipräsenter Wechselwirkung mit dem Globalen zu sehen. Dies zu zeigen, ist die Intention der folgenden Analyse der indischen Entwicklung, die beide Segmente, die Präsenz des Globalen einerseits und die rein innerindischen Vorgänge andererseits, zu vereinen sucht.

Für Roland Robertson besteht die entscheidende neue Qualität der jüngsten Globalisierungsprozesse nicht so sehr in der prinzipiellen Ausbildung globaler Kommunikations- und Handlungshorizonte, die historisch ohne Mühe weiter zurückverfolgt werden können, sondern in der neuen Dimension der praktischen Implikationen dieses Globalen (Robertson 1992:21). Es ist eine Eigenheit der jüngsten Vergangenheit, dass die Menschheit als eine zunehmend globale Gesellschaft gedacht wird und eine immer größer werdende Anzahl von Menschen in direkter Relation zu diesem Globalen handelt, also einen wesentlichen Sinnzusammenhang ihres Tuns in globalen Interaktionen findet. Notwendigerweise hat sich das Augenmerk daher für die Untersuchung der Globalisierung und ihrer Konsequenzen auf das zu richten, was das menschlich-individuelle und auch kollektive Handeln in entscheidender Weise mitbestimmt. Es muss gefragt werden, ob und auf welche Art diese Determinante, nämlich die Kultur, im Rahmen globaler Kontaktaufnahmen transformiert wird.

Um die Wirkweise der Globalisierung im kulturellen Bereich überhaupt ausfindig machen zu können, ist es zunächst notwendig, den Kulturbegriff etwas näher zu bestimmen, um so das Feld abzugrenzen, auf dem die Spurensuche stattfinden kann. Den im Rahmen der Globalisierungsprozesse zentralen Blick auf hegemoniale Tendenzen verdankt die Kulturtheorie dem marxistischen Kulturparadigma, von dem hier ausgegangen werden soll, das aber, um die Rolle der Symbole im stattfindenden Kulturkampf adäquat zu fassen, erweitert werden muss. Der marxistische Kulturbegriff versteht Kultur zunächst als Reflexion materieller Verhältnisse, sodass darin kein Raum für eine zumindest graduelle Autonomie des Symbolischen besteht, der aber für mein Verständnis des Wirkens von Kultur unverzichtbar scheint. Schon Antonio Gramsci erweitert den marxistischen Kulturbegriff in entscheidender Weise, wenn er den Menschen in kultureller Hinsicht vorwiegend als „Geist" begreift, der in seiner kulturellen Existenz historische Schöpfung ist und nicht Natur (Gramsci 1987:9). Kultur wertet er als Gewinnung eines höheren Bewusstseins, durch das man „den eigenen historischen Wert, die eigenen Funktionen im Leben, die eigenen Rechte und Pflichten zu begreifen vermag" (Gramsci 1987:8). Neben der entscheidenden inhaltlichen Erweiterung des marxistischen Konzeptes, das Kultur dem Kontext der apriorischen Gegebenheit entnimmt, verweist Gramsci auf die Dimensionen der Kultur hinsichtlich der menschlichen Existenz. Der Mensch setzt seine eigenen Handlungsparadigmen in der Kultur sowohl innerhalb eines größeren historischen Kontextes, als auch individualgeschichtlich, biographisch und auch prinzipiell gegenüber den ihm eigenen Rechten und Pflichten.

Noch einen Schritt weiter über das materialistische Verständnis von Gramsci hinaus stellt sich die Frage nach den Graden der Autonomie von Symbolen und kulturellen Bedeutungen. Marshall Sahlins (1994:7) begreift die Eigentümlichkeit des Menschen in kultureller Hinsicht im Bedeutungsschema, das er seiner Mitwelt in seinem Verständnis entgegenbringt und das nicht als ein quasi soziogenetisches Resultat der materiellen Umwelt zu verstehen ist, sondern als ein weitgehender Selbstentwurf. Dieses Bedeutungsschema ist die Welt der Bedeutungen allgemein, in der jede Person lebt und die sich besonders in Symbolen aller Art ausdrückt. Diese Welt der Bedeutungen entwirft der Mensch selbst und ist damit nicht das zwingend notwendige Resultat seiner materiellen Umwelt. Dies schließt freilich den Bezug auf materielle Umstände nicht aus, diesen gehorcht der Mensch aber nicht bei der Produktion seiner Welt der Bedeutungen und Symbole, sondern agiert und reagiert in der materiellen Welt eben *gemäß* seines symbolischen Schemas, das niemals das einzig mögliche ist (Sahlins 1994:8). Verdeutlicht wird dieser für die spätere semiotische Untersuchung wesentliche Punkt noch vom amerikanischen Philosophen Leslie White, der symbolisches Verhalten als ein gerade nicht an die physikalische Realität gebundenes versteht, sodass die Welt, in der der Mensch lebt, kein einfaches Produkt der Sinne ist, sondern ein Resultat seiner Fähigkeit, Bedeutungen zu verleihen und Bedeutungen zu erfahren. Der Mensch unterscheidet sich vom Tier eben durch das „Vermögen, eine Welt der Symbole und Vorstellungen aufzubauen, in der er *genauso* lebt, wie in der physikalischen Welt" (zit. nach Sahlins 1994:151). Ich werde weiter unten genau von diesem Verständnis der menschlichen Kultur und Symbolik ausgehen, wenn ich die Dimensionen und Funktionen von symbolischen Orten, Restaurants und Tieren näher betrachte und diese in einen möglichen globalen Kontext stelle.

Das, was im Sinne Gramscis Kultur genannt wird, kann im Wesentlichen auf drei Ebenen verstanden werden, nämlich einer universalen, einer kollektiven und einer individuellen (Mathias 1989; Wallerstein 1992). Die universale Ebene der Kultur ist die, die der Mensch aus seinem wesenhaften Dasein entwickelt und die global betrachtet in kultureller Differenz dazu anhält, „ähnliche Dinge" auf „verschiedene Weise" zu tun (Friedman 1995:207), um ihnen auf der zweiten Ebene des Kollektivs Bedeutung und Sinn zu geben. Kultur hat in diesem Sinn zwingend etwas mit Kollektiv und „Externalisierung" (Hannerz 1992:7), also Öffentlichkeit zu tun, die sie zum einen bestimmt und die sie zum anderen zu transformieren vermag. Die dritte Ebene, die des Individuums, gestattet personale Abweichungen vom herrschenden kulturellen Paradigma und relativiert die moderne Tendenz der ideologischen Homogenisierung. Der erste entscheidende Wesenszug der postmodernen Kultur im globalen Zeitalter besteht in der Gewichtsverlagerung zugunsten der dritten Ebene, das Individuum sieht sich einer zunehmenden Komplexität und Multiplikation der kulturellen Perspektiven und Stimmen gegenüber und kann aus einem schier unüberblickbaren Angebot aus Identitäten im medialen Supermarkt wählen (Hannerz 1992:34). Das „postmoderne Selbst" findet sich in einem Gefüge von Relationen und Angeboten der Identität wieder, das noch nie so komplex und beweglich war (Lyotard 1994:55). Damit ist noch nichts über die inhaltliche Transformation ausgesagt, Tatsache ist aber, dass sich vor allem bisher eher abgeschlossene Kulturräume im globalen Zeitalter einer zunehmenden Öffnung von außen gegenüber sehen, die wesentlich das Individuum als Kulturträger entdeckt und diesem als Konsument in Form einer personalen Selbstinszenierung eine scheinbare kulturelle Mündigkeit und Autonomie ermöglicht.

Die anstehende Frage nach den kulturellen Dimensionen der Globalisierungsprozesse ist auch oder vor allem eine Frage nach einer globalen Gesellschaft und ihrer möglichen kulturellen Konstitution, zumal von einer globalen Gemeinschaft im Sinne Tönnies wenn überhaupt, so nur in hypothetischem Sinn gesprochen wird, ohne diesem Gedanken einen allzu großen inhaltlichen Bezug zur derzeitigen globalen Realität einzuräumen (Robertson 1996:78f; McGrew 1992; Reimann 1997). Die Frage nach der globalen Gesellschaft oder den globalen Gesellschaften ist tatsächlich zentral, kann aber hier nicht ausführlich besprochen werden. Entscheidender sind für das Thema dieser Arbeit die Merkmale der stattfindenden kulturellen Flüsse und Interaktionen auf globaler Ebene im Detail, die den kulturellen Raum definieren, in dem die hier hypothetisch angenommene globale Gesellschaft leben würde. Dabei müssen auch Aspekte wie die Frage der Hegemonie, der Machtverhältnisse allgemein oder das Verhältnis zu anderen wesentlichen Bereichen des Globalen wie der Ökonomie zur Sprache kommen. Im Folgenden wird daher versucht, die kulturellen Vorgänge der Globalisierungsprozesse in drei Grundzügen zu beschreiben, die in ihrem ergänzenden Charakter eine möglichst holistische Perspektive dieser brisanten Veränderungen bieten sollen. Zunächst wird der Blick, wie bereits beim marxistischen Kulturbegriff angedeutet, auf die hegemonialen Strukturen im globalen kulturellen Austausch gelenkt und gefragt, inwiefern in diesem Zusammenhang von Imperialismus durch den Westen gesprochen werden kann. Weiters scheint evident, dass im Zuge der globalen Kulturtransformation neue, zuvor unbekannte Kulturformen entstehen, deren hybride Grundstruktur eine Ergänzung der Imperialismusthese notwendig macht. Schließlich kommt noch der Kampf der Kulturen selbst zur Sprache, der sich in aller Deutlichkeit zumindest politisch-rhetorisch aber auch brachial zu ereignen scheint. Mit diesen drei Grundzügen sollen jene Vorgänge charakterisiert werden, die den Anlass zur Kontroverse in Indien bieten und deren Verlauf und Hintergründe im Anschluss zum Thema werden.

1.2. Kulturelle Homogenisierung: Hegemonien im globalen Kulturfluss

Ein erster wesentlicher Grundzug der globalen kulturellen Überformungen und Neuschaffungen besteht im keineswegs echt dialogisch, sondern hegemonial und höchst ungleich gestalteten Austausch kultureller Impulse und Botschaften. Zunächst ist die Vermutung der kulturellen Homogenisierung nur in engster Verbindung mit einer politökonomischen Analyse verstehbar, die bis in die sechziger Jahre wesentlich vom Zentrum-Peripherie Modell mitbestimmt war und demgemäß Formen der kulturellen Interdependenz skizziert wurden. Die These von der asymmetrischen und hegemonialen Amerikanisierung, oder mit inhaltlichen Abweichungen auch Sowjetisierung der globalen Kulturlandschaft gründete sich auf die wahrgenommene ökonomische Hegemonie der USA, die die Propagierung eines American Way of Life in (fast) globaler Dimension maßgeblich ermöglichte (Hannerz 1992:218f). Vor allem den der amerikanischen Kultur innewohnenden Appell zur individuellen Realisierung vorwiegend im Konsum und den Fortschrittsglauben sah man als die drängenden Elemente einer globalen Homogenisierung zu Lasten der lokalen und nationalen Kulturen (Featherstone 1993:170), deren weltweite Zerstörung den Weg in eine flache und verarmte Massenkultur freigeben würde (Eco 1984:42). Freilich ereignete sich seither in zunehmendem Tempo die Dezentralisierung und flexible Akkumulation des Kapitals (D. Harvey), sodass, um die These der Amerikanisierung aufrecht zu erhalten, andere, nicht nur auf politökonomische Faktoren fixierte Erklärungen gesucht werden müssen. So meint Stephanie Handschuh-Heiß (1997:62) etwa, dass neben der frühen Entstehung des riesigen Binnenmarktes in den USA, also ein fordistisches Argument für die spätere Amerikanisierung, auch die Dimension und der Reichtum an kulturellen Traditionen des Vielvölkergebildes USA eine ästhetische Sprache entstehen ließ, die über ethnische Grenzen hinweg Anklang zu finden vermochte. In der Tat würden derartige Argumente helfen, beispielsweise eine japanische Apathie im globalen Ausverkauf der eigenen Kultur bei gleichzeitiger entsprechender ökonomischer Potenz zu erklären. Nach Handschuh-Heiß ergibt demnach die gelungene Kombination aus wirtschaftlicher Potenz, die ihrerseits durch mittlerweile weltweite Imagekampagnen in Werbung und Film die kulturelle Botschaft von Artikel wie den BigMac oder Michael Jackson überhaupt erst kreieren und propagieren, und multikultureller Ästhetik, die sich durch eine immanente Vielfalt kultureller Sprachen auszeichnet, eine Grundstruktur des globalen Kulturaustausches, die eindeutig durch die Dominanz des Westens und besonders der USA bestimmt ist.

In der Sozialwissenschaft wurde die These von der Homogenisierung entscheidend erweitert, sodass sie in Reinform nur mehr selten, und wenn, dann sehr spezifisch vertreten wird. Einer dieser Vertreter ist der amerikanische Soziologe George Ritzer, dessen McDonaldisierungsthese breite Resonanz in der Sozialwissenschaft fand und der mit der zunehmenden weltwirtschaftlichen Durchdringung durch Multinationale Konzerne die Globalisierung bestimmter soziorganisatorischer Paradigmen verbindet. Für Ritzer (1995:15) ist die McDonaldisierung „der Vorgang, durch den die Prinzipien der Fastfood-Restaurants immer mehr Gesellschaftsbereiche in Amerika und der ganzen Welt beherrschen". Diese Prinzipien sind unter anderem das Kriterium der höchstmöglichen Rentabilität und Effizienz, der Berechenbarkeit, die sich symptomatisch im weltweit gleichen Menü der Restaurantkette artikuliert, die damit verbundene Vorhersagbarkeit und die letztlich allumfassende, im Sinne der marktbeherrschenden Unternehmen funktionierende Kontrolle sowohl über den Konsumenten, als auch über den in den Produktionsvorgang inkludierten „Unsicherheitsfaktor" Mensch. Freilich beschränkt Ritzer seine Analyse nicht auf den Bereich des Fastfood-Restaurants, sondern zieht die organisatorische Grundstruktur betreffend zahlreiche Parallelen in die Bereiche Ausbildung, Arbeitswelt, Reisen, Freizeitgestaltung, Ernährung im Allgemeinen, Politik und Familie. Das für meine Zwecke Wesentliche an dieser These ist, dass mit Hilfe Ritzers die scheinbare soziale und lebensweltliche Neutralität der primär ökonomischen Globalisierung aufgehoben werden kann, die ihrerseits das Individuum keineswegs neutral als Konsumenten entdeckt, sondern es weltweit in eine Sozialstruktur einzufügen vermag, die ausschließlich den Produktionsinteressen entspricht und die zumindest in ihrer Grundform homogenisierende Tendenzen aufweist.

Skeptiker wenden gegen die Theorie Ritzers und anderer Fürsprecher der Homogenisierungsthese mit Recht ein, dass diese vermutete Homogenisierung niemals in reiner Form vorliegt und es sogar im Fall der amerikanischen Fastfood-Industrie lokale Adaptionen gibt, um den Konsumenten quasi innerhalb seines kulturellen Kontextes abzuholen. Shannon Peters Talbott wendet in ihrer Untersuchung der Eröffnung der ersten McDonald's Filiale in Moskau ein, dass zwar auch in diesem Fall soziorganisatorische Veränderungen sowohl der Konsumenten wie auch der Arbeiter vor sich gegangen wären, letztlich es sich aber nicht um eine kulturelle Homogenisierung handle, sondern um eine globale Lokalisierung (zit. nach Nederveen Pieterse 1996:1391). Multinationale Unternehmen seien, so Peters Talbott, gezwungen, sich lokalen kulturellen Konditionen anzupassen, um den Einstieg in die lokale Konsumentenschaft erfolgreich durchführen zu können. So variieren beispielsweise die Hamburger weltweit an Geschmack und auch lokale unterschiedliche Marketingstrategien würden die scheinbar homogene Vereinnahmung lokal variabel gestalten.

Die Entdeckung Indiens durch den BigMac ist ein hervorragendes Beispiel für diese Einschränkung. So enthält der Menüplan der Filialen in Mumbai, der übrigens mit „Good Time-Great Taste" (McDonald's Cooperation 1998) titelt, wie explizit hervorgehoben wird, kein Schweine- oder Rindfleisch. Rein indische Kreationen, wie etwa das Chilli Cheese Sandwich, der Kebab Burger oder der zum Maharaja Mac aus Lammfleisch mutierte BigMac stellen eindeutig eine Lokalisierung nicht nur hinsichtlich des Geschmacks, sondern auch ideell beispielsweise durch entsprechende Namensgebung dar. Angesichts der so entscheidenden und wesensbestimmenden Merkmale wie das Schweinefleisch im Hamburger oder der Hamburger an sich als Esssymbol, der sich übrigens auf der Speisekarte aus Mumbai nicht findet, sind dies gravierende Anpassungen an den in diesem Fall indischen Kontext, die aber auch aufgrund der Proteste im Vorfeld, die weiter unten noch ausführlich besprochen werden, hinsichtlich der gesellschaftlichen Akzeptanz absolut notwendig waren.

Um das Beispiel der Restaurantkette abzuschließen, stelle ich die These Ritzers und die gemachten Einschränkungen noch einmal gegenüber. Peters Talbott plädiert wie gesehen für eine globale Lokalisierung, die nicht unbedingt einen Gegensatz zu den Erläuterungen Ritzers darstellen. Denn die von ihm hervorgehobenen Prinzipien der sozioorganisatorischen Veränderungen konnten auch in Moskau, Manila oder Mumbai beobachtet werden und in ideeller Hinsicht ist nach wie vor für den weltweiten Erfolg von McDonald's nicht das Faktum entscheidend, dort eben jenes Fleisch erwerben zu können, das in ganz Indien gegessen wird. Dies hilft der Kette lediglich, sich gegen Anfeindungen aller Art zu behaupten. Die Stammkonsumenten vor allem in der Jugend erwirbt McDonald's eben durch den weltweit gleichen Verkauf von Burger, die weltweit gleichermaßen das Aufsaugen des Flairs der amerikanischen, weiten und so freien Welt möglich machen und die damit verbundene kulturelle Botschaft an den Adressaten bringt. In diesem Punkt gibt es keine Abweichung, da sich McDonald's so selbst überflüssig machen würde.

Schließen möchte ich dieses Unterkapitel mit einer Notiz zum Ansatz des „Kulturimperialismus", der seit den sechziger Jahren zum fixen Repertoire der globalen Diskussion gehört und der behauptet, „that authentic, traditional and local culture in many parts of the world is being battered out of existence by the indiscriminate dumping of large quantities of slick commercial and media products, mainly from the United States" (Tomlinson 1991:8). Auch James Petras (1993) stellt in seinem klassisch gewordenen Aufsatz zum Thema diese bereits erwähnte enge Verbindung zwischen wirtschaftlicher Hegemonie und kultureller Dominanz her und zeichnet die Linien vor allem unter Verweis auf die Rolle der Medien und des Konsums weiter hinein in die Themenbereiche Identität und kulturelle Verwurzelung. Die Kulturimperialismusthese lenkt den Blick auf die unter Rückbindung auf die wirtschaftlichen Verhältnisse und Ungleichgewichte hegemonial bestimmten Strukturen des globalen Kultur-flusses. Die erörterten Einschränkungen dieser These durch eine vermutete „globale Lokalisierung" stellt weniger eine Abweichung von den imperialisti-

schen Strategien dar als vielmehr deren konsequente Durchführung. Die scheinbare regionale Adaption mancher Kulturimpulse bildet keinen kulturell-dialogi-
schen Austausch, sondern erleichtert lediglich den Einstieg des zunächst Fremden in den lokalen Kontext. Das eigentlich Vermittelte bleibt der „Geschmack
des Westens", um dessentwegen die neuen Oasen der Freiheit und Modernität
wie etwa die Fastfood-Restaurants in Asien gestürmt werden.

1.3. Kulturelle Hybridisierung: Patchwork der Entnationalisierten ethnischen Motive

Wie bereits am Beispiel der postmodernen Kultur und den ihr innewohnenden
Reichtümern an mittlerweile global zur Verfügung gestellten Identitäten gezeigt,
greift für eine allgemeine Charakterisierung der kulturellen Veränderungen im
Rahmen der Prozesse der Globalisierung das Bild von der weltweiten Synchro-
nisierung nicht nur in kultureller Hinsicht zu kurz, sodass ein komplexeres
System an vor allem gegenseitigem kulturellen Austausch angenommen werden
kann, ohne dabei hegemoniale Realitäten wie oben dargestellt zu missachten.
Das, was Featherstone (1995:6) die „Kompression der Kultur" nennt, nämlich
jene Dynamik der Globalisierung, die die zuvor kulturell isolierten Dinge in
Beziehung und engeren Kontakt setzt, stapelt kulturelle Momente im Individuum
aufeinander, um damit einen neuen kulturellen Gesamtzusammenhang zu schaffen, der sich seinerseits wiederum auf die einzelnen Komponenten dieses
kulturellen Patchworks auswirkt. Diese Vorstellung von den geänderten Be-
ziehungsmustern der Menschen in der sich globalisierenden, postmodernen
Kultur stellte ich bereits bei Lyotard heraus, der in eben dieser Weise das
postmoderne Selbst beschreibt. Dieses Selbst lebt eben nicht mehr in den zumeist
von der sozialen Gemeinschaft und Tradition definierten Identitätsmustern,
sondern findet sich in einem Gefüge von mobilen, austauschbaren und auch
aufgebbaren Kultur- und Identitätsmustern wieder. Dieses Gefüge ist, so Lyotard
(1994:55), in der Postmoderne so komplex weil vielschichtig und so beweglich
weil jeweils individuell gestaltbar. Praktisch heißt das, dass Menschen, die heute
von den Globalisierungen in irgendeiner Weise erfasst sind, entlang unterschied-
lichster Identitätslinien leben können, die gegeneinander abgewogen geradezu
kontradiktorisch erscheinen mögen, die aber praktisch durch die Konstitution der
Postmoderne durchaus vereinbar sind. In diesem Sinn versteht sich etwa die
Anfrage von Purushottam Agrawal (1994:17), der indische Sprachen in Delhi
lehrt, wonach interessant wäre zu untersuchen, wieviele Besucher des bislang
einzigen Michael Jackson Konzertes in Mumbai den großen „Champion of
(Hindu-) nationalism", die Bharatiya Janata Party (BJP), wählen.
    In weiterer Folge ist es unmöglich, das Globale als notwendigen Gegensatz
zum Lokalen zu verstehen, sodass dieses Verhältnis besser als Gleichzeitigkeit des
scheinbar Ungleichzeitigen, nämlich des für älter gehaltenen Partikulären und des

so neu anmutenden Universalen, Globalen zu verstehen ist. Robertson (1996:100) charakterisiert die Globalisierung sowohl als die „Universalisierung des Partikularismus", also die zu beobachtende weltweite Betonung der lokalen Eigenheit im Rahmen der global anspringenden Interdependenzen, als auch als „Partikularisierung des Universalen", also die kulturelle Transformation und Modifikation des scheinbar Überregionalen. Angesichts dieser „strukturellen Hybridisierung" (Nederveen Pieterse 1995:49) stellen sich Identitätsfragen völlig neu, sie werden zunehmend komplexer und interdependenter, zumal die Menschen zum einen in ihrem lokalen Kontext handeln und denken, zum anderen graduell immer stärker an globalen Horizonten teilnehmen. Gerade aus diesem Grund lehnt Appadurai (1998:29) das Modell der Amerikanisierung ab, da es natürlich Tatsache ist, dass sich Madonna zwar dem globalen Musikgeschmack entsprechend verstehen darf, sie aber gleichzeitig zur Kenntnis nehmen muss, dass ein Chinese den Rest des Tages, den er nicht vor dem Radio verbringt, nach den Regeln seines lokalen Kontextes gestaltet, und keinesfalls synchron zum American Way of Life.

Ich fasse zusammen. Die sich in der zweiten Hälfte des 20. Jahrhunderts wiederum intensivierenden globalen Kompressionsvorgänge finden in kultureller Hinsicht ihren vorläufigen prozesshaften Ausgang in einer sich zusehends „kreolisierenden Welt" (Hannerz 1992:261f), die unter Bedacht auf vor allem in ökonomischer Hinsicht eindeutig festlegbare hegemoniale Tendenzen ein regional sehr unterschiedliches Maß an kulturellem Austausch hervorbringt. Dieser Austausch transformiert seinerseits wiederum die vormals rein lokalen kulturellen Räume entscheidend, sei es in die Richtung einer sowohl qualitativen als auch quantitativen Neubewertung der lokalen Kultur oder eher in Richtung Öffnung der lokalen Elemente gegenüber den globalen Einflüssen. Beide Reaktionen sind in Relation zum Globalen zu verstehen, sodass eine Neutralität auch in kultureller Hinsicht gegenüber den Prozessen der Globalisierung nahezu undenkbar wird. Für die nähere Betrachtung der kulturellen Artikulationen, wie sie im Rahmen dieser Arbeit exemplarisch durchgeführt werden, ist daher entscheidend, wer die vermeintlichen kulturellen Inhalte des Lokalen formuliert, mit welchen Absichten und in welcher Relation zum internationalen Kapital. Die für diesen analytischen Vorgang entscheidenden Prämissen sind daher folgende:

1) Die Autonomie und die Gebundenheit von Kulturen muss im Zeitalter zunehmender Globalisierung graduell verstanden werden, sodass Verallgemeinerungen über die detaillierte Analyse der lokalen Kontexte hinweg unangebracht erscheinen.

2) Die Verteilung von kulturellen Impulsen auf globaler Ebene ist kein Prozess des emanzipierten Dialoges, sondern bestimmt durch eine Struktur der Asymmetrie und hegemonialen Ungleichheit.

3) Diese Verhältnisse verändern lokale Kulturen in unterschiedlichem Maß auf zweierlei Arten: Zum einen durch die Transformation der lokalen materiellen Umstände sowie der Machtverhältnisse überhaupt, politisch wie auch

ökonomisch. Zum anderen transformieren sich die lokalen kulturellen Segmente ihrerseits durch den vermehrten Einfluss von zuvor fremden Bedeutungen und kulturellen Formen.

4) Dieser Einfluss – und dieser Punkt ist vor allem für die Besprechung des indischen Kontextes und seiner politischen wie gesellschaftlichen Auseinandersetzung mit der semiotischen Dimension der Globalisierung von entscheidender Bedeutung – stößt nicht in ein kulturelles Vakuum vor, sondern tritt in ein komplexes Geflecht von Interaktionen mit bereits bestehenden Bedeutungsschemata und kulturellen Sinnhorizonten. Die Auseinandersetzung zwischen dem Globalen und dem Lokalen webt sich daher in das zuvor bereits bestehende Geschehen der lokalen Kulturen ein. Praktisch erfordert dies für die Analyse der jüngsten Auseinandersetzungen einen ausgebildeten historischen Horizont hinsichtlich der politischen und kulturellen Vorgeschichte, eine Methodik, die im Folgenden angewandt wird.

5) Es ist aufgrund der Diversität und Multidimensionalität der Prozesse alles andere als evident, dass das Ergebnis die homogene Weltkultur bildet, sondern eher ein Patchwork an kulturellen Identitäten, das den Prozessen der Realität aus besprochenen Gründen viel eher gerecht wird. Ausgemachte hegemoniale Konstellationen des globalen Kulturraumes müssen entgegen einer Generalisierung spezifisch besprochen und so ihre Dimensionen klar herausgestellt werden.

1.4. Kampf der Kulturen:
Der Westen gegen den Rest der Welt

Weltweit sind im Laufe der letzten beiden Jahrzehnte quasi als Wesensmerkmal der Globalisierung politische und kulturelle Bewegungen verstärkt in Erscheinung getreten, deren ideologischer Schwerpunkt in einer „Reterritorialisierung" der kollektiven, auf eine klar definierte Gruppe bezogenen wie auch der individuellen Identität liegt. Im diffusen Spannungsfeld globaler Überformungen verteidigen diese Bewegungen kulturelles Territorium entlang althergebrachter oder auch völlig neu formulierter Gruppengrenzen und schaffen durch Radikalität und Gewaltbereitschaft vor allem innerhalb nationalstaatlicher Gefüge großes Konfliktpotential. Einen theoretischen Versuch, die Zusammenhänge zwischen den globalen Veränderungen in Wirtschaft und Politik und diesen Neuinterpretationen kultureller Eigenheit zu begreifen, bildet die These vom Kulturkampf, die in den vergangenen Jahren von Samuel P. Huntington und Bassam Tibi ausgearbeitet wurde und besonders in politischen Führungskreisen westlicher Länder großen Anklang fand. Eine kritische Prüfung dieses Ansatzes scheint auch für das Thema dieser Arbeit von Bedeutung, da es auch hier um eine Form des Kulturkampfes, nämlich den der Hindunationalisten gegen das global Fremde geht.

Bassam Tibi (1995, 1996) und Samuel P. Huntington (1993, 1996) orten den konfliktträchtigen Andreasgraben der künftigen Weltpolitik entlang kultureller Grenzen, die durch den Zündstoff der kulturellen Differenz den hauptsächlichen Anlass für gewalttätige Auseinandersetzungen liefern werden. Diese vor allem kulturell motivierten Konflikte sieht Huntington (1996:332) auf zweierlei Arten auf uns zukommen. Zum einen auf der Mikroebene, auf der sich „Bruchlinien-konflikte" zwischen benachbarten Staaten unterschiedlicher Kultur, zwischen Gruppen verschiedener Kultur innerhalb eines Staates oder zwischen Gruppen auftun, die im Begriff sind, auf den Trümmern ehemaliger Staatsgebilde neue, ihren kulturellen Eigenheiten eher entsprechende Staaten zu errichten, wie etwa im vormaligen Jugoslawien. Zum anderen werden dies aber und sind es zum Teil bereits globale Konfliktfelder sein, die durch die weltweite Gruppenbildung um die Mitte kultureller Zentrumsstaaten entstehen und die den Globus künftig in sechs beziehungsweise acht Kulturkreise, die gleichzeitig Interessenspole dar-stellen, unterteilen (Huntington 1996:57). Beispiele für diese sich in der Gegen-wart bereits abzeichnenden Blöcke der Kulturen sind allen voran die „blutigen Grenzen des Islam" (1993:35; 1996:415ff), die durch das zunehmende Selbstver-trauen und einem deutlichen Ansteigen der wirtschaftlichen Potenz provozierte Kontroverse zwischen der Volksrepublik China und den USA (1996:350ff), der weitere Fortbestand und noch Ausbau der „konfuzianisch-islamischen Schiene" (1996:387), die sich in ihrer anti-westlichen Stoßrichtung vor allem um die Koalition zwischen China, dem Iran und Pakistan gruppiert und durch den demographischen Gewichtsgewinn der islamischen Welt und dem wirtschaftli-chen Aufschwung Ostasiens getragen wird und schließlich noch Indien, das als zukünftige, neue Hegemonialmacht ein weiteres, vom Westen nicht zu verach-tendes Schwergewicht der Weltpolitik darstellen wird (1996:396). Untereinan-der sind diesen Kulturräumen in Zukunft äußerst schwere Formen von auch militärischen Auseinandersetzungen beschert, die unter Berücksichtigung mög-licher Allianzen entlang kultureller Grenzen aufbrechen. Ohne nun auf alle Details seiner an Beispielen äußerst reichen Argumentation einzugehen, sei betont, dass Huntington die politische Relevanz anderer Faktoren als die Kultur wie etwa die wirtschaftlichen Interessen keinesfalls abstreitet, diese aber in ihrer Rolle innerhalb der neu globalisierten Weltpolitik deutlich relativiert, sodass nur die Kultur als beinahe einziges Strukturmerkmal dieser Konflikte in Frage kommt. Dazu ein Blick auf die theoretischen und anthropologischen Prämissen dieses Kulturkampfes.

Weltpolitik erfährt nach Huntington (1996:24) im Zeitalter der Globalisierung eine Umgestaltung, die wie gesagt beinahe ausschließlich „nach Maßgabe von Kulturen und Kulturkreisen" geschieht. Die dauerhaftesten und auch gewaltsam-sten Konflikte werden damit nicht zwischen ökonomischen Klassen, sozialen Schichten oder anderen wirtschaftlich bestimmten Gruppierungen ausgetragen, sondern zwischen Völkern unterschiedlicher kultureller Zugehörigkeit. Nach dem Ende der alles überlagernden Spannung des Kalten Krieges wird nach Huntington die Kant'sche Frage „Was ist der Mensch?" durch eine Reflexion auf die elementarsten Lebensvollzüge weltweit neu beantwortet. Zu diesen den Menschen und seine Identität am entscheidendsten prägenden Faktoren zählen die Herkunft, Religion, Sprache, Werte, Sitten und Gebräuche (Huntington 1996:21), also vorwiegend sein kultureller Kontext, der im Zeitalter der Revision von Identität zum alleinigen Handlungsparadigma wird. Ein ökonomischer Weltkonflikt zwischen Arm und Reich erscheint aus Mangel an politischer Einigkeit und wirtschaftlicher Macht unwahrscheinlich (Huntington 1996:37), was den Autor zur generellen Zurückweisung der Relevanz der ökonomischen Verhältnisse als Konfliktpotential verleitet und zu der naiv anmutenden Sicht der Weltpolitik führt, nach der Kontroversen einen Mangel an kulturellem Einfühlungsvermögen darstellen (Huntington 1996:40).

Konsequenz dieser globalen Identitätskrise, der die Kultur ihre Renaissance erst verdankt, ist neben den innerkulturellen Verbrüderungen die Bedrohung des Westens als Macht- und Zivilisationsblock, der mit dem Zerbröckeln der wirtschaftlichen, militärischen und damit auch politischen Hegemonie die Grundlage der Überzeugungskraft seiner Werte wie Aufklärung und Modernität verliert (Huntington 1996:444, 500). Postmoderner Kultur- und Werterelativismus würden vor allem die Muslime dazu verleiten, dies als Schwäche des Westens und seiner geistigen Werte im Allgemeinen auszulegen und „als Folge ihre theozentrische Weltsicht an die Stelle der kulturellen Moderne zu setzen und eine universelle Geltung hierfür zu beanspruchen, wie dies die Fundamentalisten bereits tun" (Tibi 1996:34). Das Gebot der Stunde quasi als Vision für eine Abwendung des drohenden Machtverlustes ist nach der Theorie vom Kulturkampf die verstärkte wirtschaftliche wie politische und militärische Kooperation des Westens, die die NATO als ihr Rückgrat vorsieht und „in den Augen von Führungspersönlichkeiten anderer Kulturen die Macht des Westens erneuert" (Huntington 1996:507), um auf diese Weise die Hegemonie der kulturellen Werte des Westens wie etwa sein klassisches Erbe des griechischen Rationalismus, das Christentum in seinen zwei dominanten Konfessionen, die Trennung von geistlicher und weltlicher Macht, Rechtsstaatlichkeit in römischer Tradition, gesellschaftlichen Pluralismus und Individualismus dauerhaft zu sichern.

Die Probleme, die die Thesen Huntingtons beim Versuch eines tieferen Verständnisses für die globalen kulturellen Veränderungen aufwerfen, sind gravierend. Die wichtigsten davon möchte ich kurz darlegen und sie als Kontrast verstehen zu meinem anschließenden Versuch, den Kampf der Kulturen in Indien zu analysieren. Die erste, entscheidende Schwierigkeit bietet bereits der Kulturbegriff Huntingtons selbst. Obwohl das Thema des Buches die „Kultur und die Identität von Kulturen" ist, die auf höchster Ebene „in der Welt nach dem Kalten Krieg die Muster von Kohärenz, Desintegration, und Konflikt" (Huntington 1996:19) prägen sollen, erfährt man nirgendwo, was diese rivalisierenden Kul-

turkreise in ihrem so entscheidenden Wesen eigentlich ausmacht. Die Charakterisierung der Kulturräume beschränkt sich im Wesentlichen auf oberflächliche,
stereotyp anmutende Pauschalierungen, die etwa dem sinischen Kulturkreis ein
Übermaß an Autoritätsgläubigkeit, an Unterordnung des Individuums unter das
Kollektiv wie dem Staat oder die daraus resultierende Beschneidung der Rechte
des Einzelnen zuschreibt. Noch auffälliger ist diese „sich einer exakten Definition bewusst entziehende" Beschreibung der Kulturen (Çaglar 1997:50) am
Beispiel des Islam, der einen Hauptangriffspunkt Huntingtons bildet und der mit
seinen „blutigen Grenzen" wohl die deutlichste Explikation seiner Befürchtungen darstellt. Völlig unklar bleibt, worin dieser aggressiv-offensive Charakter der
islamischen Welt kulturell eigentlich besteht, denn die demographische Expansion dieses Kulturraumes, die Huntington an einer Stelle als mögliche Erklärung
für gewaltbereite Politik anführt (Huntington 1996:423f), kann wohl kaum im
Sinne seines Themas als kulturelles Fundament der Konfliktbeschreibung angesehen werden. Die von Huntington angestrebte, nahezu exklusive Rückbindung
der politischen Handlungsmotive auf die inhärenten Kulturmerkmale der rivalisierenden Kulturkreise ist deswegen schon in ihrem Ansatz problematisch, weil
sie, wenn überhaupt, nur sehr oberflächlich und ohne eine einsichtige Verwurzelung in den zudem sehr heterogenen Kulturlandschaften dieser Räume bleibt.
Bereits von diesem Punkt aus erscheint Huntingtons Paradigma der Weltpolitik
als ein „Luftschloss" (Senghaas 1998:138), dem die nötige Überzeugungskraft
schon aus argumentativen und logischen Gründen fehlt.

Ein zweites Bedenken nährt diesen Verdacht der „ideologischen Konstruktion" (Nicklas 1996:180), deren Schwäche der Mangel an empirischer Rückbindung ist. Das Verständnis von Kulturkreis ist sowohl bei Samuel P. Huntington
wie auch bei Bassam Tibi ein organisches, d.h. wir haben es dabei mit „natürlich
anzusehenden Gebilden" (Çaglar 1997:50) zu tun, die in dem Sinn in sich
geschlossen sind, als „keiner ihrer einzelnen Bestandteile ohne Bezug auf die
Gesamtkultur ganz verstanden werden kann" (Huntington 1996:53). Diese
soziobiologisch anmutende Argumentationsweise begreift Kultur als Entität und
Totalität, die evolutiv aus dem Stadium der Vermischung hervorgeht, wie ein
Organismus heranreift und expandiert und über das Stadium der Konflikte mit
den Anderen wieder seinen Niedergang findet (vgl. Huntington 1996:55). Os-
wald Spengler und Arnold Toynbee sind die bekanntesten Vordenker dieser
Geschichtsauffassung, die sich darum bemüht, „das Weltgeschehen als ein
Ganzes zu fassen" (zit. nach Çaglar 1997:67) und in ganzen Kulturen zu denken.
Die auch von Huntington und Tibi daraus abgeleiteten zivilisatorischen Imperative sind weitreichend und wie ich meine auch verheerend. Aus obigem Modell
ergibt sich die Gleichzeitigkeit an sich ungleichzeitiger Entwicklungsstadien von
Kulturräumen, die in einem ungleichen Verhältnis der Entwicklung zueinander
stehen, sodass von der Perspektive des am weitesten entwickelten Kulturraumes
aus (in unserem Fall der Westen) das Andere, Fremde zum Vorstadium des

Eigentlichen verkommt und daher als barbarische Antithese zur eigenen zivilisatorischen Spitzenposition fungiert. In seinem Lobpreis auf die Errungenschaften der westlichen, christlich geprägten Kultur vernachlässigt Huntington jede Ambivalenz in der Einschätzung der kulturellen „Leistungen" der westlichen Moderne, die auch den Kolonialismus und die Schoah umfassen und die wesentlich dem Pathos der zivilisatorischen Überlegenheit entsprangen. Die Imperative der These vom Kampf der Kulturen, die vom Westen eine forcierte interne sowohl militärische wie auch wirtschaftliche Kooperation verlangen, um eben diese Werte der Demokratie und Rechtsstaatlichkeit gegenüber den Anfeindungen durch den Nicht-Westen zu verteidigen, bedeuten einen Rückfall in den expansiven Zentrismus des Kolonialismus, der hier in ebenso alter Manier im Namen der „guten Sache" zum Verteidigungskrieg umstilisiert wird.

Dieser „Kulturrassismus" (Hippler 1996:173) verstellt in weiterer Konsequenz den Blick auf tatsächlich stattfindenden kulturellen Austausch, wie er oben bereits charakterisiert wurde. Fixiert auf einen rivalisierenden Aspekt der Beziehungen zwischen Kulturen schlagen Huntington (1996:501ff) und Tibi (1996:33f) Gegenstrategien zum Machtverlust des Westens vor, um so auch die Überzeugungskraft seiner Werte zu sichern. An keiner mir bekannten Stelle fragen sich die Autoren nach alternierenden Vermittlungswegen zwischen den Kulturen und ihren Werten. Völlig klar scheint, dass gerade im Zeitalter globaler Kommunikation die Dominanz westlicher Diskursformen vor allem auf deren wirtschaftlicher Hegemonie beruht und die weltweite Verbreitung von Idealen, Symbolen und Werten auf strukturelle Zwänge zurückgeht. Keineswegs ist damit aber das Wesen des interkulturellen Austausches im Gesamten begriffen. Neben den Diskursen, die ihre weltweite Verbreitung Systemzwängen verdanken, gibt es auch andere, die ihre Überzeugungskraft nicht aus wirtschaftlicher Hegemonie herleiten, sondern aus den ihnen eigenen Evidenzen (Habermas 1998:221). Die jeweils immanente Intelligibilität ist der Schlüssel ihres Erfolges, der rational über kulturelle Grenzen hinweg erschlossen werden kann. Menschenrechte sind dafür ein gutes Beispiel. Dieses erweiterte Verständnis von Austausch und Dialog erlaubt beispielsweise, die chinesischen Studenten am Tiananmen 1989, als sie für eine Liberalisierung und Demokratisierung des politischen Systems der Volksrepublik kämpften, nicht als kulturentfremdete, verwestlichte Elite zu betrachten, sondern als Chinesen, die die Errungenschaft der Demokratie nicht als westlichen Wert, sondern als wertvollen Rahmen und Ermöglichung der gesellschaftlichen Diskursformen erkannten.

Das Defizit der These vom Kampf der Kulturen ist im Wesentlichen ein zweifaches. Zum einen besteht dieses im unterkomplexen Charakter dieses Interpretationsmusters. Die exklusive Rückführung gesellschaftlicher und zwischenstaatlicher Konflikte auf die Ebene der Kultur greift in sich zu kurz und muss durch die Aspekte der ökonomischen Verhältnisse, innenpolitischen Kontroversen und Interessenskollisionen erweitert werden. Ich werde eine derartige

Erweiterung in der Analyse des indischen Kulturkampfes versuchen. Dies bedeutet freilich nicht, den kulturellen Gehalt der Konflikte zu leugnen, als alleiniges Erklärungsschema erscheint dieser aber als ungenügend. Huntington und Tibi beziehen ihre Einsichten und Prognosen vor allem aus Quellen der Diplomatie, der politischen Rhetorik und häufig populistischen Propaganda, die allzu oft das Argument der Kultur missbraucht. Auf der Ebene der politischen Rhetorik lassen sich daher zahlreiche Entsprechungen für die These vom Kampf der Kulturen entdecken, auf der Ebene der historischen Analyse hingegen, die versucht, Hintergründe und Zusammenhänge historischer Entwicklungen herauszuarbeiten, die nicht unbedingt an der Oberfläche der Kontroversen liegen, darf die Sinnhaftigkeit dieses Paradigmas bezweifelt werden.

Zum anderen erscheint mir die bei Huntington und Tibi übliche Trennung zwischen den Konflikten innerhalb eines so definierten Kulturkreises und den Konflikten auf globaler Ebene als ungerechtfertigt. Die folgende Untersuchung der Kontroversen um das Fremde in Indien versucht zu zeigen, dass die Auseinandersetzung mit dem kulturell Fremden nur in direkter Relation zum lokalen und regionalen Kontext zu verstehen ist, also der vermeintliche Kampf gegen den Westen nur als Fortsetzung der internen Konfliktlinien verständlich wird. Insofern versuche ich nun, vom kulturellen Aspekt der Kämpfe auszugehen, um schließlich das Verständnis dafür durch die Betrachtung anderer Faktoren der Komplexität der konfliktreichen Situation Indiens, wie ich sie verstehe, zu ermöglichen.

2. Symbole des Bedroht-Werdens

Das hier zu besprechende Thema, also die Prozesse der Globalisierung in ihren möglichen Zusammenhängen mit dem Erstarken des Hindunationalismus in Indien, wird in den nun folgenden zwei Kapiteln zum Anlass genommen, um am Beispiel Indiens die lokale Auseinandersetzung mit dem Globalen aufzuzeigen und dabei die Einflechtung dieser in innerindische und längerfristige gesellschaftliche Entwicklungen im Detail nachzuvollziehen. Wie oben gesehen gehört dieses Charakteristikum der Einflechtung zum wesensimmanenten Zug des Globalen in seiner Relation zum Lokalen, sodass es daher in einem zweiten Schritt nötig sein wird, die als Begegnung mit dem Globalen bezeichneten Auseinandersetzungen auf der semiotischen Ebene hinsichtlich ihrer tieferen Motive und gesellschaftspolitischen Hintergründe zu befragen. Für diesen zweiten Schritt, der im vierten Kapitel elaboriert wird, ist eine Erweiterung der Untersuchung hinsichtlich der innerindischen politischen und religiösen Tendenzen der letzten Jahrzehnte notwendig, die sich auf einige Kernaspekte konzentrieren wird und eine semiotische Entsprechung auf rein innerindischer Ebene wahrzunehmen versucht. Ich werde demnach in den nun anschließenden Kapiteln zwei zunächst unterschiedliche Gruppen von Symbolen vorstellen, von denen die erste, die ich aufgrund ihres aggressiv defensiven Charakters Symbole des Bedroht-Werdens genannt habe, aus den offensichtlichen semiotischen Präsenzen des Globalen in Indien besteht, wie etwa amerikanischen Fastfood-Restaurants oder den durch die Werbetafeln ausländischer Konzerne dominierten Einkaufsstraßen in den Großstädten. Ereignisgeschichtlich werden dabei jene Vorfälle der letzten Jahre aufgezeigt, die eine scharfe und in einigen Fällen auch gewaltsame Opposition gegenüber diesem „Fremden" artikulierten. Die zweite Gruppe von Symbolen, die aggressiv offensiven Symbole des Bedrohens, besteht aus innerindischen, politisch instrumentalisierten religiösen Symbolen, die besonders in den letzten zwei Jahrzehnten eine indische, in unserem Fall hinduistische Konstruktion des „Fremden" hervorbrachten und deren politische Relevanz in den letzten Jahren extrem zunahm. Zu diesen Entwürfen des „Fremden" zählen besonders die Anhänger religiöser Minderheiten, wie etwa Moslems oder Christen. Im vierten Kapitel schließlich werde ich versuchen, diese beiden Gruppen von Symbolen sowohl ideologisch wie auch hinsichtlich der dahinterstehenden Akteure zusammenzuführen, um in weiterer Folge einen Kausalzusammenhang zu erkennen, sodass die Darstellung der Einbindung des Globalen ins Lokale exemplarisch dargestellt ist.

Um dieses Vorhaben auch in klarer Weise durchführen zu können, ist es zunächst nötig, zu klären, was ich unter Semiotik verstehe, warum es notwendig erscheint, sich mit dieser oberflächlichen, aber bewusst gewählten Ebene der Realität zu befassen und welche Reichweiten diesen Symbolen in der gesellschaftlichen und politischen Realität Indiens zuerkannt werden können. Ich skizziere also den Umfang meiner semiotischen Dimension und erläutere den Rahmen, in welchem die Symbole des Bedroht-Werdens betrachtet werden sollen.

2.1. Die semiotische Dimension

Die Semiotik, also die genauere Betrachtung der Zeichen und Symbole eines kulturellen Raumes und deren Bedeutungen in einem übergeordneten Zeichensystem, ist eine relativ junge wissenschaftliche Disziplin, wenngleich auch ihre Inhalte in der gesamten Kulturgeschichte des Menschen vor allem im religiösen Bereich eine entscheidende Rolle spielten und noch immer spielen. Don Slater (1997) unternimmt seine Untersuchungen zum Thema Semiotik im Rahmen seiner Besprechung der Kultur des Konsums und liefert daher eine für meine Zwecke äußerst nützliche Definition dieser Disziplin, der ich hier folgen und die ich für die Themenstellung im Allgemeinen gewinnen möchte. Die Semiotik ist aus der Disziplin der Linguistik entstanden und betrachtet sämtliche Elemente der Kultur, als wären sie integraler Bestandteil der Sprache. Auch in methodischer Hinsicht bedient sich die Semiotik der Mittel der Linguistik und analysiert einzelne kulturelle Elemente, als wären sie Texte, die gelesen und interpretiert werden könnten. Weiters wird versucht, die Bedeutung und den Sinn von Zeichen und Symbole durch den Bezug zu einem übergeordneten System zu verstehen, das das singuläre Kulturartefakt rahmt und es in einen Sinn- und Bedeutungshorizont einordnet (Slater 1997:137). Semiotik begnügt sich demnach nicht mit der Feststellung der Beschaffenheit der materiellen Existenz eines Gutes, sondern referiert zudem über dessen Bedeutung und verweist auf übergeordnete Sinnhorizonte, die mit dem Kulturgut in untrennbarer Verbindung stehen und für kulturelles Handeln etwa von großer Bedeutung sind.

Damit ist bereits ein erster bedeutsamer Wesenszug der Symbole und Zeichen erkannt, der für die Einschätzung der Rolle dieser im Handeln der Menschen wesentlich ist, nämlich die Tatsache, dass, wie Marshall Sahlins (1994:7) verdeutlicht, symbolische Bedeutungen keinesfalls selbstverständlich und autonom den materiellen Umständen entwachsen oder den Dingen selbst innewohnen, sondern es der Mensch ist, der diese symbolischen Systeme mit ihren Bedeutungen entwirft und auch gemäß dieser lebt. Notwendigerweise referiert die Semiotik über diese Systeme in ihrem Kontrast zu anderen Systemen, sie zeigt daher auf, auf welche Weise diese kulturspezifischen Systeme die Welt unterteilen, lokale oder auch überregionale Identitäten schaffen und das „Anderssein" im Vergleich zu einem Gegenüber konstatieren. Diese Funktion von Symbolen wird auch in der weiter unten unternommenen Analyse der indischen Verhältnisse deutlich und zudem wird klar ersichtlich, welch zentrale Rolle diese in der politischen Umgestaltung des Landes in den letzten zwei Jahrzehnten spielten, die eine graduell immer radikaler werdende Ausformung des „Anderen" brachte. Ohne Referenz auf die symbolische Dimension und deren Implikationen ist dieser Prozess nur unzureichend zu verstehen.

Der bereits erwähnte Bezug der Dinge zu einem übergeordneten System der Zeichen ermöglicht es, Alltagsgegenständen einen weit über ihre funktionale Bedeutung hinausgehenden Sinn zu verleihen, der sich direkt auf die kulturelle Assoziation und in weiterer Folge auf das kulturelle Handeln der Menschen auswirkt. Roland Barthes (zit. nach Slater 1997:139) versucht anhand des bereits einmal erwähnten Beispieles des Hamburgers diesen Sachverhalt zu verdeutlichen und die Weltanschauung zu elaborieren, die mit diesem Fleischlaibchen assoziiert werden kann. Als lokalspezifisches Nahrungsmittel verweist der Hamburger auf einen nationalen Kulturraum, der sich durch seine lokalen Essgewohnheiten und Gerichte von den benachbarten unterscheidet. Im Bereich der Globalökonomie hingegen fungiert er als Symbol der amerikanischen Hegemonie und wird als solches zum Ziel des Brandanschlages auf die Kentucky Fried Chicken Filiale in Südindien.

Damit ist ein sehr breites Betätigungsfeld der Semiotik eröffnet, das in den folgenden ereignisgeschichtlichen Betrachtungen etwas spezifiziert werden muss, indem wir uns auf die bereits erwähnten Vorfälle konzentrieren und die Argumentation der Agitatoren nachzeichnen, die Aufschluss gibt über Handlungsmotive und Denkmodelle. Nur so ist es möglich, die semiotische Dimension vor allem hinsichtlich der Proteste der Menschen gegen die visuellen Artikulationen der Globalisierung richtig einzuschätzen. Es wird daher nötig sein zu fragen, ob diesen Protesten tatsächlich Denkmuster nach obigem Schema zugrunde liegen, ob zudem reale Ängste wie etwa die Furcht vor wirtschaftlichen Nachteilen die Menschen dazu bewegen, offen zu protestieren, oder aber ob die semiotische Dimension zur Artikulation existenziellerer Probleme wie etwa dem möglichen Entzug der Subsistenzgrundlage dient.

Welche Bedeutung messen wir nun diesen Zeichensystemen, oder vielmehr deren politischen und gesellschaftlichen Artikulationen bei? Gestehen wir der Semiotik eine absolute oder nur relative Rolle als Determinante des menschlichen Handelns zu und welche Rolle spielen dabei andere Faktoren wie etwa die Ökonomie? Es wird hier nicht möglich sein, diese Fragen letztlich zu beantworten, wohl aber erscheint es notwendig, den relativen Beitrag dieser Dimension hervorzuheben. In den Anfängen der Semiotik, die wie erwähnt in der Linguistik liegen, versuchten ihre Gründer wie etwa Durkheim und Saussure, den unabhängigen Charakter herauszustellen und erklärten Sprache als Zeichensystem zum „sozialen Faktum", das unabhängig vom Individuum und auch unabhängig vom historischen Kontext existiert und sich ausschließlich in Relation zu anderen Sprach- und Zeichensystemen ändert (Slater 1997:141). Vor allem durch das Bestreben, die Linguistik als eigene Wissenschaft zu etablieren, suchte man methodisch, die Sprache nur durch sich selbst zugänglich zu machen. Benedict Anderson (1983:48) weiß diesen methodischen Rahmen bereits deutlich zu sprengen, wenn er betont, dass die Sprache als System zwar die Bedingung der Möglichkeit des Sprechens darstellt, diese aber keinen Zugriff auf ihre Ursachen hat, die genaueren Bedingungen für die Sprache selbst also außerhalb ihrer gesucht werden müssen.

Auf den für uns relevanten Bereich der Semiotik übertragen heißt das, dass die Kausalität größerer Sinnzusammenhänge nicht ausschließlich in diesen selbst gesucht werden kann, sondern reale ökonomische wie politische Bedingungen notwendigerweise als Rahmen dieser anerkannt werden müssen sowie das Handlungsmotiv der Menschen beispielsweise im Protest niemals allein im Bezug der singulären Ware zu einem übergeordneten System angenommen werden kann. So begegnet man beispielsweise Protestformen, wie im Falle der Opposition gegenüber der Ansiedlung des Energiekonzerns *Enron* im Bundesstaat Maharashtra, die ausschließlich durch reale und direkt durch die befürchtete Ansiedlung entstandenen wirtschaftlichen Existenzängste der Hafenbewohner begründet wurde. In diesem Fall nach einer semiotischen Dimension oder einer prinzipiellen Stellungnahme gegen die amerikanische Wirtschaftshegemonie zu suchen, wäre glatter Unsinn. Der Beitrag der Semiotik vor allem im Bereich der Globalisierung ist daher nur relativer und partieller Natur.

Mit dieser Einschränkung kann man Michael Taussig (1997) in seine „Geschichte der Sinne" folgen, in der er sich methodisch ganz bewusst auf die Oberfläche einlässt, Bilder in ihrem Schein wahrnimmt und damit dem, was zwischen dem Ding an sich und dem Begriff davon liegt, also der Anschauung, Aufmerksamkeit schenkt. Ihn interessiert ganz bewusst die Perspektive der Oberfläche der Realität (Taussig 1997:249), die auch hier an den ausgewählten Ereignissen der indischen Geschichte betrachtet werden soll und die erst in einem zweiten Schritt hinsichtlich ihrer kausalen und ideologischen Hintergründe vertieft wird. Die Besprechung der semiotischen Dimension der Globalisierung ist demnach zunächst ein Versuch, sich auf eine selbstverordnete Oberflächlichkeit einzulassen, die bisher unbesprochene Handlungszusammenhänge hervorbringen soll, in Form „erfundener Traditionen" Licht auf die Beziehung der Menschen zu ihrer Vergangenheit wirft und so ihrerseits wiederum zur Handlungsmaxime und „zum Schlachtfeld der Gegenwart" (Hobsbawm 1983:13) werden kann.

2.2. Die symbolische Ware

Die Aspekte der Globalisierung in Indien zu diskutieren bedeutet notwendigerweise, sich auf einige Gebiete des geographisch und auch kulturell sehr weitläufigen Subkontinents zu konzentrieren, da von einer flächendeckenden Involvierung Indiens in die Vorgänge der Globalisierung natürlich nicht gesprochen werden kann. In diesem Sinne ist auch diese Arbeit in ihrer Betrachtungsweise hauptsächlich auf den großstädtischen Bereich beschränkt und die noch zu beschreibenden Vorfälle gegen das „Fremde" von außen ereigneten sich allesamt in den bedeutendsten Einfallstoren der globalen Wirkmächte, allen voran Mumbai, aber auch Bangalore und Delhi. Diese Vorbemerkung erscheint wesentlich, da der ländliche Bereich bewusst ausgeklammert wird, weil er für die übergeordnete Fragestellung nicht von Bedeutung ist und seine Analyse zudem den Rahmen völlig sprengen würde. Da sich die Proteste vorwiegend gegen Konsumgüter richteten, soll in diesem Abschnitt die in der metropolitanen Gesellschaft so entscheidende Rolle des Konsums zum einen im globalen Zeitalter allgemein, zum anderen aber auch in unserer Thematik des Kulturkampfes näher erläutert werden. Es wird dabei deutlich, dass der Zusammenprall der Identitäten mit der unter US-amerikanischen Vorzeichen ablaufenden Öffnung nach außen auf der einen Seite und dem Hindunationalismus auf der anderen seine Fortsetzung im Konsumverhalten der Menschen findet und damit eine weitere Dimension des kulturellen Wettkampfes erschlossen wird.

Für die westlichen, hoch industrialisierten Gesellschaften ist die Wahrnehmung der Ausbildung einer Konsumkultur und der damit verbundenen Implikationen für die kulturelle Konstitution dieser keine wissenschaftliche Neuheit. Zahlreiche Studien zu diesem Thema legen unterschiedliche Modelle dieser Langzeitentwicklung vor, unter denen einige die bürgerliche Mittelklasse Englands im 18. Jahrhundert, andere die USA der Zwischenkriegszeit als die Urform einer Konsumgesellschaft ansehen (Featherstone 1991:137f). Ungeachtet dieser Frage ist wesentlich, dass in einer Konsumgesellschaft originäre und den Dingen selbst entspringende Funktionen und Bedeutungen geändert und mit neuen Vorstellungen und symbolischen Bedeutungen versehen werden können, wie etwa ein Nahrungsmittel, das zum Kultursymbol wird. So werden Konsumgüter für die Konstitution der individuellen Identität verfügbar und bilden vor allem im Zeitalter postmoderner Kultur zentrale Bausteine kultureller Identität. Daraus ergibt sich eine erhöhte Mobilität der Identitäten, der Mensch kann sein eigenes Identitätsmuster rascher und variantenreicher ändern und ist als Kunde im „kulturellen Supermarkt" zu wesentlich weniger kultureller Verbindlichkeit verpflichtet als dies vorher der Fall war (Harris 1996:207). Die symbolische Ware hat demnach auf der einen Seite die Funktion, differenzierte Lifestyle-Modelle zu konstruieren, die nicht nur Unterscheidungen unter den Menschen möglich macht, sondern, wie Featherstone (1991:139) einwendet, mit der einhergehenden Ausbildung der Massenkultur auch homogenisierend wirkt. Diese vor allem durch die mediale Einwirkung vermittelte Homogenisierung verursacht besonders in sozialer Hinsicht die Überbrückung zuvor durch kulturelle Trennlinien verdeutlichter Unterschiede innerhalb einer Gesellschaft und bildet so die zweite wichtige gesellschaftliche Funktion der symbolischen Ware (Featherstone 1995:21).

Die sich daraus ergebenden Statusänderungen innerhalb einer Gesellschaft sind daher zweierlei, die auch für die Analyse der Globalisierung in ihrem

Verhältnis zum Lokalen entscheidend sind. Zum einen ermöglicht die Ausbildung einer Konsumgesellschaft individuellen Spielraum bei der Gestaltung der persönlichen Identität und damit auch das Abweichen von traditionell vermittelten und auch gesellschaftlich sanktionierten Identitätsmustern. Den Konsumgütern kommt dabei graduell unterschiedliche Bedeutung zu, sodass einige Produkte lediglich in ihrer symbolischen Bedeutung für Modernität wirken, andere wiederum geradezu als Revolutionssymbolik gegen das Establishment der eigenen Tradition zu interpretieren sind. Der Konsum von Coca-Cola hat symbolisch betrachtet im indischen Kontext eben eine andere Bedeutung als der Erwerb einer Seife des holländischen Multis Unilever. Zweitens bietet der Konsum zumindest graduell die Möglichkeit zur kulturellen Emanzipation und zu sozialem Ausgleich gegenüber traditionellen Schichtungsmustern der Gesellschaft. Das Ergebnis dieser Entwicklung ist aber nicht die völlige Aufhebung sämtlicher Klassen im Konsum, sondern die Ausbildung neuer Hierarchien und Kriterien des Unterschieds. Nach Pierre Bourdieu (zit. nach Featherstone 1991a:18) „klassifiziert der Geschmack und er klassifiziert den Klassifizierer". Konsum und die dadurch hergestellte Identität involvieren notwendigerweise Diskriminierung und soziale Unterscheidung. Die Konstellationen von Geschmack, Konsumvorlieben und Praktiken im Lebensstil schaffen neue, alternative Unterscheidungskriterien, die sich aber von den traditionellen Strukturen abheben und Gemeinsamkeiten schaffen, wo vorher unüberwindbare kulturelle Barrieren existierten und neue Unterschiede konstruieren, die vorher völlig unbekannt waren.

Mit der Globalisierung und der wirtschaftlichen Öffnung zuvor isolierter Peripheriestaaten gelangt nun dieses Kulturmuster auch in nach wie vor stark traditionell geprägte Gesellschaften wie auch die indische. Leslie Sklair (1995:147ff) verweist in seinem Abschnitt zur „Kulturideologie des Konsums in der Dritten Welt" auf diese kulturelle Dimension der globalen Ökonomie und denkt die global propagierte Konsum-Ideologie verschieden von der Modernisierung. Sklair geht sogar so weit, diese beiden Aspekte als kontradiktorisch aufzufassen, also als sich gegenseitig ausschließende Entwicklungen. Mit medialer Übermacht wie beispielsweise im Kampf des US-amerikanischen Star TV und der britischen BBC World gegen Doordarshan, dem indischen Staatsfernsehen, würden neue, vorher unbekannte Bedürfnisse kreiert, die alles andere als die Befriedigung biologischer Bedürfnisse zum Inhalt hätten und so eine echte Entwicklung eher verhindern als ermöglichen würden (Sklair 1995:150). Soziale und politische Implikationen dieser Entwicklung werden von Sklair nur angesprochen und als weitreichend empfunden, nicht jedoch näher ausgeführt. Gerade für den indischen Kontext aber ist diese Frage vor allem angesichts des Tempos der Veränderungen hin zum Konsum als Kulturmuster entscheidend, sodass die Essenz dieser Thematik auch in Hinblick auf mögliche Zusammenhänge zwischen Globalisierung und Hinduisierung genauer betrachtet werden muss. Konsum als „work of imagination" (Appadurai/Breckenridge 1996:5) determiniert neben individuellen Persönlichkeitsschemata auch Gruppenidentitäten, die durch unterschiedliche Vermittlungswege wie etwa die Medien um eine Mitgestaltung der nationalen Kultur ringen. Die nationale Kultur Indiens, oder das, was darunter verstanden werden soll, ist das Ergebnis des auch im Konsum vermittelten Kräftespiels zwischen den kulturellen Institutionen des Nationalstaates und den kulturellen Impulsen, die von privaten, meist kommerziell ausgerichteten Einrichtungen ausgehen und die durch die Liberalisierung einen Zugewinn an Bedeutung erfahren. Naturgemäß nutzen auch die indischen Kritiker der kulturellen Öffnung diese neuen Spielräume des Einflusses und vermitteln ihre Inhalte über den TV-Bildschirm oder Propagandavideos (vgl. Farmer 1996:111f). Der Konsum der durch die Medien vermittelten Symbole und Bilder und die dadurch geschehende Neuformierung von Identität mündet zum einen in der Ausbildung einer Konsumgesellschaft in den indischen Großstädten nach westlichem Schema, hat zum anderen aber auch die qualitative Umgestaltung des Hindunationalismus mitbewirkt, der es mit medialer Hilfe versteht, durch Symbole und visuelle Botschaften die Menschen effektiver und direkter zu erreichen und sich damit wirksamer als neuer Maßstab für Identität zu präsentieren. Die Konsumgesellschaft mit der ihr eigenen Flexibilität von Identität ermöglicht gesellschaftliche Entwicklungen in beide Richtungen und stellt damit eine wichtige Voraussetzung für den sich in Indien so verschärfenden Kulturkampf dar, dessen Ereignisgeschichte nun in Auszügen nachvollzogen werden soll.

2.3. Proteste gegen das „Fremde" – Bedroht werden als Motiv der Mobilisierung

Im nun folgenden Abschnitt will ich versuchen, in der jüngsten Geschichte Indiens Protestformen ausfindig zu machen, die sich in stark symbolischer Weise mit dem „Fremden" der Globalisierung auseinandersetzten und ihr vermeintliches Anliegen durch symbolische Handlungen aber auch zerstörerisch aggressive Aktionen zum Ausdruck brachten. Im ersten Schritt kommt es dabei darauf an, die Proteste nach Zielobjekten unterschieden in ihrem Verlauf wahrzunehmen, die Frage nach den dahinterstehenden Personen und Organisationen zu stellen und die vordergründige argumentative Rechtfertigung dieser Aktionen nachzuzeichnen. Es ist klar, das die folgende Aufzählung von Protestformen keinerlei Vollständigkeit beanspruchen kann, da die Proteste in ihrer qualitativen und quantitativen Vielfalt in den letzten Jahren stark zunahmen. Die gewählten Beispiele sollen quasi paradigmatisch das Problemfeld nachzeichnen und dabei die wichtigsten, weil breitenwirksamsten Akteure erfassen. Da es sich dabei wie gesagt um Ereignisse der jüngsten Geschichte Indiens handelt, also der letzten sechs bis sieben Jahre, bildet die durch Zeitungen und Zeitschriften geschehene Dokumentierung der Ereignisse die hauptsächliche Quelle dieses ersten Schrittes und auch die wesentlichsten Punkte der Argumentationsweise der Hauptakteure

sind den mit diesen geführten Interviews und von ihnen selbst verfassten
Zeitschriftenartikeln zu entnehmen.

In einem zweiten Schritt wende ich mich einem gewissen Spektrum der
handelnden Organisationen und Personen näher zu, nämlich jenen, die dem
politischen und ideologischen Bereich der Hindunationalisten zuzuordnen sind.
Ich werde diese Zuordnung bei jeder einzelnen Organisation zu begründen haben
und werde dies durch einen näheren Blick auf ihre historische Genese und ihre
ideologische Ausrichtung tun, um dann auf das dritte große Kapitel der Arbeit,
die Symbole des Bedrohens, überzuleiten, wo ich im innerindischen Kontext die
historisch wesentlich ältere ideologische und politische Skizzierung des „Fremden" durch die Hindunationalisten nachzeichnen werde, in die sich die Auseinandersetzung mit dem „Fremden" der Globalisierung einfügt.

2.3.1. Coca-Cola und Pepsi: Das „ultimative Symbol"

Coca-Cola, das „ultimative Symbol für den (nunmehr globalen) Markt" (Nandy
1989; 1994), bildet durch seinen prototypischen Charakter für die neuen Kon-
sum- und Kulturperspektiven sowohl bei den Befürwortern als auch bei den
fanatischen Gegnern das Zentrum der Aufmerksamkeit und damit auch ein
primäres Ziel von Protesten in den letzten Jahren, mit denen ich meine semiotische
Spurensuche beginnen will.

Die beiden multinationalen Unternehmen (MNCs), die die beiden Produkte
Pepsi und Coca-Cola vertreiben, nämlich Coca-Cola Co. und Pepsico Inc.,
fanden ihren Weg nach Indien durch die wirtschaftspolitische Liberalisierung des
Landes in den Jahren 1990 und 1991, sodass Pepsico Inc. 1990 und Coca-Cola
Co. etwas später, nämlich 1993, begannen, den Markt zu beliefern (Ramachandran
1995). Die ersten großen Protestaktionen formierten sich in der zweiten Hälfte
des Jahres 1993, doch konnte man aus der Sicht der Akteure auf bereits erreichte
Erfolge gegen das US-amerikanische Symbol zurückblicken. Nach der Beendi-
gung des Ausnahmezustandes der Regierung Indira Gandhi 1977 übernahm unter
dem Vorsitz von Premierminister Moraji Desai die Janata Party die Regierungsgeschäfte und dem damaligen Industrieminister *George Fernandes* gelang es in
einer äußerst populären Aktion noch im selben Jahr, die erst seit kurzem in Indien
ansässige Coca-Cola Co. zum Verlassen des Landes zu zwingen. In einem 1998
für *Business India* gegebenen Interview rechtfertigt Fernandes sein damaliges
Handeln durch das angebliche Missachten von Handelsregulativa durch die
Coca-Cola Co (Goswami 1998). Wie immer die wahren Gründe ausgesehen
haben mögen, tatsächlich verschaffte diese Aktion der jungen Janata-Regierung
einen Vertrauensvorsprung in der indischen Bevölkerung, die den vermeintlichen Erweis des indischen Selbstbewusstseins begrüßte.

Zurück in die 90er. Am 25. Oktober 1993 (Pandey, V. 1993) (Times of India
1993:20.12.) kündigt der Vorsitzende einer erst jüngst ins Leben gerufenen

Bewegung, der *Samajwadi Abhiyan*, umfassende Protest- und Störaktionen innerhalb der nächsten Monate an mit dem Ziel, die Multis Coca-Cola und Pepsi aus dem Land zu werfen. Der Name des Vorsitzenden und damaligen Janata Dal Politikers: George Fernandes. Diese Ankündigung untermauert Fernandes mit dem Erwähnen der Größe des indischen Marktes für Soft-Drinks, die er mit 15 Milliarden Rupien angibt. Dieses tatsächlich riesige Marktpotential stünde nun unmittelbar davor, von zwei amerikanischen Unternehmen erobert zu werden, die ihrerseits Indern ihr eigenes Wasser versetzt mit etwas Zucker und „Amerikanischem Pulver" verkaufen und im Gegenzug auch noch Dinge wie Michael Jackson und Madonna ins Land bringen würden. Coke als das „größte Symbol für die amerikanische Kulturaggression" gilt es zu bekämpfen, so Fernandes. Die Mittel- und obere Mittelschicht der städtischen Jugend sei das Hauptziel der amerikanischen Glimmerindustrie aufgrund ihrer Kaufkraft und ihrer „Verwundbarkeit", die sie in die „Falle des amerikanischen Kultursyndroms" gehen ließ und sie zu „Fremden im eigenen Land" degradiert. Eine große Anzahl von Indern, die eigentlich mit Stolz auf ihre Kultur und ihr Land blicken sollten, würden so ihrer kulturellen Wurzeln beraubt. Fernandes sah eine hybride Kultur im Entstehen, die weder westlich, noch östlich sei und die unter amerikanischen Vorzeichen ein „indisches Ethos" vernichten würde. Und schließlich werde die Durchdringung allen „nationalen Lebens" durch westliche Standards das traditionelle indische Rollenverständnis aufweichen und diese durch die neue Hybridkultur ersetzen, die dem Fortschritt und der Entwicklung Indiens keinesfalls dienlich sei und deren hauptsächliche Überbringer Coca-Cola und Pepsi seien, so George Fernandes (1993) in einem von ihm verfassten Artikel zum Thema.

Der Appell von Fernandes rief in weiterer Folge vor allem Organisationen aus dem ideologisch rechtsextremen Lager auf den Plan, die sich mit Fernandes solidarisch erklärten und ihre Mitglieder zur aktiven Unterstützung dieser Kampagne aufriefen (Sardesai/Balakrishnan 1993). Unter diesen Organisationen war vor allem die *Rashtriya Swayamsevak Sangh* (RSS), eine außerpolitische Organisation, die mit ihren paramilitärischen Verbänden in ganz Indien und ideologischen Vordenkern der Hindutva-Ideologie, also dem Konzept des Hindunationalismus, in jeder Hinsicht das Rückgrat der Sangh-Parivar, dem organisatorischen Geflecht der Hindutva-Gruppen, bildet. Ich werde unten noch näher auf diese Organisation einzugehen haben, vorweg jedoch sei die zentrale Stellung der RSS sowohl in der innenpolitischen Umgestaltung Indiens der letzten 15 Jahre als auch in der Auseinandersetzung mit den visuellen Erscheinungen der Globalisierung betont, die sich aus einem fanatischen Konzept der Hindu-Nation ableitet und die für die Konstitution des Fremden in jeder Hinsicht von entscheidender Bedeutung ist. Die RSS-Führung rief ihre Mitglieder landesweit zu einem totalen Boykott gegenüber den Getränkemarken auf und ersuchte um aktive Beteiligung an den noch zu veröffentlichenden konkreten Schritten. Als zweite treibende Kraft in diesem Geschehen etablierte sich der *Swadeshi Jagaran Manch* (SJM), eine junge, in personaler und auch ideologischer Hinsicht ganz durch die RSS bestimmte Organisation, die die wirtschaftliche und auch gesellschaftliche sowie politische Realisation des aus dem Unabhängigkeitskampf unter Gandhi bekannten Swadeshi-Konzeptes, also das Selbst-Vertrauen im Gegensatz zur Fremdbestimmung, zum Ziel hat und dabei das historische Modell in entscheidender Weise gemäß der Hindutva-Ideologie zu verändern trachtet. Doch dazu noch später. Der SJM ging zunächst mit öffentlichen Debatten in den Metropolen und dem Verteilen von entsprechenden Materialien gegen die amerikanische Gefahr los. Ravindra Mahajan, der Sekretär der Niederlassung des SJM in Mumbai, sprach von umfassender „Erziehungsarbeit", die die Menschen auf die Gefahren für die indische Kultur aufmerksam machen und ein Bewusstsein für das vom SJM vertretene „nationale Interesse" schaffen sollte. In einem zweiten Schritt organisierte der SJM eine Pilgerreise, eine Yatra, in Analogie zu Gandhis Salzmarsch, beginnend am 30. November 1993 (Business Standard 1993:13.11.). Die historische Parallele zu dieser Pilgerfahrt sollte in den Ereignissen des Jahres 1930 gesehen werden, als Gandhi nach einem Marsch von seinem Ashram in Ahmadabad zum Meer das Salzmonopol der Briten symbolisch brach, indem er Salzkörner an der Küste aufhob und zum Allgemeingut der Inder erklärte. Quasi analog sollte nun durch die Pilgerreise des SJM gegen die „Beherrschung Indiens" durch das ausländische, westliche Kapital und dessen Kulturformen protestiert werden. Während dieser Yatra kam es zu Ausschreitungen gegen Lastkraftwagen der Firma Coca-Cola kam, die aber, glaubt man Muralidhar Rao, dem zweiten Mann im SJM, im Namen einer guten Sache durchaus legitim waren: „We are using Pepsi and Coke as symbols – to educate people about the absurdity of globalisation. And in times of extraordinary events, if people get surcharged and burn one particular truck or one particular taxi, you can't blame them" (Sunday 1998:7.-13.6.). Für den 20. Jänner kündigten die Initiatoren ein Treffen in der Hauptstadt Neu-Delhi mit Teilnehmern aus dem ganzen Land an, bei dem die weiteren Schritte der „direct action" (Patnaik 1993) (The Pioneer 1993:28.12.), ebenfalls ein Begriff aus dem Unabhängigkeitskampf, festgelegt werden sollten, über deren Durchführung und nähere Gestaltung mir jedoch keine Aufzeichnungen vorliegen.

Die Argumentationslinien der Akteure verlaufen nach sehr ähnlichen Mustern, obwohl George Fernandes als sozialistischer Politiker zum damaligen Zeitpunkt wohl kaum mehr Gemeinsamkeiten mit der Sangh-Parivar gehabt haben dürfte. Rabi Rai, ehemaliger *Lok Sabha* (Parlaments-)Sprecher und Vorsitzender der Janata Dal-Partei, verdeutlicht die den Akteuren gemeinsamen Befürchtungen, als er damals von einer zweiten Kolonisierung Indiens sprach, die an Gefährlichkeit für das Land jene der East India Company noch um ein Vielfaches übersteigen würde. Er rief in Bezug auf die anstehenden Proteste gegen Coca-Cola und Pepsi zu einem erneuten Unabhängigkeitskrieg auf, der Indien vor einer erneuten Aufgabe der eigenen Souveränität bewahren sollte (Patnaik 1993). Fernandes ergänzte die Argumentation und verwies auf die kulturelle Dimension. Die beiden Cola-Sorten würden deshalb attackiert, weil sie das Zugpferd der auf Dritte-Welt-Staaten hereinbrechenden, aggressiven Amerikanischen Kultur wären, die sich geschützt durch das Wirtschaftsdiktat der Weltbank nun über den gesamten Globus ausbreiten würde (The Pioneer 1993:28.12.). Interessant ist auch für diese Phase der Proteste das Verhalten der Bharatiya Janata Party (BJP), dem politischen Flügel der Sangh-Parivar. Seit den Parlamentswahlen 1991 als zweitstärkste politische Kraft des Landes etabliert, war der liberalere Teil der Parteiführung auf Mäßigung in Bezug auf ausländische Unternehmen bedacht, da man sich Regierungschancen ausrechnete und auf die städtische Mittelschicht Rücksicht nehmen wollte. L.K. Advani, damals Parteivorsitzender und selbst Zögling der RSS-Kaderschmiede, opponierte daher offen gegen die Teilnahme der RSS an diesen Protesten und verwies auf den Sinn von Swadeshi als ein größeres Augenmerk auf politische und wirtschaftliche Selbstverwaltung, anstatt es als Boykott gegen einzelne Produkte ausländischer Unternehmen zu interpretieren (Sardesai/Balakrishnan 1993).

Die erwähnten Meinungsverschiedenheiten innerhalb der Sangh Parivar sind schließlich auch der Grund dafür gewesen, dass das Protestgeschrei bis in den Sommer des nächsten Jahres hinein wieder verstummte, ehe der SJM im Juli 1994 seine Drohungen gegenüber den beiden ausländischen Investoren erneuerte (Balakrishnan 1994). Bemerkenswerter erscheint aber vielmehr die in diesem Sommer durchgeführte Aktion der Mutterorganisation, der RSS. In der Hauptstadt Neu-Delhi setzte die RSS eine stille Verbannung von Pepsi und Cola aus den verschiedenen Kantinen, Büros und Geschäften der Regierung des Bundesstaates Delhi durch, die zu diesem Zeitpunkt von der BJP gestellt wurde, und erweiterte ihren Druck auch auf umliegende private Händler und Verkäufer, sodass die beiden Getränke im Juli über mehrere Wochen hindurch lokal nicht mehr erhältlich waren. Diesem Beispiel folgte die Studentenorganisation der Sangh-Parivar, die *Akhil Bharatiya Vidyarthi Parishad* (ABVP), die einen totalen Boykott gegen Coke und Pepsi am gesamten Campus der Delhi Universität durchsetzte (Kirpal 1994). Die ABVP wurde 1948 ausschließlich durch RSS-Mitglieder gegründet und bildet heute mit starker inhaltlicher Affinität gegenüber den Symbolen des Hinduismus und dessen selbsternannten politischen Vertretern die größte und nach eigenen Aussagen auch aktivste Studentenorganisation des Landes (Andersen/Damle 1987:119). Die RSS plante zu diesem Zeitpunkt noch den Ausbau des Boykotts unter Einbeziehung lokaler Geschäftsinhaber, die vom Verkauf der beiden Getränke an sämtliche Regierungsstellen abgehalten werden sollten und sprach zudem Drohungen gegenüber Verkäufern aus, die auch den Verkauf an Privatleute zu unterlassen hätten. Man beschränkte sich dabei nicht nur auf freundliches Ersuchen, sondern war auch bereit, andere Töne anzuschlagen, wie eine lokale RSS-Führungspersönlichkeit verdeutlichte: „We first try to educate the shopkeepers about the ill-effects of selling foreign goods which can destroy our indigenous economy. But if this message is not clear enough, they are made to understand in plain and cold language" (Kirpal 1994). Auch die politische Gegenseite setzt die Proteste im Sommer friedlich fort. Unter der Leitung von George Fernandes blockieren Aktivisten der *Hind Mazdoor Kisan Panchayat*, einer unter der Janata-Regierung 1977–79 groß gewordenen Gewerkschaft für Bauern und Arbeiter, die Auslieferungszentrale von Coca-Cola in Neu-Delhi (Times of India 1994:9.8.) und einen Sommer später, im Zuge des noch zu besprechenden Triumphes über den US-amerikanischen Energiekonzern *Enron*, erneuert der SJM seine Botschaft, keine ausländischen Investitionen im Konsumgüterbereich zu wünschen, da diese für die Entwicklung des Landes kontraproduktiv seien (Ramachandran 1995). Um die Besprechung der Aktionen gegen die amerikanischen Soft-Drink-Hersteller zu beenden, noch kurz ein Blick auf die Ereignisse des Herbstes 1998, als wiederum die RSS, der SJM und eine weitere Tochterorganisation der Sangh-Parivar, die *Vishwa Hindu Parishad* (VHP), wiederum in Analogie zu Gandhis Unabhängigkeitskampf zur „Quit India Campaign" gegen ausländische Unternehmen aufriefen. „Quit India!" war ursprünglich die 1942 ausgesprochene Aufforderung an die britischen Kolonial-herrn, umgehend das Land sich selbst zu überlassen und den Weg für eine autozentrische Entwicklung freizugeben. Die Initiatoren des Jahres 1998 führen wiederum zwei bereits bekannte Gründe der Aktionen ins Feld, nämlich die Vernichtung der indigenen Wirtschaft durch die Übermacht ausländischer Kon-zerne und die „kulturelle Verunreinigung" Indiens durch das Kulturdiktat des Westens (Roy 1998). Das Gegenkonzept Swadeshi sollte durch die vom 15. Sep-tember bis zum 2. Oktober dauernde „Swadeshi Chetna Yatra" propagiert und beworben werden, innerhalb derer an über 550 Orten landesweit „Propaganda-material" der MNCs, also Werbetafeln, Straßenschilder und Aufschriften aller Art attackiert werden sollten. Einige der Akteure des SJM kündigten ebenfalls das Bestreiken der Abfüllfirmen von Coca-Cola und Pepsi an (Kesari 1998). Fazit der „direct action": Wiederum beschädigte bis völlig zerstörte LKWs der beiden Firmen und eine völlig ausgebrannte Filiale der amerikanischen Kette *Baskin Robbins* im Bundesstaat Gujarat (Sunday 1998:7.-13.6.).

Ich fasse zusammen. Obwohl hinsichtlich der Akteure und Initiatoren der Proteste eine gewisse ideologische und auch politische Bandbreite besteht, ist zweifelsohne das Schwergewicht bei den Organisationen der Sangh-Parivar zu finden, die sich in diesem Bereich besonders hervorzutun scheint. Ihre Argumentationsweise ist stets ähnlich und umfasst im Wesentlichen zwei Punk-te: man sieht zum einen die eigene Wirtschaft in Gefahr, deklariert aber zum anderen durch die Auswahl der Zielobjekte ein vermeintlich kulturelles Anlie-gen, nämlich das Bewahren der „indischen Kultur" vor dem Fremden, vor dem, was offensichtlich nicht dazu gehört. Was diese Gruppierungen genau unter diesem wagen, ideologisch aber höchst brisanten Begriff verstehen, wird noch zu klären sein. Zunächst setze ich also die Suche nach Akteuren fort, ehe ich auf die Akteursgruppen der hinduistischen Rechten selbst näher eingehe.

2.3.2.   KFC und McDonald's: Videshi in Reinform

Am 1. Februar 1996 zerstörte eine Gruppe von Aktivisten der *Karnataka Rajya Raitha Sangha* (KRRS), sinngemäß übersetzt die Vereinigung der Bauern-herrschaft Karnatakas, die Filiale der amerikanischen Fastfood-Kette Kentucky Fried Chicken in Bangalore, der Hauptstadt des Bundesstaates Karnataka im südlichen Zentralindien, und ließ von der Einrichtung des an der größten Geschäftsstraße der Stadt gelegenen Restaurants nicht viel übrig (Klein 1996). Die Filiale hatte am 1. Juni des Vorjahres zum ersten Mal ihre Türen geöffnet und die Gäste strömten massenweise herbei, nicht nur, um Chicken-Burger zu genießen, sondern wohl auch wegen des Gefühls, ein wenig amerikanische Luft zu atmen. Schwierigkeiten hatte KFC von Anfang an. Wer stand dahinter und welche Formen nahm der Protest vor der endgültigen Zerstörung der Filiale an?

Die KRRS ist eine straff organisierte Bauernvereinigung unter der unum-strittenen Führung eines ehemaligen Professors für Rechtswissenschaften, M.D. Nanjundaswamy, der, ehe er in den frühen 80er Jahren die Leitung dieser Organisation übernahm, als aktives Mitglied der Sozialistischen Partei tätig war. Er genoss eine hervorragende Ausbildung in Übersee, dissertierte an einer deutschen Universität und sah nach einer glücklosen Laufbahn als Sozialist 1982 seine Stunde gekommen, als er von der damaligen Leitung der KRRS die Möglichkeit bekam, sich sowohl organisatorisch als auch ideologisch in der Organisation zu profilieren. Nanjundaswamy übernahm rasch die Führung, organisierte die Gruppierung straff unter seiner Vorherrschaft und trachtete auch nach politischer Expansion, die die KRRS bei den Wahlen zum Parlament im Bundesstaat Karnataka 1989 zwei Mandate erringen ließ, die aber in den Wahlen vom Dezember 1994 wiederum auf ein einziges Mandat reduziert wurden (The Telegraph 1996:10.2.). Die von der KRRS initiierten Proteste müssen also vor dem Hintergrund des drohenden Versinkens in die politische Bedeutungslosig-keit gesehen werden, durch die es Nanjundaswamy aber gelang, sich ins Zentrum der gesamtindischen Aufmerksamkeit zu manövrieren. Die Geschehnisse um die KFC-Filiale zählen mit Abstand zu den bestdokumentierten Ereignissen in diesem Zusammenhang, auch wenn es letztendlich nicht gelang, die breite Zustimmung gegenüber diesen Protesten vor allem in der Bauernschaft in demokratiepolitischen Erfolg umzusetzen.

Bereits 1992, und zwar am 29. Dezember, attackierten ca. 500 KRRS-Aktivisten ein Büro der amerikanischen Saatgutfirma Cargill in Bangalore und entzündeten mit den Akten des Büros ein offenes Feuer vor dem Gebäude. Nanjundaswamy kommentierte damals die Ereignisse mit dem Satz, dass die Organisation keinesfalls das Recht in ihre Hände genommen hätte, sie aber das Versagen der Verfassung hinsichtlich ihrer wohl wichtigsten Funktion, nämlich die Bürger des Staates zu schützen, auszugleichen habe (Lankesh 1993). Die MNCs wie etwa Cargill würden das indische Saatgut in der Weise benutzen, als sie es patentieren, um es anschließend teuer an die Bauern zu verkaufen. Mit Nachdruck warnt Nanjundaswamy alle MNCs, dass sie keine Duldung zu erwarten hätten, solange ihr Ziel die Ausbeutung Indiens sei.

Aus eben diesen Motiven attackierten die Gefolgsmänner der KRRS ein halbes Jahr später eine Saatgutkultur der Firma Cargill und richteten erheblichen Schaden an den Gebäuden selbst an. Das Echo auf diese Vorfälle war enorm und Nanjundaswamy wurde zum ersten Mal in ganz Indien beobachtet. Noch im Herbst dieses Jahres, genau am Geburtstag Mahatma Gandhis, leitete die KRRS eine Kundgebung gegen den Dunkel-Entwurf, der die Ratifizierung der GATT-Verträge durch das indische Parlament vorsah (Mendonca 1993). Auch diesmal argumentierte Nanjundaswamy mit den wirtschaftlichen Folgen einer derartigen Politik und propagierte gegen Monokulturen und Saatgutmonopole ausländischer Multis.

Der Fall KFC wurde erst im Sommer 1995 aktuell, in dem Nanjundaswamy mit seiner KRRS nicht alleine bleiben sollte, sondern sich namhafte Akteure anschlossen. Der kurios anmutende Verlauf der Kontroverse um die Filiale in Bangalore begann mit einem im August 1995 abgehaltenen Symposion unter der Leitung von Nanjundaswamy, das sich mit den möglichen Folgen der Präsenz der Fastfood-Ketten in Indien befasste (The Telegraph 1995:3.9.). Aufgrund der Erfahrungen der Vergangenheit fürchtete die lokale Regierung eine Wiederholung der Ausschreitungen gegen Cargill und ließ die KFC-Filiale unter schweren Polizeischutz stellen. Doch dann schritt die Bangalore City Corporation (BCC) ein und forderte die KFC-Führung auf, zu angeblich in Fleischproben der Firma festgestellten ungenügenden Fleisch- und Zubereitungsqualitäten Stellung zu nehmen. Zudem behauptete die Corporation, einen nach indischer Gesetzeslage unzulässig hohen Anteil an Monosodium-Glutamat im Fleisch festgestellt zu haben (Sunday 1995:17.-23.9.). Die Firmenleitung wies die Vorwürfe als unhaltbar zurück und verwies auf die weltweit einheitlichen Richtlinien sowohl bei der Fleischqualität als auch bei der Zubereitung und beklagte Ungereimtheiten in der Vorgangsweise der Behörde (David 1995). Die angegebenen „Mängel" der Filiale blieben zunächst ohne Konsequenzen, ehe das Restaurant am ersten November seine Türen für einen Tag schließen musste, weil sich davor nach Angaben des *Business Standard* zehntausende Bauern unter der Führung von Nanjundaswami versammelt hatten (Business Standard 1995:2.11.). In seiner Rede vor der von der Polizei mit 25.000 angegebenen Menge betonte der Rechtsprofessor die gesundheitsschädlichen Folgen des Fastfood und bezog sich damit direkt auf die von der BCC geäußerten Vorwürfe. KFC sei nur das Symbol für die von der Bundesregierung unter Narasimha Rao vollzogenen wirtschaftspolitischen Liberalisierung, sodass der Protest als allgemeine Ablehnung ausländischer Firmen in Indien verstanden werden müsse, so Nanjundaswami. Etwa zur gleichen Zeit marschierten in Delhi Aktivisten des SJM gegen die dortige Filiale des KFC auf und erreichten mit entsprechender Unterstützung des harten Kerns der BJP in der Regierung die Aufhebung der Lizenz für KFC, der sich gezwungen sah, die Filiale zu schließen. Die Begründung dieses Schrittes: unzulässige hygienische Mängel im Restaurant. Es wurden zwei Fliegen im Küchenbereich gefunden. Ein Journalist kommentierte mit der nötigen Ironie: Es mag verwundern, dass KFC keinen Preis für die hervorragende Hygiene erhielt, da die für indische Verhältnisse sensationelle Anzahl von nur zwei Fliegen gefunden wurde (Nalapat 1995a) (The Pioneer 1995:12.11.). Aus einem Interview mit S. Gurumurthy, einer führenden Persönlichkeit des SJM, werden einige wesentliche Punkte der Legitimation des Vorgehens des SJM ersichtlich, die hier kurz erwähnt werden sollen. Zunächst sind da die befürchteten Auswirkungen auf den Hühnermarkt Indiens. KFC würde, so Gurumurthy, den Preis für Hühnerfleisch extrem herabsetzen und die Profite daraus allgemein reduzieren. Das zweite große Bedenken aber ist ein kulturelles. Der SJM befürchtet die Homogenisierung der Ernährungsgewohnheiten in einer der indischen Kultur völlig fremden Weise. Zudem sei, so Gurumurthy, aus Gründen des Nationalstaates allgemeines Misstrauen gegenüber ausländischen Multis angebracht (Krishnan 1995). Das letzte, etwas kryptisch anmutende Argument ist nur verständlich, wenn man das hindunationalistische Konzept des indischen Nationalstaates mitbedenkt, das unten noch näher erläutert wird.

Die Kontroverse in Delhi endete mit einem Erkenntnis des Höchstgerichtes, das entschied, dass der Entzug der Lizenz für KFC unzulässig und daher rückgängig zu machen sei (The Statesman 1995:5.12.). Der SJM kündigte daraufhin weitere Schritte gegen KFC an, die gemeinsam mit Gesinnungsgenossen wie der RSS, der BJP und der ABVP, der Studentenorganisation, durchgeführt würden (The Statesman 1995a:5.12.). Konsequenzen dieser Ankündigung waren in den Zeitungen aber nicht auffindbar.

Anders liefen die Dinge in Bangalore. Die Zerstörung der Filiale wird von Kommentatoren allgemein im Lichte eines möglichen politischen Profits für Nanjundaswami gesehen, der die Profilierung abseits des politischen Mainstreams der dominierenden Parteien wie der Congress-Partei, der BJP und der Janata Dal suchte und bislang erfolglos blieb. Aus den Aktionen gegen Cargill ging die KRRS nur als lokale, auf einzelne Regionen beschränkte politische Kraft hervor, der es bislang nicht gelungen war, die in Karnataka äußerst breite Wählerschaft der bäuerlichen Bevölkerung hinter sich zu vereinen (Rakesh 1996; Ramoo 1996). Nanjundaswami wurde, veranlasst durch Ministerpräsident und späteren Premier Deve Gowda, verhaftet und sechs Tage inhaftiert, jedoch ohne weitere Konsequenzen.

Bevor ich diese zweite Gruppe von Protesten gegen die Semiotik des Globalen abschließe, noch ein Blick auf die Kontroversen um McDonald's. Bereits unmittelbar nach der Eröffnung der ersten Filiale Indiens in Neu-Delhi im Oktober 1992 kam es zu Protesten vor dem Restaurant; organisiert hatte sie Maneka Gandhi, Schwiegertochter Indira Gandhis und mittlerweile prominenteste Tierschützerin des Landes. Der Stein des Anstoßes: McDonald's sei der größte Rinderschlächter der Welt und daher für Indien untragbar (Nicholson 1996). Eine direkte ideologische Affinität Maneka Gandhis zur Sangh Parivar kann nicht nachgewiesen werden, sie ist aber genauso wie der einst sozialistische George Fernandes Mitglied der seit Jänner 1998 amtierenden BJP-Regierung und bekleidet ein Ministeramt. Gandhi engagierte sich auch im Kampf gegen KFC in Bangalore, ebenfalls aus Gründen des Tierschutzes.

Einen weiteren Zwischenfall gab es im März und April 1998 anlässlich der Eröffnung einer weiteren McDonald's Filiale in Vile Parle, einem Stadtteil von Mumbai. Ein großes öffentliches Treffen in Vile Parle und ein darauffolgender Protestmarsch artikulierten den Unmut einiger lokaler Einwohner (Times of India 1998:31.3.). Der Organisator dieser Proteste: eine Organisation mit dem Namen *Vishwa Hindu Parishad* (VHP), also der „Welt Hindu Gemeinschaft". Die VHP gehört ebenfalls zur Sangh Parivar und stellt eine weltweite Hindu-organisation dar, die immer wieder auf der innenpolitischen Bühne auftritt, ohne aber in direkter Weise demokratiepolitisch tätig zu sein. Ideologisch befindet sich die VHP auf einer Linie mit der RSS und dem SJM und ich werde daher die VHP im Anschluss innerhalb der Gruppe der Sangh Parivar näher besprechen. Die VHP argumentierte zunächst damit, dass die Fastfood-Kette Rind- und Schweine-fleisch verarbeiten würde. Nachdem von der Firmenleitung betont wurde, dass dies nirgendwo in Indien der Fall sei, verlegte man sich auf das Swadeshi-Argument (Singh 1998). McDonald's würde lokale Jobs in der Gastronomie vernichten und sich allgemein negativ auf die indische Wirtschaft auswirken. Zudem findet sich wiederum das kulturelle und höchst ideologische Argument, nämlich dass der durch McDonald's vertretene Amerikanismus einen „anti-nationalen Charakter" habe und die „indische Kultur verschmutzen" würde (Nandwani 1998). Die Proteste der VHP blieben aber letztlich erfolglos (Times of India 1998:17.5.), nicht zuletzt, weil alle Sachargumente auf äußerst dünnen Beinen standen und das Zielpublikum der Kette, also die jüngere Mittelschicht der Stadt, in kultureller Hinsicht keine Bedenken hatte, die dies auch durch einen Ansturm auf die neue Filiale kundtat.

Die Proteste gegen die amerikanischen Fastfood-Ketten wurden in den letzten Jahren klar von Prof. Nanjundaswami bestimmt, der sich zur schillernden und militanten Führungsgestalt emporhob. Auch in diesem Fall aber erhielt die Protestwelle erhebliche Unterstützung von den Organisationen der Sangh Parivar, wie etwa der RSS, dem SJM oder der VHP, deren organisatorische und personale Fähigkeiten die eines Nanjundaswami um ein Vielfaches übersteigen. Auch in diesen Fällen hing der Grad der Involvierung des politischen Flügels der Sangh Parivar, also der BJP, von politischen Überlegungen ab. Allgemein gesprochen kann eine Doppelstrategie der BJP-Führung angenommen werden, die die Duldung und sogar aktive Unterstützung dieser Protestformen auf lokaler Ebene zulässt, auf Bundesebene jedoch äußerste Zurückhaltung vor allem seit der Etablierung der Partei als die zweitstärkste politische Kraft des Landes geübt wird. Die mit derartigen Protesten zu verschmähende Wählerschaft in der städtischen Mittelschicht ist politisch wie gesellschaftlich zu bedeutend, als dass mit einer geradlinigen und offenen Unterstützung der Proteste gegen ausländische Investoren ein politisch investitionsfeindliches Klima geschaffen werden könnte, das vor allem die angesprochene Mittelschicht schwer treffen würde. Die Regierungspolitik der BJP in ihrer knapp eineinhalbjährigen Amtszeit, die nun im Herbst 1999 zunächst endete, hat gezeigt, dass ein deutlicher Kurswechsel der Wirtschaftspolitik nicht im Sinne der Partei war, was sie naturgemäß in härteste Kontroversen mit den anderen Organisationen der Sangh Parivar brachte. Dazu aber noch etwas ausführlicher im vierten Kapitel.

2.3.3. Michael Jackson und Miss World: Sex, Drugs and Rock n' Roll

Die Sensation war 1993 in Mumbai perfekt, als bekannt wurde, dass der Inbegriff der amerikanischen Popkultur, Michael Jackson, im Rahmen seiner „Dangerous-Tour" auch in der indischen Metropole Halt machen würde. Der Kartenverkauf lief nicht nur in Mumbai, sondern auch in den anderen, kleineren Metropolen wie Bangalore oder Hyderabad phantastisch, ja sogar so gut, dass die Veranstalter das 80.000 Besucher fassende Jawaharlal Nehru Stadion in der Stadt für eine zweite Show buchten. Diese beeindruckende Bilanz bereits im Vorfeld änderte nichts an den grundsätzlichen Bedenken mancher sich damals unter der Congress-Regierung in Maharashtra in Opposition befindlichen BJP-Parlamentarier, die ihren Unmut über die befürchteten negativen Auswirkungen dieser Konzerte auf die Jugend Mumbais lautstark kundtaten (Chowdhury 1993). Einerlei, die Show musste wegen der Vorwürfe des Kindesmissbrauchs gegen Jackson abgesagt werden, das „ideologische" Problem der Opposition löste sich also von selbst. Zumindest vorläufig. Denn exakt drei Jahre später war es wieder so weit. Diesmal von vornherein als Doppelkonzert geplant, sollte Jackson am 31. Oktober und am 1. November in der Stadt sein Bestes geben, im Unterschied zum ersten Mal jedoch nun nicht mehr von der Congress-Partei gebilligt, sondern, man staune, von der Koalitionsregierung der BJP und der Shiv Sena, der mittlerweile stimmenstärksten Partei Maharashtras, ausgezeichnet durch ein stark xenophobisches Programm, das an realpolitischer Radikalität seinesgleichen in Indien sucht. Rustom Bharucha (1998:174) weiß sogar von einem Zusammentreffen Michael Jacksons mit dem Gründer und ideologischen Vater der Shiv Sena Partei, Bal Thackeray zu berichten. Der Megastar aus den USA traf also auf den xenophobischen Propagandameister aus Maharashtra, der keinerlei Schwierigkeiten daran findet, sich offen politische Anleihen von Adolf Hitler zu holen und die Hinduisierung des Landes vor allem gegen jegliche Art der Verwestlichung als Fundament seiner Politik versteht. Ich komme auf die politische und ideologische Orientierung der Shiv Sena und Bal Thackerays noch zurück. Die Perversion dieses Falles könnte aber unglaublicher nicht sein, zumal eineinhalb

Jahre später der Kulturminister Maharashtras von der Shiv Sena umfassende Restriktionen gegenüber Konzerten westlicher Musiker ankündigt, da diese für das Ansteigen des Alkohol- und Drogenkonsums verantwortlich seien (Meghani 1998). Doch sehen wir weiter, wer sich an dieser Stelle noch artikulierte.

Erwartungsgemäß waren es die RSS und ihre Gruppe „fürs Grobe", der SJM, die mit wütenden Protesten in Form von Briefen an den Ministerpräsidenten des Bundesstaates, Manohar Joshi von der Shiv Sena Partei, aber auch in Form von Straßenkundgebungen ihren Unmut über die bevorstehende Performance von Jackson kundtat. Ravindra Mahajan vom SJM kommentierte: „The cultural pollution ... is being imposed on India in the name of liberalisation" und kritisierte zudem das schlechte Beispiel eines Künstlers, der wegen Kindesmiss-brauchs geahndet wurde. Auf den Sponsor der Tour, Pepsi Cola, anspielend, meint Mahajan: „We do not want the sort of culture that these sponsorships encourage. We cannot tamper with our ethnic lifestyle with such cultural impositions" (Akthar 1996). Etwa zur selben Zeit regte sich etwas weiter südlich im Landesinneren Indiens Widerstand gegenüber einer nicht weniger offensicht-lichen Form der Präsenz des Anderen, des Fremden am Subkontinent. Die anstehenden Miss World Wahlen, Symbol der westlichen Freizügigkeit und Zurschaustellung weiblicher Erotik, bildeten dort den Anlass zum verärgerten Aufmarsch neotraditionalistischer Gruppierungen. Noch im Oktober und No-vember dieses Jahres formierten sich in Bangalore, wo die Miss World Wahl dieses Jahres abgehalten wurde, wütende Protestmengen. Die bedeutendsten Organisationen im Rahmen dieser Aktionen neben zahlreichen Frauenrechts-organisationen: die RSS, der SJM und auch die VHP, die in dieser Wahl einen Verstoß gegen indische Tradition und Kultur erkannten und sich gegen diese „Überfremdung" Indiens zur Wehr setzten (The Voice of People Awakening 1996:1.11.; Akthar 1996).

Das letzte Beispiel von Protestaktionen kommt nicht aus dem „kulturellen" Bereich, sondern hat die Kontroverse um die Errichtung eines Kraftwerkes durch den amerikanischen Energiekonzern *Enron* zum Inhalt. Der Schauplatz dieser Auseinandersetzung ist wie schon im Fall Jackson Maharashtra und die bereits erwähnte Shiv Sena spielte auch dabei neben anderen, zivilgesellschaftlichen Gruppierungen, eine entscheidende Rolle. An diesem Beispiel soll noch einmal deutlich werden, welche politische und ideologische Bandbreite die Proteste umfassten und welche Rolle politischer Opportunismus dabei spielen konnte und auch gespielt hat.

2.3.4. Der Fall „Enron"

Bereits 1992, also am Beginn der wirtschaftspolitischen Öffnung Indiens, began-nen die organisatorischen Vorbereitungen für das bislang umfangreichste und größte Energieprojekt des Landes, ein 2015 Megawatt Strom lieferndes Gaselektrizitätswerk, das in der Nähe der Stadt Dabhol im Küstenstreifen Konkan des Bundesstaates Maharashtra im Westen Indiens errichtet werden sollte. Es handelte sich dabei um ein Joint Venture des nordamerikanischen Energiemultis Enron mit der Dabhol Power Company, einem bereits in Indien ansässigen, zu 100% in ausländischem Besitz befindliches Energieunternehmen, ins Leben gerufen von den Konzernen Enron, Bechtel und General Electrics. Die Verhandlungen, denen keinerlei öffentliche Ausschreibung vorangegangen war, führten zunächst unter strengem Verschluss die Firmenleitung von Enron mit der Regierung Maharashtras, damals Congress-Partei. Erste Proteste formierten sich in der ersten Hälfte des Jahres 1994, als die Verhandlungen in ein konkretes Stadium eintraten und sich der Grad der Öffentlichkeit steigern musste (Greer/ Singh 1996:43). Der Widerstand gegenüber dem Projekt ging anfangs ausschließlich von lokalen NGOs aus, die eine weitgehende Offenlegung der Verhandlungsstandpunkte erreichten, um sich schließlich zu einem Politikum ersten Ranges zu entwickeln, das im Bundesstaat selbst wahlentscheidend wurde und der Opposition den Wechsel in die Regierung einbrachte.

Zunächst aber wurden wie erwähnt lokale NGOs auf den Fall aufmerksam und die „Bombay Environment Action Group" sowie die ebenfalls in Mumbai ansässige „Society for Clean Environment" und die Konsumentenschutzgruppe „Mumbai Gharak Panchayat" erreichten durch öffentliche Proteste eine detaillierte Bekanntgabe des bis dahin völlig geheim gehaltenen „Power Purchase Agreement" (PPA), einem Abkommen zwischen der Dabhol Power Company und dem staatlichen „Maharashtra State Electricity Board" (MSEB), in dem sich die Regierung des Staates Maharashtra zur jährlichen Abnahme eines festgelegten Kontingents an Strom zu fixierten Preisen verpflichtete, das quasi eine Absatzgarantie für Enron darstellte und im Dezember 1993 auch tatsächlich unterzeichnet wurde (Business Standard 1997:3.5.; Greer/Singh 1996:44). Die Kritik der NGOs, seit Juli 1994 zusammengefasst im „Enron Virodhi Sangharsh Samiti", dem Anti-Enron-Kampfkomitee, richtete sich vorwiegend gegen die lokalen ökologischen Folgen des Kraftwerks und gegen die ihrer Meinung nach unannehmbaren Konditionen des PPA, das einen viel zu hohen Strompreis vorsah, der in Indien außer Konkurrenz stand, wesentlich billiger erworben werden konnte und ökonomisch wenig Sinn machte. Entscheidend an diesem nun bestehenden Samiti war, dass es sich der aktiven Unterstützung durch die beiden wichtigsten Oppositionsparteien des Staates sicher sein konnte, nämlich der uns bereits bekannten BJP und der Shiv Sena Partei, beide vom ideologisch äußeren rechten Spektrum. Mit dabei in diesem Komitee waren aber auch politische Organisationen der ideologischen Gegenseite, nämlich die Communist Party of India (CPI) und die Communist Party of India Marxist (CPI[M]) (Greer/Singh 1996:45). Das Enron-Projekt vereinte demnach politische Erzfeinde im Namen des gemeinsamen Protestes gegen das ausländische Projekt, eine Koalition, die politisch jedoch nur von einer Seite wirklich ausgeschlachtet werden konnte.

Ich steige in die nähere Chronologie der Ereignisse im Fall Enron in der ersten Hälfte des Jahres 1995 ein, als das Thema Enron den Wahlkampf der beiden Oppositionsparteien BJP und Shiv Sena bestimmte und man damit die Regierung der Congress-Partei heftig angriff (Ramesh 1995). Der Wahlkampf in Maharashtra wurde in dieser Angelegenheit zum bestimmenden Faktor und man übte sich in altbekannter Wahlkampfrhetorik: „Even if the Enron Project is good, it's too bad that this is an election year. Ayodhya, Kashmir and Enron – religious nationalism, territorial nationalism and economic nationalism, that's our (BJP's) trishul (*Dreizack*) in the next election" (Sardesai 1995). Die Wahlen wurden wie erwartet von den beiden Oppositionsparteien gewonnen und die neue Regierung, eine Koalition aus BJP und der nun stimmenstärksten Partei Maharashtras, der Shiv Sena, übernahm im Juni des Jahres ihr Amt. Außerhalb der Politik gingen die Proteste gegen das Projekt unvermindert weiter. Am 12. Mai demonstrierten 400 Bauern aus den betroffenen umliegenden Dörfern am Standort des zukünftigen Kraftwerkes gegen das Projekt und zerstörten dabei das dort bereits errichtete Büro der Firma Enron. Der „Enron Hatao Kruti Samiti", eine lokale Organisation verschiedenster politischer Gruppen, rief am 5. Juli den Beginn einer einmonatigen Satyagraha aus, also eine Reihe von Demonstrationen in Analogie zu Gandhis Unabhängigkeitskampf. Mit dabei auch der bereits bekannte SJM, der sich seit der ersten Stunde mit den Protestierenden verbündete (Greer/ Singh 1996:45). Nach der Einberufung einer Kommission, die den Fall noch einmal zu prüfen hatte, erklärte die neue Regierung des Bundesstaates am 3. August 1995 die Stornierung des PPA und damit des Projektes schlechthin. Die Regierungsparteien stilisierten das Vorgehen gegen Enron als das Symbol für ihren ökonomischen Nationalismus (Nalapat 1995) und zahlreiche Glückwunschbotschaften an die Regierung stellten sich ein. So gratulierte etwa der SJM der Regierung in gewohnt nationalistischer Manier „for having stood by the people and the nation and its honour", die so den „Verkauf Indiens" an die Mächte des Auslandes verhindert und ein wirkmächtiges Zeichen an alle ausländischen Investoren gesetzt hätte (Swadeshi Jagaran Manch 1995:1). Doch schon bald zeichnete sich ein Kurswechsel der Regierung im Fall Enron ab, der konkret im September, also nicht einmal einen Monat nach der Stornierung sichtbar wurde, als diese nämlich erste Bereitschaft zeigte, über das Projekt neu verhandeln zu wollen. Was immer die genauen Gründe dieses Schwenks gewesen sein mochten (vgl. Sen Gupta 1995), für das Thema hier ist von Bedeutung, welche Gruppen sich aus welchen Gründen erneut nun gegen den Kurs von BJP und Shiv Sena äußerten. Die zweite Phase der Kontroverse um Enron ist besser dokumentiert und erlaubt daher einen genaueren Blick auf Akteure und Argumente.

Im Laufe des Novembers dieses Jahres entwickelte sich ein teilweise öffentlich ausgetragener Richtungsstreit zwischen den einzelnen Fraktionen der ideologisch sonst unter dem Hindutva-Schirm geeinten Sangh Parivar; an vorderster Front dieser Kontroverse, die sich letztlich vor allem gegen die Koalitionsregierung des Bundesstaates richtete, standen wieder einmal die RSS und der SJM (Mishra 1995) mit ihren heftigen Attacken gegen die von der BJP mitgetragene Politik gegenüber Enron (Times of India 1995:7.11.; Mahesh 1995). Ungeachtet dessen setzten sich intern die Gespräche mit Enron fort und bereits im Jänner 1996 billigte die Regierung Maharashtras die neu ausgehandelten Vertragskonditionen. In Anbetracht der anstehenden bundesweiten Wahlen, deren Resultat eine 13-tägige Interimsregierung der BJP in Neu-Delhi war, wurde der SJM von den auf politische Vernunft bedachten RSS-Spitzen zur Ordnung aufgerufen, was zumindest vorübergehend von Seiten der Hindutva-Kräfte Ruhe in die Sache um Enron brachte (Jerath 1996). Erst im Juni, also nach dem endgültigen Scheitern der BJP-Regierung in Neu-Delhi, rief die RSS zusammen mit dem SJM wiederum zu umfangreichen Protesten gegen das Projekt von Enron auf und verwies auf die kostspieligen Stromtarife und den enormen jährlichen Kapitalaufwand, der aus den Verpflichtungen des nunmehr ebenfalls neu ausgehandelten *Power Purchase Agreement* (PPA) entstehen würde (Roy 1996). Weitgehend unbeeindruckt von etwaigen Wahlen zeigten sich hingegen die anderen zivilgesellschaftlichen Gruppierungen, die sich am Protest gegen das Kraftwerksprojekt beteiligten. Das bereits erwähnte „Enron Virodhi Sangharsh Samiti" organisierte noch im Vorfeld der Wahlen eine Kampagne gegen die lokale Regierung direkt am Ort der Kraftwerkserrichtung und forderte die wiederholte Stornierung des Bauvorhabens. Das Samiti bemühte sich entgegen dem SJM um die aktive Inkludierung der direkt betroffenen Familien und hielt Treffen all jener Landbesitzer ab, die vom Kraftwerksbau direkt betroffen waren (Miranda 1996). Entgegen allen Protesten wurde im Juli 1996 das neu verhandelte Kraftwerksprojekt von der Regierung in Maharashtra gebilligt und im Dezember des selben Jahres mit dem Bau tatsächlich begonnen. Natürlich hatte die Regierung diese Politik gegenüber dem Konzern und seinem Projekt zu rechtfertigen, noch dazu, wo die BJP und die Shiv Sena Partei selbst noch das Projekt abgelehnt hatten. Sie taten dies mit ausschließlich finanziellen Argumenten und legitimierten ihre Zustimmung zum Dabhol Power Project mit der im neuen PPA festgesetzten deutlichen Senkung der Strompreise und einer ebenso deutlichen Reduktion des gesamten Kostenvolumens des Projektes für den indischen Staat (Mukherjee 1996; Phadke 1997). Das „All India Peoples' Resistance Forum" (AIPRF), eine Dachorganisation zahlreicher indischer NGOs, publizierte 1997 ein Resümee im Fall Enron (All India Peoples' Resistance Forum, AIPRF 1997) und zieht dabei eine düstere Bilanz aus den Geschehnissen und dem letztendlichen Ausgang der Kontroverse. Der Widerstand gegenüber Enron habe, so das Forum, nur in einer politisch nützlichen Zwischenphase eine politische Dimension erhalten, in der es die BJP hervorragend verstand, die Kontroverse als Leiter zur Regierungsmacht auszunützen, um dann später den Widerstand vollständig aufzugeben, ja das Projekt aktiv zu unterstützen (AIPRF 1997:6). Der Bericht enthält eine detaillierte Aufzählung aller Protestformen vor

allem nach der Billigung des Baus durch die BJP-Shiv Sena-Regierung, die sich
in ihrer symbolischen Gestaltung allesamt direkt gegen die Regierung und ihre
Minister richteten. Das Forum wirft dieser aber nicht nur eine Änderung ihrer
Politik zugunsten von Enron vor, sondern beklagt sogar aktive von Regierungs-
kreisen angeordnete Repressionen gegen die Demonstranten an der Baustelle
(AIPRF 1997:20). Die Proteste zahlreicher Gruppen setzten sich bis 1997 fort
(Times of India 1997:19.8.), man begann aber auf lokaler Ebene rasch, sich von
der bislang treibenden Kraft, dem SJM, zu distanzieren, da man Allianzen und
Absprachen mit der regierenden BJP annahm (Mishra 1996).

Ich fasse zusammen. Wie schon in den vorhergegangenen Protestformen
zeigt sich auch im Fall Enron die dominante Stellung der Organisationen der
Sangh Parivar, die bei aller Beteiligung lokaler und überregionaler NGOs sowie
linker politischer Gruppierungen die treibende Kraft in diesen Protestformen
waren und deren organisatorische Fähigkeiten und institutionelle Strukturen eine
rasche Ausweitung der Proteste und eine breite Wirksamkeit ermöglichten.
Argumentativ unterscheidet sich der Fall Enron klarerweise von den Protesten
gegen Konsumgüter wie Pepsi oder McDonald's. Die kulturelle Argumentati-
onsschiene, die vor allem vom SJM stark in den Vordergrund gerückt wurde, fällt
hier weg. Dafür aber argumentiert man vor allem mit finanziellen Gründen, die
das Kraftwerksprojekt als unsinnig ausweisen. S. Gurumurty, der landesweite
Leiter des SJM, wiederholte in einem mit ihm nach der ersten Stornierung des
Projektes geführten Interview diese Argumentation noch einmal und verdeutlichte dabei den für seine Organisation prinzipiell zu beziehenden Standpunkt
gegenüber ausländischen Investoren. Investitionen aus dem Ausland müssten
einer strengen Prüfung unterzogen werden und alle Projekte, die der nachhaltigen
und möglichst breitenwirksamen Entwicklung des Landes nicht nützlich sind,
seien abzulehnen. Enron veranschlagte beim ersten Versuch, so Gurumurty,
einen viel zu hohen Strompreis und eine viel zu kostspielige Beteiligung an den
Errichtungskosten des Kraftwerkes. Die natürlich dem SJM obliegende Beurteilung der Sinnhaftigkeit einzelner Projekte gestalte sich nach einem ganz einfa-
chen Prinzip, nämlich der Frage nach den Auswirkungen auf die Menschen. Das
unkontrollierte Wirken der Multis in Indien würde die indische Nation zerstören
(Business World 1995:23.8.-5.9.), so der Chef des SJM.

Um den ideologischen Hintergrund dieser Organisationen etwas genauer
fassen zu können, wirft der nächste Abschnitt einen Blick auf die Sangh Parivar,
ihre innere Konstitution und die personalen wie organisatorischen und ideologischen Netzwerke, die ihr ein hohes Maß an gesellschaftlicher Präsenz verschaf-
fen und sie so zu einem eminent wichtigen Faktor der indischen Geschichte und
Politik werden ließ. Wie bereits gesagt klammere ich dadurch das von der
rechtsextremen Gruppierung unterschiedliche Spektrum der anderen Akteure
aus. Dieser Schritt ist aber notwendig, um im dritten Kapitel, das den Symbolen
des Bedrohens zugedacht ist, auf die rein innerindische Konstruktion des Frem-

den zu kommen, die ebenfalls von der Sangh Parivar durchgeführt wurde und wird und die daher auch den direkten ideologischen und politischen Hintergrund für deren Auseinandersetzung mit dem Fremden der Globalisierung bildet.

2.4.   Die Akteure: „Bharat Mata ki jai!"

Die eingeschränkte Konzentration auf die Akteure der Sangh Parivar lässt aus den obigen ereignisgeschichtlichen Erörterungen fünf Organisationen hervortreten, die in diesem Abschnitt hinsichtlich ihrer historischen Genese und auch ideologischen Gestalt näher betrachtet werden sollen. Es sind dies allen voran die RSS als übergeordnete Mutterorganisation der Hindutva-Gruppen, die VHP, der SJM, die Shiv Sena Partei und die BJP als der bundesweit agierende politische Flügel der Sangh Parivar. Ich werde die nähere Besprechung der Erfolgsgeschichte der BJP auf das vierte Kapitel dieser Arbeit verlegen, da dort die politische Umgestaltung Indiens in den 80er Jahren und ihre mögliche Kohärenz mit der Globalisierung des Landes zum Thema wird, die untrennbar mit dem Namen der BJP verbunden ist und deren ideologische Gestaltung in direktem Verhältnis zu den nun zu untersuchenden Organisationen der Sangh Parivar zu verstehen ist. Weitgehend unbestritten ist die Feststellung eines entscheidenden Bedeutungsgewinnes dieser an sich nicht demokratiepolitisch tätigen Organisationen für den politischen Werdegang Indiens in den 80er und erst recht in den 90er Jahren, der die nähere Betrachtung ihrer Ideologien und historischen Wurzeln umso relevanter für das Verständnis des heutigen Indiens erscheinen lässt. „Bharat Mata ki jai!" (wörtl. „Sieg der Mutter Indien!") drückt das all diesen Gruppierungen gemeinsame, enge und ideologisch zentrale Verhältnis zur „Mutter Indien" aus, die sie als heiligen und gegen Fremde zu verteidigenden Boden der Hindus verstehen, die auch der Ort der neuen, starken und in nächster Zukunft erstehenden Einheit der Hindus sein wird. Ihr Verständnis von Raum, erschlossen in den Kategorien des Außen und Innen, von Zeit, bestimmt durch das Ursprüngliche, Originäre und das Gewordene, und von Kultur als die Lebenssphäre von Menschengruppen, die Distinktionen und Hierarchien schafft, sind Thema dieses Abschnittes.

2.4.1.   Die Rashtriya Swayamsevak Sangh (RSS)

Die wissenschaftliche Auseinandersetzung mit der RSS und ihren ideologischen Inhalten erfuhr in den späten 80er Jahren gemäß ihrer gesteigerten politischen Relevanz eine deutliche Intensivierung und vor allem in den eher links orientierten Zeitschriften wie etwa dem *Economic and Political Weekly*, einer renommierten, in Mumbai herausgegebenen Zeitschrift für Politik und Wirtschaft, häufen sich seit dieser Zeit die Artikel zu diesem Thema. Aufgrund ihrer politischen und auch ideologischen Brisanz gestalten sich die Meinungen darüber, was denn die

RSS eigentlich sei, sehr vielfältig und eben entlang des politischen Spektrums von völliger Ablehnung und Zurückweisung (vgl. Sarkar 1993; Andersen 1972; Nandy u. a. 1995; Curran 1979; Goyal 1979) bis zu beinahe messianisch anmutenden Lobreden über die mögliche Rettung der indischen Kultur durch die RSS (vgl. Elenjimittam 1951; Thengadi 1992; Malkani 1980). Ich werde im Folgenden kurzen Überblick der skeptischen Linie folgen und diese Entscheidung auch zu begründen haben, was in zwei Schritten geschehen soll. Zum einen entwerfe ich einen kurzen historischen Überblick über die Genese der RSS, um schließlich im zweiten Schritt auf das ideologische Profil der Organisation zu verweisen, das anhand von in dieser Hinsicht zentralen Texten ideologischer Wortführer der RSS skizziert werden kann.

Die RSS wurde 1925 von dem Telugu Brahmanen *Keshav Baliram Hedgewar* in Nagpur, heute Bundesstaat Maharashtra, gegründet und verstand sich von Anfang an in ihrer Identität aus dem lokalen Umfeld Maharashtras (Andersen/Damle 1987:30). Die verwendeten Symbole und auch die Mitglieder entstammten allesamt diesem Kulturkreis und sollten auch noch länger das ideologische Gesicht der RSS prägen. Hedgewar nahm, und das ist für die religiöse Bewertung der RSS von Bedeutung, in seinem Entwurf der RSS keinesfalls den Ausgang von religiösen Inhalten, sondern von einem politisch-historischen Kult um den Marathen Shivaji, der zur Zeit der Moghulherrschaft und der anbrechenden britischen Dominanz erfolgreich gegen die moslemischen und später britischen Herrscher ankämpfte (Veer 1994:71). Von da her leitet sich die Tradition des in militanter Weise gegen Moslems gerichteten Hindunationalismus ab, der Shivaji zum Propheten des anzustrebenden Hindustaates hochstilisierte und in den 20er Jahren vorwiegend in der brahmanischen Schicht Anhänger fand. Die Wurzeln der RSS liegen also vorwiegend im westlichen, brahmanischen Sektor Maharashtras dieser Zeit (Nandy u. a. 1995:82; Desai 1976:385f). Der politische Anlass zur Gründung kam aus einem Kreis politisch tätiger Congress-Akteure, die sich mit der Strategie Gandhis, seinem Konzept der ausschließlichen Gewaltlosigkeit und seinem Engagement für die Beachtung und aktive Unterstützung der moslemischen Anliegen im Unabhängigkeitskampf, wie etwa in der Kalifat-Bewegung, nicht einverstanden zeigten. Hedgewar war davon überzeugt, dass das Programm der Gewaltlosigkeit vor allem in der Mobilisierung der Jugend keine Wirkungskraft habe (Andersen 1972:591f), kritisierte nach persönlicher Teilnahme an kommunalen Unruhen in Nagpur zwischen Moslems und Hindus die unorganisierte und daher kraftlose Verfassung der „Hindugemeinschaft" (Purohit 1965:146) und ersann daraufhin die Gestalt einer bis heute vorwiegend aus Jugendlichen und jungen Erwachsenen rekrutierten, straff organisierten Truppe, die sich durch tägliche gymnastische Übungen, theoretische Debatten politisch brisanter Fragen und den Kult der eigenen Fahne auf die Wiederherstellung der kulturellen und politischen Größe Indiens vorbereitet.

Bereits 1927 expandierte die RSS über Nagpur hinaus und eröffnete noch in diesem Jahr ihre achtzehnte Zweigstelle in Indien. Man veranstaltete Märsche zu Ehren der historischen „Vorväter" und auf dem von Hedgewar zusammengestellten Festkalender der RSS fand sich auch das Fest zur Krönung Shivajis (Purohit 1965:593). Mit der Teilnahme an der Satyagraha-Bewegung Gandhis 1930 schloss Hedgewar endgültig das politische Kapitel in seinem Leben und auch in der Geschichte der RSS, die sich von nun an auf Weisung ihres Führers jeglicher direkten politischen Agitation zu enthalten hatte. Hedgewars Nachfolger, der 1940 eingesetzte *Madhav Sadashiv Golwalkar*, sollte diese politische Apathie der RSS noch zusehends steigern, um seine Organisation aus den politischen Wirren nach der Unabhängigkeit herauszuhalten, was ihm nur teilweise gelang. Die 30er Jahre brachten eine Phase der massiven Expansion der RSS über die Marathi sprechenden Gebiete der damaligen Central Provinces Britisch Indiens. Der Großteil des Zustromes zur RSS kam aus dem städtischen Bereich und vorwiegend aus hochkastigen Mittelklassefamilien, die sich rege an den paramilitärischen Übungen und kulturellen Exerzierstunden der RSS beteiligten (Andersen/Damle 1987:38). Unter Golwalkar hielt sich die RSS, wohl motiviert durch die unübersehbare Bewunderung ihres Gurus für das britische Empire, aus den politischen Unsicherheiten der „Quit India"-Bewegung Gandhis heraus und sollte erst wieder mit dem Tod Gandhis in den Mittelpunkt der Aufmerksamkeit rücken, als nämlich die Regierung Nehrus die ehemalige RSS-Aktivität des Mörders Gandhis, Nathuram Godse, zum Anlass nahm, ein landesweites Verbot über die RSS zu verhängen. Nehru sah in der RSS einen potenziellen Unruhefaktor, der zudem religiös-ethnische Ressentiments schürte, um Hindus gegen Moslems im Sinne der eigenen Ziele zu mobilisieren (Jaffrelot 1996:51). Golwalkar gelang es jedoch, den in dieser Angelegenheit kompromissbereiteren Innenminister, Vellabhai Patel, von der politischen Neutralität der RSS zu überzeugen und so wurde bereits im nächsten Jahr das Verbot wieder aufgehoben. Golwalkar erhoffte durch Patel einen gewissen Einfluss auf die Politik des Congress nehmen zu können. Nach dessen unerwartetem Tod im Dezember 1950 sah sich die RSS aber dieser Hoffnung beraubt, Nehru setzte sich im Congress durch und der Weg der Einflussnahme war damit für die RSS versperrt. Golwalkar intensivierte die aktivistischen Züge der RSS, tourte selbst durch ganz Indien, hielt Massenveranstaltungen ab und veranlasste zudem die Etablierung eines politischen Flügels der RSS, der als Ersatz für den verlorenen Zugang zur Staatspolitik durch den Congress fungieren sollte. Am 21. Oktober 1951 formierte sich in Delhi die *All India Bharatiya Jana Sangh* (BJS), die die Phase der weiteren organisatorischen Expansion der RSS einleitete und damit der RSS einen indirekten Zugriff zur Politik des Landes ermöglichte. Eine hervorragende Gesamtdarstellung zum politischen Werdegang der BJS unter Berücksichtigung der zugrundeliegenden sozialen Dynamiken und ideologischen Ausrichtungen lieferte B.D. Graham (1990), der insbesondere den Einfluss der RSS auf die politische Linie der Partei minutiös nachzeichnet und damit direkte ideologische

Entsprechungen zwischen der RSS und der BJS aufzeigt. Für die Zwecke meiner Fragestellung mag die Feststellung genügen, dass die BJS in ihren politischen und ideologischen Grundzügen ganz auf die RSS ausgerichtet war und sich zudem personell aus ihren Kadern speiste. Die dritte und wichtigste Phase in der gesellschaftlichen und politischen Etablierung der RSS hatte begonnen (Purohit 1965:145), zahlreiche Neugründungen von Unterorganisationen folgten, wie etwa die *Akhil Bharatiya Vidyarthi Parishad* (ABVP), die Studentenorganisation der RSS und auch medial begann sich die RSS durch die Gründung eigener Zeitungen wie etwa dem *Organiser* oder der *Tarun Bharat* festzusetzen (Andersen 1972:725f). Die politische Tätigkeit der RSS, die sich auf der Straße und nicht im Parlament atrikulierte, intensivierte sich zusehends. So nahmen etwa 1954 RSS-Freiwillige an der Satyagraha-Bewegung zur Befreiung der in Indien verbliebenen portugiesischen Enklaven Dadra und Nagar teil und mit dem Indien-China-Krieg 1962 ging die RSS in die gänzliche politische Offensive, die sich auch in den Wahlergebnissen zugunsten der rechtsextremen Gruppierungen auswirkte. Die politische Linke, Nehru mit eingeschlossen, wurde von der RSS-Spitze wegen ihrer scheinbar zu kompromissbereiten Haltung gegenüber den Chinesen heftig attackiert. Die Regierung gab dem Druck nach und gestand als wichtige symbolische Geste der RSS eine eigene Abteilung in der Parade zum Republikstag 1963 zu (Basu u. a. 1993:51). RSS und Jana Sangh nutzten den drei Jahre später folgenden militärischen Konflikt mit Pakistan, um ihre Botschaft der Bedrohung durch den Islam zu verbreiten und halfen so in entscheidender Weise mit, die Vorurteile und Ressentiments gegenüber dem westlichen Nachbar noch zu vertiefen. Die 70er Jahre brachten eine breite Agitation der RSS gegen den Congress, die 1974–75 in eine landesweite Kampagne gegen die Regierungspartei gipfelte, die RSS half 1977 die Janata-Regierung zu organisieren und machte damit mit L.K. Advani, A.B. Vajpayee und B. Verma zum ersten Mal RSS-Mitglieder zu Ministern der Bundesregierung in Neu-Delhi (Basu u. a. 1993:52). Die Phase der politischen Umgestaltung des Landes zugunsten der Hindunationalisten hatte begonnen. Nur ein kurzes Intermezzo Indira Gandhis verzögerte den Prozess, die Weichen für die Neugestaltung waren aber gestellt. Noch in der Indira Gandhi-Ära in den Achtzigern zeigte sich, dass der Einfluss der RSS bis in den Congress hinein reichte, der in seiner Politik einen deutlichen Schwenk nach rechts vollzog. Den Höhepunkt des politischen Einflusses erreichte die RSS aber unter der Etablierung der BJP, die im vierten Kapitel noch etwas näher besprochen wird.

Soviel zum historischen Überblick. Das ideologische Profil der RSS wurde in zentraler Weise durch ihre Führungspersönlichkeiten mitbestimmt, die sich jeweils in zahlreichen Büchern und Artikeln darüber unterhielten und dabei einige Punkte ihrer Weltanschauung an den Tag legten, die für das Thema des Kulturkampfes im globalen Zeitalter von entscheidender Bedeutung sind. Diese Punkte lassen sich in den Texten dieser Personen auffinden, die es ermöglichen sollten, die ideologische Gestalt der RSS etwas genauer zu fassen.

Hedgewar, der Gründer der RSS, bekam in den frühen 20er Jahren die handschriftliche Kopie eines Buches in die Hand, dessen Lektüre seine Ideen und weltanschaulichen Ansätze nachhaltig beeinflussen sollte. Das Buch bildete das ideengeschichtliche Fundament seiner RSS und die inhaltlichen Parallelen zu seinen eigenen schriftlichen Arbeiten sind unübersehbar. Das Buch, das Hedgewar so gefangen nahm, war *Vinayak Damodar Savarkars* „Hindutva. Who is a Hindu?" (Savarkar 1989), das 1923 seine erste gedruckte Auflage erfuhr und zur wohl wichtigsten Quelle der Hindutva-Ideologie wurde. Hedgewar kannte Savarkar persönlich und unterhielt während der 30er und 40er Jahre regen Briefkontakt mit dem späteren Präsidenten des Hindu Mahasabha, dem politischen Pendant zur RSS, auch wenn sie unterschiedliche Vorstellungen über die Realisierung ihrer sehr ähnlichen Ziele trennten (vgl. Andersen 1972:592). Ein kurzer Blick auf die Grundlinien der Argumentation Savarkars ist sehr von Nutzen, um die Wirkmächtigkeit seiner Gedanken in den späteren Erörterungen der RSS-Leitung nachzuvollziehen.

Gleich zu Beginn seiner programmatischen Erörterung klärt Savarkar die Bedeutung des Wortes Hindutva, das bis heute zur Bezeichnung der in seiner Tradition entstandenen Ideologie verwendet wird. Hindutva ist, so Savarkar, inhaltlich vom Hinduismus, also der Religion, zu unterscheiden, da zweiteres nur einen Teilaspekt vom ersten darstellt. Hindutva ist mehr als nur die Geschichte einer Spiritualität oder Religion, es ist die Geschichte in ihrer Gesamtheit (Savarkar 1989:3). Subjekt dieser Geschichte ist die Nation der Hindus, die von ihrem einst goldenen Zeitalter der Veden und der Gründung ihrer Blutbanden durch die Arier durch das Eindringen von Fremdelementen abfielen, was zwar die Nation emotional zusammen schweißte, sie aber der politischen Unterdrückung zunächst durch den Islam und schließlich durch die Briten aussetzte (Savarkar 1989:10f, 38). Auch in kultureller Hinsicht sah sich die Nation der Hindus Veränderungen gegenüber, kulturell Fremdes begann auf sie zu wirken und die einstige Reinform der Hindutva-Kultur konnte nicht erhalten werden. Was aber sind nun die Kriterien für die Zugehörigkeit zur Nation, wenn die von Savarkar angenommene ursprüngliche Form der Kultur heute nicht mehr existent ist? Savarkar gibt auf diese Frage drei Kriterien zur Antwort. Zunächst ist es die geographische Einheit, die die Hindunation konstituiert: „A Hindu is primarily a citizen either in himself or through his forefather of Hindusthan and claims the land as his motherland" (Savarkar 1989:82). Die Referenz auf die bereits erwähnte „Bharat Mata" ist deutlich zu erkennen, da aber dieses Kriterium alle in Indien Ansässigen, die dieses Land als ihr Mutterland und, wie er später hinzufügt, als heiliges Land bezeichnen, mit einschließt, fügt Savarkar ein zweites, nicht weniger wichtiges Kriterium hinzu. Die Mitglieder der Hindunation eint eine gemeinsame Bande des Blutes, die aus der historischen Entstehung der Nation resultiert und auch heute noch die Einwohner Hindusthans verbindet (Savarkar 1989:84-91). Nach Savarkars Logik inkludiert dies aber auch die indischen Moslems, die ja einst Hindus waren und eben durch die „Irrwege der Konversion" sich aufgrund eines dritten Kriteriums, nämlich das der Kultur, außerhalb der Nation stellten (Savarkar 1989:84, 91f). Als der Hindukultur gemäß seien, so Savarkar, all jene Elemente der heutigen Kultur Indiens anzusehen, die direkt aus dem Sanskrit abgeleitet werden können, die also ihren Ursprung nachweislich in einer Zeit haben, in der Sanskrit die Sprache des Gebrauches war (Savarkar 1989:92; vgl. G. Pandey 1993). Wichtig an diesem Schema ist die angenommene historische Einheit einer Nation, die sich im geschichtlichen Prozess der Gefahr des Zerfalls gegenüber sah und daher wieder neu geeint werden müsse. Die politischen und gesellschaftlichen Konsequenzen dieser Ideologie ziehen schließlich die RSS und ihre Unterorganisationen mit den bekannten Feindbildern, die es zu bekämpfen gilt.

Hedgewar übertrug diesen ethnisch-nationalistischen Ansatz auf seine Analyse der damaligen Gegenwart und sah die einzige Möglichkeit des Wiedererstarkens der Hindunation in der Übernahme jener Eigenschaften, die die Briten wie auch die Moslems so stark machten (Jaffrelot 1996:50). Die von Hedgewar angenommene organisatorische und auch dogmatische Geschlossenheit der „Anderen" verhalf diesen zu einem wesentlichen Vorteil gegenüber den Hindus, die weitestgehend lose und unorganisiert kämpften. Was ihm vorschwebte, war die Errichtung einer Hindukultur in Form einer mehrheitlichen und autoritären Herrschaft, die *Hindu Rashtra*, in der die Hindus unter dem Banner der RSS die Regeln festlegten, denen die Minderheiten zu folgen hatten (Basu u. a. 1993:13). Hindu Rashtra sollte zum einen die Einheit der Hindus wieder herstellen, zum anderen aber auch die innere Standhaftigkeit der Hindus aufbauen, die er als Voraussetzung für eine widerstandsfähige Nation hielt. Die Konsequenz daraus war der Beginn einer neuen Bewegung der „Hindu Revitalisierung" 1925 (Andersen/Damle 1987:34), deren Hauptaugenmerk auf der inneren Erziehung der Hindus und hier vor allem der Jugend lag, die sich bis heute als ein zentraler Bestandteil der RSS-Arbeit erhalten hat. Die Feinde dieser neu erstarkenden inneren Einheit der Hindus waren ebenso rasch ausgemacht: Christen und Moslems würden auf der einen Seite durch die Propagierung fremder Werte dem Prozess der „Entnationalisierung" Vorschub leisten und die westlichen Eliten des eigenen Landes würden auf der anderen Seite Modelle wie Kommunismus, Sozialismus oder Kapitalismus als die Lösungen für indische Probleme preisen, die sie aber keinesfalls waren (Andersen/Damle 1987:72). Den nächsten entscheidenden Schritt in der ideologischen Genese der Hindutva machte Hedgewars Nachfolger M.S. Golwalkar. Noch vor seiner Bestellung zum Führer der RSS durch seinen Vorgänger schrieb Golwalkar das 1937 veröffentlichte Buch „We, or our Nationhood Defined". Unter dem Titel „Bunch of Thoughts" wurden später noch zahlreiche Aufsätze, Reden und sonstige Erörterungen Golwalkars veröffentlicht, die hier nur erwähnt, aber nicht näher besprochen werden können (vgl. vor allem hinsichtlich der Parallelen zum Nationalsozialismus Jaffrelot 1996:53-62; Basu u. a. 1993:25ff). Noch deutlicher als Savarkar verfolgt Golwalkar darin eine Strategie der Stigmatisierung und Ausgrenzung und lieferte damit der RSS das noch fehlende eindeutige Kriterium zur Bestimmung des „bedrohenden Anderen" (Jaffrelot 1996:52). Das Buch ist eine Sammlung von Hasstiraden vorwiegend gegen Moslems und Christen und ideologischen Konstruktionen, deren Gestalt den Vergleich mit nationalsozialistischen Werken dieser Zeit nicht zu scheuen braucht.

Golwalkar selbst legt diesen Vergleich nahe, da er es ist, der sich auf Hitlers Ideen lobend bezieht und das Deutsche Reich als die höchste Form des nationalen Stolzes rühmt. Die Konsequenzen dieser Überlegung für sein Land, also Indien, sind folgende: „The Non-Hindu people of Hindusthan must either adopt the Hindu culture and language, must learn to respect and revere Hindu religion, must entertain no idea but the glorification of the Hindu nation ... in one word they must case to be foreigners or may stay in the country *wholly subordinated to the Hindu nation claiming nothing*, deserving no privileges, far less any preferential treatment, *not even citizen's rights"* (zit. nach Basu u. a. 1993:26f). Golwalkar rückt in weiterer Folge die indischen Moslems in die Nähe anderer „ausländischer Mächte" und unterstellt diesen eine Affinität in ihrer Identität zu diesen Fremdmächten, da auch die Moslems Plätze in anderen Ländern als ihre heiligen Stätten anerkennen würden, was nach Savarkar nicht den Anhängern der Hindunation entspricht (Basu u. a. 1993:28). Fundament der Rhetorik der RSS ist es bis heute, Indien völlig mit einer Hindunation zu identifizieren, die den Minderheiten nur ein minimales Existenzrecht einräumt, das aber, wie bei Golwalkar gesehen, mit der völligen kulturellen Unterordnung verbunden ist. Das Erschütternde an diesem Ansatz ist, dass es nach Golwalkar keine ideologischen Kunstgriffe mehr bedurfte, um Gewalt und Repression gegenüber Moslems und Christen zu rechtfertigen, denen Golwalkar das Bürgerrecht abgesprochen und sie damit zu zweitrangigen Mitgliedern der Gesellschaft deklassiert hat.

Die Schriften Savarkars, Hedgewars und Golwalkars fanden ihren Niederschlag auch in der 1949 geänderten Verfassung der RSS. Der Schwerpunkt dieser Verfassung liegt beim für die RSS als vorrangig erkannten Ziel, den Hindus des Landes die Größe ihrer Kultur und Religion wieder näherzubringen und diese Perspektive in ein neu erstarktes Selbstbewusstsein münden zu lassen, das unter anderem auch in der straffen Organisationsstruktur der RSS zum Ausdruck kommen sollte (vgl. Elenjimittam 1951:78ff). Die Gruppen, deren Selbstbewusstsein aufgrund der Vorhaben der RSS im negativen Sinn ebenfalls zu korrigieren ist, also vorwiegend das der Moslems und Christen, bleiben aus politischen Gründen in der damals für die Organisation sehr schwierigen Zeit freilich unerwähnt. Diese Grundzüge zeigten sich daher in weitere Folge mit zunehmenden Abstand zu den politischen Wirren nach der Unabhängigkeit auch im politischen und gesellschaftlichen Verhalten der RSS, das sich auch in den von ihr entworfenen Symbolen des Bedrohens artikulierte, die im nächsten Kapitel näher behandelt werden.

Mit dem Hintergrund der bereits besprochenen Mobilisierungen gegenüber dem Fremden der Globalisierung können die festgestellten Grundlinien der RSS-Ideologie noch einmal zusammengefasst werden. Zum einen beherrscht das Geschichtsverständnis der RSS die Vorstellung von einem Goldenen Zeitalter in längst vergangenen Zeiten aus materieller Prosperität, spiritueller und kultureller Reinheit und politischer Stärke. Dem gegenüber bietet sich zweitens die Gegenwart als Abfall vom Urzustand dar, der durch innere wie auch äußere Faktoren erklärt wird, ob Globalisierung oder die Invasion des Islam vor mehr als 700 Jahren. Dieser Gedanke wird, wie auch am Beispiel der VHP noch zu sehen sein wird, drittens auch zu einer Verschwörungstheorie fortgesetzt, die feindlich gesonnene Mächte im Inneren wie auch von außen kommend für die eigene Misere verantwortlich macht (Spitz 1993:251). Viertens ist in den ausgemachten Situationen der Hoffnungslosigkeit eine historische Erlöserfigur zur Stelle, die Anlass zur Hoffnung auf die Wiederherstellung der Hindu Rashtra gibt und der nachgefolgt werden kann auf dem Weg ihrer Realisation. Die erste dieser Erlösergestalten fanden die Gründerväter der RSS in Shivaji, dem erfolgreichen Kämpfer gegen die „moslemischen Gefahr" und auch Golwalkar selbst galt unter seinen Anhängern als ein derartiger Hoffnungsträger (Andersen/Damle 1987:42). Fünftens schließlich ziehen diese Entwürfe Handlungsparadigmen nach sich, die auf die Realisierung der Hindu Rashtra nach vorgegebenem Muster drängen und die per se politische wie auch gesellschaftliche Postulate enthalten, die ihre Umsetzung in der Politik suchen. Dies ist auch der Grund, warum D.R. Goyal (1979:186) mit seiner Feststellung, alle Unternehmungen der RSS seien letztendlich politisch motiviert, insofern recht hat, als die gesellschaftlichen und kulturellen Postulate dieser Ideologie auf ihre Realisierung drängen, die eben nur durch die Politik zu erreichen sind.

2.4.2. Die Vishwa Hindu Parishad (VHP)

Wie gezeigt stößt man bereits beim Gründer der RSS, Hedgewar, auf das historisch äußerst wirkmächtige Motiv der straffen Organisation einer angenommenen Hindugemeinschaft, artikuliert in der Sorge um die erfahrene und im Vergleich zu den monotheistischen Religionen des Westens festgestellte Schwäche der Hindus, die aus ihrer losen Konstitution und ihrem mangelnden organisatorischen Gefüge verstanden wurde. Das Motiv reicht bis in die hinduistischen Reformbewegungen des 19. Jahrhunderts zurück und wurde bereits von den intellektuellen Köpfen des *Brahmo Samaj* und des *Arya Samaj* an vorderster Stelle entwickelt (Chatterjee 1986). Dieses Motiv war es im Wesentlichen auch, das am 29. August 1964, am Geburtstag der Gottheit Krishna, zum Entschluss der Gründung der VHP führte. Unter der Leitung des damaligen RSS-Gurus, Golwalkar, versammelten sich in einem Zentrum für „Hinduistische Mission" in Bombay 150 religiöse Führer des Landes und gründeten die „Welt-Hindu-

Gemeinschaft", deren Hauptaufgabe zunächst durch eine Feststellung festgelegt wurde, die in zwei Pamphleten mit den vielsagenden Titeln „Hindu Awakening: Retrospect and Promise" und „Vishwa Hindu Parishad: Messages and Activities" veröffentlicht wurde. Die Hindugemeinschaft sei „under attack from several quarters". Daher sei es nicht mehr länger befriedigend, nur durch die Geburt Hindu zu sein, sondern „one has to be a conscious and convinced Hindu to meet and survive that attack" (zit. nach McKean 1996:115). Die VHP ist demnach jene Organisation, die es sich zur Aufgabe gemacht hat, alle einer starken Einheit der Hindus hinderlichen Probleme aus dem Weg zu räumen und die Hindugemeinschaft durch die Herstellung der inneren Eintracht gegen die Bedrohung von „außen" zu wappnen. Indien könne, so die Gründerväter der VHP, nur durch eine solche Eintracht der modernen Welt begegnen und das Land als eine führende Nation erstehen lassen. Neben diesem Punkt findet sich im Programm der Organisation auch das Vorhaben, „Hindu-Werte" im Allgemeinen fördern zu wollen, wobei nicht näher ausgeführt wird, was unter diesem Begriff zu verstehen ist, weiters den Kontakt zu im Ausland lebenden Hindus herzustellen und durch soziale Arbeit der Armut unter den Hindus den Kampf anzusagen (Veer 1994:130). Die ersten zehn Jahre ihrer Existenz verbrachte die VHP vorwiegend im Nordosten des Landes, wo seit Jahrzehnten die christliche Missionierung im Gang war, gegen die die VHP mit aller Entschlossenheit vorging. Die VHP-Führung deklarierte die Missionierungen im Nordosten als „Entnationalisierung Indiens" (Jaffrelot 1993:522) und sah dadurch die von ihr angestrebte, neue Einheit der Hindus in massiver Bedrängnis (Andersen/Damle 1987:133f). Nach außen förderte man noch 1966 die neu aufzubauende Einheit der Hindus in aller Welt durch die Durchführung des ersten „Welt-Hindu-Treffens" während des *Kumbh Mela*-Festivals in Allahabad. Hunderttausende Hindus besuchten dieses heilige Badefest am Zusammenfluss des Ganges und des Yamuna und boten damit der VHP eine einmalige Kulisse, ihre Ideen kundzutun und aktive Mitglieder zu werben. An diesem Welt-Hindu-Treffen nahmen auch zahlreiche Sadhus, hinduistische Asketen, Teil, die von der VHP als ein zentrales Merkmal ihrer Organisation in die Arbeit eingebunden wurden, um so ein zusätzliches Standbein in der indischen Gesellschaft zu etablieren, das der RSS bislang verschlossen blieb. 1979 folgte das nächste Welt-Hindu-Treffen, ebenfalls in Allahabad, und 1982 erhielt die VHP ihr vorläufig endgültiges Gesicht, als sich zum einen die bedeutendsten religiösen Führer des Landes und zum anderen die Führungsriege der wichtigsten Hindu-Organisationen in Delhi trafen, um über das weitere Vorgehen zur Stärkung der Hindus gegenüber den Anfeindungen von außen zu beraten (Veer 1994:131). Eines der Ergebnisse dieser Beratungen war die Gründung des *Dharma Sansad*, einer Synode aus Heiligen und religiösen Autoritäten, die die Einheit der Hindus in die Tat umsetzen, religiöse Orte der Hindus zu mächtigen Kulturzentren ausbauen und die Konversion zum Hinduismus unter Christen und Moslems vorantreiben sollte. In ihrer ersten Zusammenkunft 1984 debattierte die Synode die Rückgewinnung von Hindu-Besitz im moslemischen Bangladesh und die bereits erwähnte „Befreiung" des Geburtsortes der Gottheit Ram in Ayodhya und des Kashivishwanath Tempels in Varanasi. Ein Jahr später stand das Thema der Revolten im Namen der Religion auf dem Plan und man diskutierte die geplante Übernahme von Klöstern und Kultstätten durch die Regierung. Im bislang letzten Zusammentreffen 1989 wurden schließlich Wege erörtert, wie die drückende Last der „Ungerechtigkeit" gegenüber der Hindu-Mehrheit des Landes zu beseitigen sei (Nandy u. a. 1995:91f). Aus den in diesen Synoden besprochenen Themen geht bereits eine erste Struktur der Ideologie der VHP hervor, die vor allem in den 80er Jahren keine Theorie blieb, sondern sich in konkreten Massenaktionen und Mobilisierungen äußerte.

In diesem Sinn stellte die VHP ihr überraschendes organisatorisches Vermögen ebenfalls in den 80er Jahren unter Beweis, als sie 1983 zur Teilnahme an der „Ekatmata Yajna" aufrief, die schon in ihrem Namen erkennen lässt, worum es dabei ging. Die Yajna, also die Pilgerreise, diente der Einheit („Ek Atman", wörtl. „ein Selbst") der Hindus, führte die Veranstalter durch ganz Indien und sollte auf symbolische Weise den Indern die Anliegen der VHP und ihrer Verbündeten näherbringen (Nandy u. a. 1995:93). Aus allen Teilen des Landes, von Nepal bis zum Südkap und von den Grenzen Pakistans bis nach Burma wurden Gefäße mit Wasser aus den heiligen Flüssen herangebracht und unter den teilnehmenden Gläubigen verteilt, die so die Einheit des Landes mit nach Hause nehmen konnten. Auch der Treffpunkt der Pilgerströme war von symbolischer Natur, nämlich die Stadt Nagpur in Maharashtra, dem Hauptsitz der RSS (McKean 1996:115-122). Bereits 1984 startete die VHP ihre intensive Kampagne für die Befreiung von Ayodhya, im Laufe derer sich die Organisation zu einem nicht mehr zu vernachlässigenden innenpolitischen Faktor entwickelte. Denn, obwohl Mitglieder der VHP in direkter Weise keinerlei politisches Amt ausüben, ist ihr politisches Gewicht durch die gesellschaftliche Präsenz und die organisatorischen Fähigkeiten in den Achtzigern enorm gestiegen. So behauptet die Organisation, bereits 1983 im Rahmen der Yajna mehr als 60 Millionen Menschen mobilisiert zu haben. Die Angabe der VHP ist mit Sicherheit zu hoch, tatsächlich aber kann auf Fotomaterial festgestellt werden, dass sich riesige Massen an Menschen an der Pilgerreise beteiligt haben, die schließlich auch die Hauptadressaten für die folgenden Massenaktionen der VHP bildeten (McKean 1996:116). Das Maß der Reichweite vergrößerte sich gegen Ende der Achtziger noch, als die Ramjanmabhoomi-Bewegung, also die Bewegung zur Befreiung des Geburtsortes von Ram, ihren Höhepunkt erreichte, die mit der Zerstörung der Moschee 1992 in Ayodhya ihr vorläufiges Ende fand. 1989 organisierte die VHP eine landesweite Aktion der Sammlung von Ziegelsteinen, die der Errichtung des Ram-Tempels in Ayodhya dienen sollten. Die Ziegelsteine, mit dem Swastika-Symbol versehen, wurden im Laufe dieser Aktion selbst zu Gegenständen der Verehrung und mit religiöser Hingebung wurde in Ayodhya unter den jubelnden

Zurufen hunderttausender Hindus der erste Stein in unmittelbarer Nähe der Babri-Moschee niedergelegt. Mit vereinten Kräften der RSS und der VHP gelang es schließlich im Dezember 1992, die zusammengekommene Menschenmenge in Ayodhya zur Zerstörung der Moschee zu bewegen, die von Aktivisten der beiden Organisationen angeführt wurde und das jahrhundertealte Bauwerk bis auf die Grundmauern niederriss. Die Bedeutung der VHP innerhalb der Sangh Parivar erhöhte sich seitdem signifikant sowohl in organisatorischer, ideologischer wie auch finanzieller Hinsicht (Nandy 1993:15).

Zum ideologischen Profil der VHP. Die Beziehung der VHP zur RSS ist kein Ergebnis der Mobilisierung gegen die Babri-Moschee, sondern in personaler und auch ideologischer Hinsicht ein Charakterzug der Gemeinschaft seit ihrer ersten Stunde. Die VHP war 1964 unter der Schirmherrschaft von Golwalkar ins Leben gerufen worden. Jaffrelot (1996:201f) sieht in der von der RSS begünstigten Gründung der VHP in ideologischer Hinsicht eine weitere Verdeutlichung der Feindbilder der Sangh Parivar, die nun mit noch größerer Deutlichkeit dargestellt und bekämpft werden sollten. Die Hindunationalisten forcierten zum einen mit der Gründung das Gefühl der Bedrohung durch eine äußere, d.h. nicht hinduistische Macht, der gegenüber man sich unterlegen und verwundbar fühlte. Zweitens signalisierte und unternahm die VHP von Anfang an die Organisation der Hindus durch die Übernahme von kulturellen Eigenschaften des „Anderen", die ihn den eigenen Überlegungen gemäß so stark und überlegen machten, nämlich straffe Organisation, dogmatische Einheit und innere Geschlossenheit. Drittens sah man auf eine konstruierte Vergangenheit zurück, die die Übernahme der kulturellen Werte des „Anderen" legitimierten, da man diese Werte im einstigen „Goldenen Zeitalter" der Hindus im eigenen Kulturkreis vermutete und sie damit als wesentlich älter ansehen konnte, als diese Errungenschaften beim „Anderen" waren. Historisch gewordene Pluralitäten wurden dabei ersetzt durch den gemeinsamen Kampf gegen die vorwiegend moslemische Bedrohung.

Auch in der Methodik der Arbeit lehnte man sich stark an die RSS an. So wurde die VHP von Anfang an stark in der Erziehung der Jugend tätig, organisierte Studentenheime, Bibliotheken und Schulen, um das Wissen über die heiligen Texte der Hindus und ihre nationalen Helden zu verbreiten (Basu u. a. 1993:66). Lediglich im sozialen Spektrum wich die VHP in entscheidender Weise von ihrer Mutterorganisation ab. Sie wandte sich stärker den von der RSS unerreichten Gruppen der Unberührbaren (Veer 1994:130) – so enthält das Programm der VHP einen eigenen Punkt zum Thema der Unberührbarkeit, die die VHP als nicht gemäß der Hindugesellschaft ansieht und die daher bekämpft werden müsse – und der tribalen Gesellschaften zu und inkludierte damit zumindest theoretisch diese in Indien nicht unerheblichen Bevölkerungsgruppen in die Bewegung der Sangh Parivar. Der Zusatz „zumindest theoretisch" ist in Anlehnung an Basu u. a. (1993:87) insofern gerechtfertigt, als die Autoren dieser vorwiegend auf Interviews und anderen Primärquellen beruhenden Analyse die

praktische Dimension dieses Programmpunktes vermissen. So fehlt der VHP
jegliche direkte Beteiligung an einer Dalit-Bewegung, d.h. an einer Bewegung
der Unberührbaren, die sich aktiv für die Gleichberechtigung einsetzen würde,
sodass praktisch eher von einem Totschweigen gegenüber dem Problem gesprochen werden muss. Auch von Seiten der RSS gab es demnach lebhaftes Interesse
an einer gesellschaftlichen Etablierung der VHP, die die RSS ihrerseits wiederum
mit organisatorischer und auch personaler Hilfe unterstützte.

Das genaue ideologische Programm der VHP ist im Gegensatz zur RSS etwas
schwerer zu fassen und die Autoren der besten Studien zu diesem Thema, Tapan
Basu und seine Mitautoren, sowie Lise McKean und Ashis Nandy ziehen das von
der VHP selbst herausgegebene Material zu Rate oder beziehen sich auf Interviews
mit Führungspersönlichkeiten der Organisation. Es gibt jedoch eine Publikation,
die für die VHP sehr bedeutsam wurde und deren Inhalt sich auch auf die
ideologische Formierung der VHP in entscheidender Weise auswirkte. Die Rede
ist von „Integral Humanism" (1965) von *Deendayal Upadhyaya*, einem hochran-
gigen RSS-Mitglied und einem der wichtigsten ideologischen Wegbereiter der
Sangh Parivar. Die Hauptaussage dieses Werkes besteht in der Analyse der
aktuellen Probleme Indiens, die für den Autor allesamt in der Verleugnung der
„Nationalen Identität" liegen, die wesentlich von verwestlichten Politikern dieses
Landes verschuldet sei (Jaffrelot 1996:124). Hedonistischer Kapitalismus und
uneingeschränkter Materialismus würden die Realisierung einer Hindu-Rashtra,
also einem nach „historischen" Vorbildern gestalteten Hindureich, verhindern,
denen die Hindu-Werte entgegengehalten werden müssen, die sich im Wesentli-
chen aus der Geschichte ableiten (Basu u. a. 1993:71f). Die VHP entwickelte diesen
Ansatz in ihrem Pamphlet „Why Hindu Rashtra?" weiter zu einer konkreten
Analyse der Bedrohung, der sich Indien heute gegenübersieht. Zum einen habe der
Westen, so die Schrift, Indien mit seinem Wissen und seiner Kultur unterjocht und
die Hindus damit ihrer eigenen Kultur entfremdet. Zum anderen würde die
Intoleranz und der Fanatismus der Moslems, deren Religion ebenfalls aus dem
Westen und damit nicht aus Indien kommt, auf die Verdrängung der Hindu-
Mehrheit im Land zielen, die schließlich in die Errichtung eines islamischen Staates
münden würde (Basu u. a. 1993:74f). Das Erstaunliche an dieser Argumentation ist,
dass hier der Islam als Religion und die westlichen Einflüsse beginnend mit dem
Kolonialismus aber auch der Globalisierung in einer Kategorie des „Fremden"
zusammengefasst und als nicht indisch abgelehnt werden. Die Konsequenzen
dieser Anschauung sowohl hinsichtlich der Beziehung zwischen Hindus und
Moslems als auch für die Auseinandersetzung mit dem Globalen sind bekannt und
nun aus der Sicht der VHP ideologisch nachvollziehbar. Auch gegenüber Christen
werden ähnliche Verschwörungstheorien gepflogen und erst im Dezember 1998
ließ die VHP in dieser Hinsicht von sich hören, als sie behauptete, Mutter Theresa
wäre Teil einer Verschwörung des Weltchristentums gegen die zu konvertierenden
Hindus gewesen (Asian Age 1998:31.12.), die mit ihrer sozialen Arbeit für die

Taufe warb und dabei auch auf die Unterstützung des CIA hoffen konnte (Asian Age 1999:2.1.; Halarnkar/Mahurkar 1999). Die Alternative zu all diesen fremden Einflüssen heißt Hindu-Rashtra. Die Nation (Rashtra) eint sich vorwiegend durch kulturelle Gemeinsamkeiten, angesichts derer der moslemische Teil der Bevölkerung stets das Symbol der Teilung des heiligen Landes bleiben wird, der sich aber zumindest den von den Hindus definierten Kriterien für eine Existenzberechtigung in Indien unterzuordnen habe (Basu u. a. 1993:77). Dieses Motiv erarbeitete bereits M.S. Golwalkar, der ebenfalls diese Unterordnung forderte und daraus seine politischen Maximen ableitete, so wie es auch die VHP in ihrer Theorie tut und in zahlreichen „direct actions" gegen Moslems und Christen bereits praktisch getan hat.

Die Hindu-Rashtra ist es auch, die die Auseinandersetzung der VHP mit der semiotischen Dimension der Globalisierung bestimmt. Als ein wesentlicher Bestandteil des kulturell „Fremden" werden Konsumgüter wie der Hamburger oder die Musik von Michael Jackson zurückgewiesen, da sie die Gemeinschaft der Hindus „entnationalisieren", wie dies die VHP bezeichnet, und damit die zu erreichende innere Stärke der Hindus in Einheit und Solidarität verhindern. Die Kontroverse um das Globale in Indien ist ideologisch und konzeptionell im Falle der VHP wie auch der RSS nichts anderes als die Fortsetzung der innerindisch bereits länger existierenden Strukturen der Konstruktion des „Anderen", die in ihrer pauschalierenden Art Kolonialismus, den Islam und die Globalisierung in einer Kategorie zusammenfasst und zurückweist.

2.4.3. Der Swadeshi Jagaran Manch (SJM)

Es wurde bereits bei der Besprechung der Proteste gegen das Fremde der Globalisierung versucht, den SJM im Spiegel seiner Führungspersönlichkeiten etwas näher zu charakterisieren. Die Informationen über das Gefüge der Organsation selbst sind äußerst schwer zugänglich und auch das genauere ideologische Fundament bleibt eher im Verborgenen, sodass selbst unter politisch Informierten die genauen Anliegen, Zielsetzungen und politischen Orientierungen des SJM nur erahnt werden können. Es ist daher auch in diesem Teil über den SJM notwendig, sich an Interviews und einer Publikation des SJM selbst zu halten, um die Organisation etwas näher bestimmen zu können und vor allem ihr Verhältnis zur Sangh Parivar und hier wiederum besonders zur RSS erhellen zu können.

Der SJM ist eine junge Organisation, die noch vor der Zerstörung der Moschee in Ayodhya 1991 gegründet wurde und im Namen von Swadeshi, einem noch näher zu erklärenden Konzept der ökonomischen und politischen Selbstbestimmung, Gruppen verschiedener politischer Lager zu vereinen trachtete. Schon 1993 organisierte die Spitze des SJM ein dreitägiges Symposion zum Thema Swadeshi in Vrindavan und vereinte dabei Altsozialisten wie auch Hindunationalisten zum ersten Mal an einem Tisch (Mukhopadhyay 1998). Der große

Auftritt des SJM kam jedoch in der Zeit nach dem Dezember 1992, als der Kampf gegen die Multis aus dem Ausland mit Entschiedenheit fortgesetzt und noch gesteigert wurde. Es handelt sich dabei nach S. Gurumurthy, dem Leiter des SJM, nicht nur um einen wirtschaftlichen, sondern vor allem um einen politischen Kampf (Rani 1998), was mit der holistischen Konzeption von Swadeshi zusammenhängt, die weit über wirtschaftliche Fragen hinausgeht.

Zum 50-jährigen Jubiläum der Unabhängigkeit Indiens sah sich der SJM veranlasst, eine Festschrift über die von ihm erdachte Zukunft des Landes zu veröffentlichen und erklärte dabei auch seine Vorstellungen von Swadeshi, die doch in einigen wesentlichen Punkten vor allem was die Methoden der Durchsetzung ihrer Ideale angeht von Gandhis Begriff abweichen, der seinerseits stets die Gewaltlosigkeit und den zivilen Ungehorsam als unverzichtbare Voraussetzungen seines Kampfes für Selbstbestimmung ansah. Primär ist Swadeshi in der Vorstellung des SJM eine Alternative zu Kapitalismus und Sozialismus, die beide in die rücksichtslose Ausbeutung der Umwelt und in erhebliche soziale und politische Probleme gemündet hätten (Swadeshi Jagaran Manch 1997:10). Swadeshi hingegen basiere auf einer Harmonisierung der Tradition mit der Moderne und ermögliche daher eine für die Kultur, die Gesellschaft und die Politik nachhaltige und konstante Entwicklung. In den klassischen Texten des Hinduismus, wie etwa dem Epos Mahabharata (Pattanaik 1998:Bd. 2, 203), fänden sich konkrete Anleitungen zur Preisregulierung und Hinweise auf eine wirksame Kontrolle der Produktionskosten. In diesen Texten sei eine Gesellschaftsform dargelegt, die sich in sozioökonomischer Harmonie befinde und frei von Ausbeutung sei (Swadeshi Jagaran Manch 1997:11). Globalisierung hingegen sei eine offene Strategie der Homogenisierung, die durch die Vermittlung westlicher Werte wie das Konzept der Individualität indigene religiöse Strukturen und die Einbettung der Person in die Gemeinschaft der Familie und der Gesellschaft zerstören würde. Der SJM fordert daher das Sicherstellen der nationalen Sicherheit gegenüber äußeren Infragestellungen, den Aufbau eines neuen und starken, nationalen Selbstbewusstseins, das sich in der Etablierung Indiens als Weltmacht in den nächsten 25 Jahren ausdrücken soll, und den Schutz und die Verbreitung der indischen Kulturwerte, wie immer diese im Detail auch aussehen mögen (Swadeshi Jagaran Manch 1997:4). Historisch ist dabei nach den Vorstellungen des SJM an Mahatma Gandhi Anleihe zu nehmen, der in beeindruckender Manier das Wiedererstarken Indiens gegenüber der Unterdrückung durch eine Fremdmacht vorgezeigt hat und dessen Mission von Organisationen wie der RSS und Denkern wie Golwalkar oder Upadhyaya fortgesetzt wurde (Swadeshi Jagaran Manch 1997:9). In seltener Deutlichkeit zeigt sich an dieser Passage eine innere Affinität des SJM gegenüber der RSS, deren Verhältnis zum SJM ich noch zu besprechen habe. Die historische Parallele zu Gandhi ist ein immer wiederkehrendes Motiv im Hindunationalismus und auch hier wird die scheinbare Verwandtschaft zur Legitimierung der eigenen Ideologie benutzt. Ohne diese unterstellten Analogien weiter problematisieren zu wollen, sei doch darauf verwiesen, dass es zwischen dem vom SJM vertretenen Hindunationalismus und dem Unabhängigkeitskampf Gandhis nicht nur methodische, sondern auch ideologische Unterschiede gibt, die so wesentlich sind, dass die Annahme irgendeiner inneren Verwandtschaft dieser beiden Lager nahezu absurd erscheinen muss. P.R. Ram (1998) unternahm eine detaillierte Gegenüberstellung dieser sehr gegensätzlichen Swadeshi-Begriffe und sieht in der Ermordung Gandhis durch einen Vertreter des hindunationalistischen Swadeshi den Kulminationspunkt der politischen Kontroverse zwischen diesen ungleichen Vorstellungen von Selbstbestimmung.

Swadeshi umfasst also im Sinne des SJM nicht nur die Zurückweisung der Kräfte der Globalisierung und deren ruinöser Nebenwirkungen, sondern den Neuaufbau der Nation im Allgemeinen. Dieses Neuerstarken der Nation symbolisiert aber heute nicht mehr das Spinnrad, wie noch unter Gandhi, sondern, so Muralidhar Rao, der zweite Mann im SJM nach Gurumurthy, die Atombombe, die Indien mittlerweile erworben hat (Sunday 1998a:7.-13.6.). In der oben angeführten Konzeption von Swadeshi lassen sich einige bereits bekannte Motive wieder finden, wie beispielsweise die Annahme eines „Goldenen Zeitalters" in längst vergangenen Tagen oder die auch in Kreisen der RSS und der VHP häufig gebrauchten Begriffe wie der Kultur Indiens, das neu zu stärkende Selbstbewusstsein der Nation oder der Nationenbegriff überhaupt. Diese ideologischen Zentralbegriffe lassen bereits eine inhaltliche Affinität zwischen dem SJM und der Sangh Parivar vermuten und es gibt noch weitere Anhaltspunkte, die den SJM in die nächste Nähe der RSS rücken.

Während der SJM in den meisten Darstellungen unerwähnt bleibt (vgl. Jaffrelot 1996; Veer 1994; Madan 1997 etc.), findet sich in D.D. Pattanaiks vierbändiger Darstellung des Hindunationalismus in Indien ein kurzer Hinweis auf den SJM, seine Zielsetzungen und inhaltlichen Direktiven, und zwar an einem sehr eindeutigen Platz, nämlich in der Liste der Tochterorganisationen der RSS (Pattanaik 1998:Bd. 2, 202f). In personaler Hinsicht sind die Verwandtschaften des SJM mit der RSS unübersehbar und so weisen beinahe alle Führungspersönlichkeiten des SJM in ihrem Werdegang RSS-Hintergrund auf. Der schon erwähnte S. Gurumurthy ist selbst seit 1971 aktives Mitglied der RSS und sieht sich auch weltanschaulich in engster Nähe zu dieser. Auf den Zusammenhang des SJM mit der RSS und der VHP befragt, gibt Gurumurthy zur Antwort, dass zahlreiche SJM-Mitglieder auch aktive Mitglieder der RSS seien und man sich daher gegenseitig unterstützen würde. Was die Aktivitäten der VHP betrifft, so klärt der Leiter des SJM auf, sei es wohl unbestritten, dass Indien ein Hindustaat sei und dass die Moslems daher aus freien Stücken die umstrittenen religiösen Orte an die Hindus zu übergeben hätten (Bhargava 1995). Auch M. Rao, sein Stellvertreter, profilierte sich anfangs als Studentenführer der ABVP, der Studentenorganisation der RSS, und gehört seit 1993 zur Führungsriege des SJM. K.S. Sudarshan, Madan Das Devi und Dattopant Thengadi sind weitere Beispiele für die enge Beziehung der RSS zur Führungsriege des SJM. Es erscheint also gemäß dieser inhaltlichen wie auch personalen Verwandtschaften des SJM zur RSS legitim, erstere Organisation zu den Mitgliedern der Sangh Parivar zu reihen, die, geeint durch die Hindutva-Ideologie, wenn auch sehr spezifisch und unterschiedlich in ihren Schwerpunkten, für ein Erstarken der Hindu-Rashtra kämpfen und dabei Bilder des „Fremden" entwerfen, die für die Einschätzung ihrer Auseinandersetzung mit dem Globalen von entscheidender Bedeutung sind.

2.4.4. *Die Shiv Sena*

Eine erste Erwähnung in dieser Arbeit fand die Shiv Sena-Partei in der Besprechung der Kontroverse um das Energieprojekt Enron im Bundesstaat Maharashtra. In der näheren Betrachtung des Verlaufes dieser Auseinandersetzung wurde festgehalten, dass die Shiv Sena diesen Fall zur gänzlichen politischen Etablierung im Bundesstaat benutzte, die ihr schließlich im Juni 1995 in Form einer Koalition mit der BJP die Übernahme der Regierungsgeschäfte einbrachte. Dieser politische Opportunismus entblößte sich noch zusehends, als die Shiv Sena, nun die stärkste Kraft in der Regierung, im November und Dezember des selben Jahres völlig von ihrem bisherigen Kurs abging und Neuverhandlungen mit dem US-Konzern aufnahm, die schließlich in die praktische Durchführung des Bauprojektes mündeten.

Angesichts dieses Taktierens erscheint die Annahme einer konstanten ideologischen Gestalt dieser Partei absurd, da ihr einziges Ziel die Machtergreifung und -erhaltung zu sein scheint, in deren Sinn sie jede beliebige Ideologie zu mobilisieren imstande ist, solange diese nur der Verbreiterung der eigenen politischen Basis dient. Tatsächlich prägte das Verhältnis der Shiv Sena zur Sangh Parivar in der zweiten Hälfte der 80er Jahre ein derartiges Misstrauen und man sah in der Lokalpartei keinesfalls den verlässlichen ideologischen Mitstreiter, den die Partei heute darstellt. Es war gegen Ende der 80er und Anfang der 90er, als die Shiv Sena ihr ideologisches Profil zugunsten des Hindunationalismus der Hindutva-Gruppen festlegte, wenngleich dieser Schritt bis zu einem gewissen Grad eine Diskontinuität zur bisherigen Schwerpunktsetzung bedeutete. Eine fundierte Beurteilung des Verhaltens der Partei im Fall Enron ist nur durch die Miteinbeziehung einer historische Perspektive möglich, die sich mit einem kurzen Blick auf den Werdegang der Shiv Sena eröffnet.

Lise McKean (1996:71) weiß sich im Konsens der meisten Beobachter der innerindischen Politik der letzten Jahre, wenn sie wie selbstverständlich die Shiv Sena zur Gruppe der Hindunationalisten zählt und tatsächlich wird dies aus guten Gründen im Allgemeinen heute so gesehen. Keineswegs so einträchtig geben sich aber die Beobachter, wenn es um die Frage geht, ob diese inhaltliche Linie von Anfang an der Schwerpunkt der Partei war (vgl. Heuzé 1992; 1996), oder ob es sich dabei um das Ergebnis eines dramatischen Kurswechsels Mitte der 80er

Jahre handelt – diese Interpretation würde sich aus der logischen Fortsetzung der Analysen von Mary F. Katzenstein (1979) ergeben, die in ihrer Darstellung der Shiv Sena vor 1980 den Schwerpunkt auf andere Inhalte verlegt und von hindunationalistischen Tendenzen nur in Ansätzen spricht, die keinesfalls das Profil der Partei ausmachen. Ich werde zu zeigen versuchen, dass der Schwerpunkt der Partei von ihrer Gründung bis 1984 ein anderer war, es aber für die Shiv Sena lediglich eine Rückkehr zu ihren seit den Anfängen gepflogenen Wurzeln bedeutete, als man Mitte der 80er den Ton eines bisher unbekannt radikalen politischen Hindunationalismus anschlug und damit die breite politische Etablierung schaffte.

Die Shiv Sena wurde 1966 von ihrem bis heute gänzlich unumstrittenen Vater und Leiter, Bal Thackeray, gegründet und verstand sich von Anfang an in ihrem politischen Profil als Bollwerk gegen wie auch immer geartete Feinde von außen, die die Bevölkerung von Maharashtra und Mumbai im Speziellen sowohl wirtschaftlich wie auch kulturell bedrohen würden. Dies bildet die erste bedeutende ideologische Kontinuität der Partei bis in die 90er. Shiv Sena sah alle, die in Maharashtra geboren und mit dessen Kultur aufwuchsen, also im Wesentlichen Marathi als ihre Muttersprache sprachen, als eigentliche Bewohner Maharashtras an (Lele 1993:6f; Katzenstein 1979:26) und mit medial äußerst wirksamen Methoden kämpfte der ehemalige Karikaturist Thackeray um die wirtschaftliche Bevorzugung der Marathen in den Betrieben Mumbais. Die von ihm herausgegebene Zeitschrift *Marmik* veröffentlichte in den ersten Jahren des Bestehens der Partei Namenslisten all jener Betriebe im kosmopolitanen Mumbai, die wissentlich andere ethnische Gruppen in ihren Anstellungen bevorzugten und forderte von diesen die explizite Bevorzugung der Marathen, um den wirtschaftlichen Anteil dieser in höheren Ausbildungsebenen tatsächlich unterrepräsentierten Gruppe zu heben (Katzenstein 1979:48f). Das Gegenüber bildete in dieser Strategie vor allem die in Mumbai stark vertretene Gruppe der Südinder, gegen die Thackeray mit allen ihm zur Verfügung stehenden Mitteln der Propaganda vorging. Auch Moslems waren unter den Zielobjekten und schon 1971 erließ die Partei ein internes Progrom gegen diese, das zahlreiche offene Repressionen und Anfeindungen nach sich zog (Heuzé 1992:2189). Die dritte Front, an der die Partei kämpfte, war die der Kommunisten und kommunistischen Gewerkschaften, denen Thackeray die gezielte Behinderung der Wirtschaft in Mumbai vorwarf und mit der Wählerstimme für die Shiv Sena sollte es, so Manohar Joshi 1971 in gewohnt gewaltgeladener Sprache, gelingen, „hundert Nägel in den kommunistischen Sarg zu treiben" (Katzenstein 1979:89). Von Anfang an machte Thackeray keinen Hehl aus seiner Sympathie zur Staatsform der Diktatur, die er als eine „aufgeklärte Diktatur" (*Chatrapati Raj*) beschrieb, der es gelingen sollte, die Probleme Indiens rascher und effizienter zu lösen (Heuzé 1996:224). Die Unterstützung Indira Gandhis durch die Partei während des Ausnahmezustandes 1977 bis 1979, während dessen Gandhi das Land mit quasi diktatorischen

Vollmachten regierte, ist genau aus dieser Überzeugung Thackerays heraus zu verstehen. Auch die Gewalt als legitimes Mittel der Politik spielte von Anfang an eine zentrale Rolle in der aktionistischen Politik der Shiv Sena. Ein hoher, von Katzenstein (1979:91) erhobener Prozentsatz der Aktivisten der Partei der 70er Jahre sah die Anwendung von Gewalt als notwendiges Mittel, der Gewalt der „Anderen" zu begegnen und dementsprechend schamlos gab man sich in ihrem Gebrauch gegenüber „legitimen" Gegnern.

Das politische Gewicht der Partei beschränkte sich noch auf Mumbai, wo es 1968 auf Anhieb gelang, einen Anteil von 30% der Stimmen für sich zu gewinnen, der 1973 wieder auf 28% zurückging und sich in weiterer Folge konstant erhöhte. Dann kamen die Achtziger. 1984 verlegte die Parteiführung und damit im Wesentlichen Bal Thackeray den inhaltlichen Schwerpunkt auf eine Hetzkampagne gegen Moslems, die in ihrer Aggressivität und Gewalt-bereitschaft bisher keine Vorgänger in Indien kannte und eröffnete damit die zweite Phase der Parteigeschichte. Blom Hansen (1998:128) betont explizit diese neue Qualität der Shiv Sena, die die Partei 1985 mit ihrem Sieg in den Lokal-wahlen in Mumbai zur ersten Partei Indiens machte, die einen explizit anti-moslemischen Wahlkampf geführt hatte und damit früher als alle anderen das neue Feindbild „Moslem" nützte, das seit den noch näher zu besprechenden Kampagnen der RSS und VHP zu Beginn der 80er Jahre, wie etwa die Ekatmata Yajna, Ramjanmabhoomi usw., eine größere Verbreitung in Indien erfuhr. Thackeray etablierte sich in weiterer Folge als der Kopf der Opposition in ganz Maharashtra, der gleichzeitig den Weg zur BJP suchte, um die politische Plattform der eigenen Partei zu vergrößern. Stimmen aus der BJP und auch RSS ließen aber deutlichen Zweifel an der Gesinnung der Shiv Sena erkennen, die man eher für eine Protestbewegung der untersten Gesellschaftsschichten hielt und der man kein echtes Bekenntnis zu Hindutva zusprach (Blom Hansen 1998:131). Dieser Verdacht sollte sich in den Unruhen folgend auf die Zerstörung der Moschee in Ayodhya als gewaltiger Irrtum herausstellen. 1990–1992 musste das Bündnis aus Shiv Sena und BJP noch politische Niederlagen hinnehmen, da es trotz aggressivster Kampagne gegen Moslems und andere Minderheiten nicht gelang, die Congress(I)-Regierung abzulösen. Die dritte Phase der Shiv Sena begann aber mit den Unruhen nach dem 6. Dezember 1992, dem Tag der Vorfälle in Ayodhya, und erreichte ihren bisherigen Höhepunkt mit der Regierungsbil-dung zusammen mit der BJP im Juni 1995.

Die Beteiligung der Shiv Sena an vorderster Front an den Gewaltaktionen gegen Moslems im Dezember '92 und Jänner '93 hatte eine direkte Vorgeschich-te, die in den Anfang der 90er hineinreicht. Schon im Vorfeld der Zerstörung der Moschee hatte Thackeray die *Kar Sevaks*, also die Aktivisten der RSS, in singulärer Deutlichkeit dazu aufgerufen, die Moschee gänzlich zu zerstören. Im Wahlkampf zum Bundesparlament 1991 veröffentlichte die Shiv Sena ihr Wahl-manifest mit dem Titel „Flames of Patriotism", das wahrscheinlich ethnisch radikalste und gewaltgeladenste Manifest, das je in Indien veröffentlicht wurde (Blom Hansen 1998:137). Thackeray rühmt darin den Mörder Gandhis als wahren Helden der Nation und hetzt auf breiter Front gegen Moslems, die Indien in ein zweites Pakistan zu verwandeln trachten. Die Rolle der Partei in den Unruhen und Gewalttiraden der Tage nach Ayodhya ist unbestritten. Zahlreiche Provokationen gegen die Moslems in Mumbai wurden von oberster Parteiführung organisiert, bewusste Gegenveranstaltungen zum Freitagsgebet veranstaltet und mit Märschen durch explizite Moslemviertel das provoziert, was als die schwersten Unruhen zwischen Moslems und Hindus seit der Teilung des Landes 1947 in die Geschichte Indiens eingingen. Unmittelbar nach den Unruhen in Mumbai, die bis in den März 1993 hinein andauerten, wurde von der Regierung Rao in Neu-Delhi eine Untersuchungskommission unter dem Vorsitz von Richter B.N. Srikrishna eingesetzt, die die Vorfälle im Detail und auch die Rolle der Akteure untersuchen sollte. Nach zahlreichen Behinderungen und der Absetzung der Kommission durch die Regierung Shiv Sena-BJP am 23. Jänner 1996 konnte die Kommission ihre Arbeit nach einem Erkenntnis des Obersten Gerichtshofes in Mumbai und deren Wiedereinsetzung beenden. Der am 16. Februar 1998 veröffentlichte Bericht (Srikrishna Commission 1998: bes. xii-xxxix, 22, 223-226) weist die Shiv Sena als das zentrale Organisationsorgan der Provokationen gegenüber den Moslems aus und beschuldigt zudem die lokale BJP der Teilnahme und aktiven Unterstützung. Der Bericht schildert in detailgetreuer Eindeutigkeit die Position der Shiv Sena und ihre Rolle in den Unruhen, die jede Vermutung des bloßen politischen Opportunismus hinsichtlich der Hindutva-Ideologie verstummen lassen müssen. Dennoch: der politische Erfolg der Shiv Sena und BJP im Anschluss an diese Ereignisse konnte sich sehen lassen. Ab 1993 ging es steil bergauf und auch wenn der Sieg in den Lokalwahlen in Maharashtra 1995 nur knapp ausfiel, so war damit die endgültige politische Akzeptanz gegenüber der Partei geschehen und als stimmenstärkste Gruppierung ist sie ohne sie in Maharashtra heute nicht mehr Politik zu machen.

Was spricht nun für die Annahme einer ideologischen Kontinuität vom Beginn der Bewegung bis zu den Ereignissen nach Ayodhya? Erstens lässt der Name der Partei keinen Zweifel am inhaltlichen Anliegen der Gruppierung. Die „Armee Shivajis", so die wörtliche Übersetzung, sieht ihr größtes historisches Ideal in Chatrapati Shivaji, dem erfolgreichen Bekämpfer der moslemischen Herrscher Indiens und der Fremdmacht der Briten. Ihr neuer Heerführer, Bal Thackeray, genoss selbst, um dieser Aufgabe gewachsen zu sein, die frühe Schule der RSS, der er lange Zeit angehörte und aktiv beistand. Demgemäß existieren nicht nur genügend ideologische Parallelen zwischen RSS und Shiv Sena, wie etwa die Annahme eines „Goldenen Zeitalters" der als Einheit durch die Geschichte wandernden Hindu-Nation (Heuzé 1992:2253), sondern auch organisatorisch finden sich die Lehrmeister Thackerays in der RSS. Ebenso wie die RSS ist auch die Shiv Sena in *Shakhas*, also Zweigstellen eingeteilt, die in ihrer breiten

Vernetzung über die ganze Stadt vor allem unter den Jugendlichen Gefolgschaft rekrutieren, genau so, wie es auch die RSS betreibt (Lele 1993:17). Auch die hervorgehobene Rolle der physischen Übungen ist eine Parallele zur RSS, die Ausbildung einer eigenen paramilitärischen Einheit sowie die straffe und streng hierarchische Gestaltung der inneren Struktur sind weitere Gemeinsamkeiten, die die innere Affinität zeigen und die die Kontinuität der Ideologie sichtbar machen (Katzenstein 1979:104f). Schließlich bildet die Skizzierung des „Anderen" als zentrales Motiv des Selbstverständnisses der Partei einen weiteren roten Faden, der in den Anfängen vor allem aus wirtschaftlichen Gründen Südinder anging, aber bereits das Feindbild „Moslem" kannte, das ab der zweiten Hälfte der Achtziger das wichtigste und beinahe alleinige Motiv der politischen Agitation wurde.

Die Auseinandersetzung mit dem Globalen muss daher zusammenfassend und in Erinnerung an den Fall Enron dialektisch gesehen werden. Shiv Sena ist klar eine Partei der Aktion. Sie besaß bis in die 70er Jahre kein eindeutig festgeschriebenes Programm (Heuzé 1996:216) und auch heute noch definiert sich die inhaltliche Position hauptsächlich über die Standpunkte Bal Thackerays, die Interviews entnommen werden können und die damit auch festlegen, wofür die Partei eigentlich steht. In diesem Sinne waren auch ihre Bemühungen im Fall Enron eine politische Aktion, die das Parteiimage zugunsten der eigenen Popularität aufbessern und ein ausgemachtes Feindbild bekämpfen sollte, das man aus der Sicht der Hindu-Nation für gefährlich hielt. Der schließliche Schwenk der Parteiführung in dieser Angelegenheit zeigt hingegen das realpolitische Kalkül, das die Führung an den Tag legt, wenn es um die Rücksichtnahme auf das allgemeine Investitionsklima in Maharashtra geht, das man schließlich, nun als Regierungspartei, zu verantworten hatte. Die Shiv Sena zeigt damit genau jene ideologische Gradwanderung, die auch die zweite hindunationalistische politische Partei, die BJP, an den Tag legt, die sie von der Entschlossenheit einer RSS oder VHP unterscheidet, wenn es demokratiepolitisch nicht opportun ist. Das Verhalten der Shiv Sena im Fall Enron ist daher mehr als nur politischer Opportunismus. Die Parteiführung musste auf keinen Fall lange erklären, warum sie ihre Aktivisten gegen den ausländischen Multi schickte. Der ideologische Hintergrund war für die Akteure klar und gehört in zentraler Weise zum Selbstverständnis der Shiv Sena und damit ihrer Mitglieder. Der Kurswechsel geschah aus Bedacht auf die zahlenmäßig kleine aber politisch einflussreiche obere Mittelschicht Mumbais, die es nur ungern gesehen hätte, wenn diese zunächst deutliche Absage an einen ausländischen Großinvestor das letzte Wort im Fall Enron gewesen wäre.

Die kurze vor allem ideologische Vorstellung der rechtsextremen Akteure gegen das global „Fremde" ist damit vollständig und ich kann den nächsten Schritt machen, nämlich den Blick auf die innerindische Entwicklung der Symbole des Bedrohens, der auf die rein innerindische Entsprechung der Konstruktion des „Anderen" verweisen wird.

3. Symbole des Bedrohens

Im dritten Kapitel werde ich versuchen, die oben dargestellten Kontroversen mit dem vermeintlich Globalen in einen größeren innerindischen Kontext zu stellen. Es kommt dabei darauf an, konzeptionelle Entsprechungen des „Anderen" zwischen der Darstellung des Globalen als Bedrohung und den über Jahrzehnte gepflogenen und ausgebauten Feindbildern im Inneren des Landes herauszuarbeiten und dadurch die Auseinandersetzung mit dem Globalen insgesamt in die jüngste Geschichte des Subkontinents einzufügen.

Formal geschieht diese Suche nach inhaltlichen Entsprechungen und Parallelen durch die Gegenüberstellung der bereits erörterten aggressiv-defensiven Symbole des Bedroht-Werdens mit den nun zu bestimmenden Symbolen des Bedrohens, die in ihrer aggressiv-offensiven Weise das innerindische „Fremde" ausmachen, es charakterisieren und diesen Befund zur Grundlage der zu gestaltenden Politik erklären. Aus diesem anfangs festgelegten Charakter der Symbole des Bedrohens geht auch hervor, dass es sich dabei nur um die vom Hindunationalismus propagierten Symbole handeln kann, da die Hindus in der indischen Bevölkerung bei weitem die Mehrheit stellen und es von daher nur den selbsternannten Sprechern der Hindus möglich ist, Symbole des Bedrohens zu propagieren und für die eigene politische und gesellschaftliche Etablierung zu benutzen. Auch wenn es seitens der moslemischen Minderheit historisch unzählige Beispiele für eine entsprechende Intoleranz, einen zumindest ebenbürtigen Hass und eine nicht weniger entschlossene Gewaltanwendung gegenüber Hindus gibt, so waren und sind die Hauptmotive dieser Aktionen ideologisierte Existenzängste gegenüber der als erdrückend und bedrohlich wahrgenommenen Hindumehrheit. Offensive, zunächst durch Symbole artikulierte Bedrohung ging ihrer Definition gemäß nur von der hinduistischen Seite des Konfliktes aus, auf der ich auch versuchen werde, die Analogien zur Auseinandersetzung mit dem Globalen sichtbar zu machen. Zwei methodische Vorbemerkungen sind daher notwendig. Zum einen der Verweis, dass in den folgenden Betrachtungen gemäß der Grundlinie des Themas die Aufmerksamkeit ausschließlich auf die von den Hindunationalisten propagierten und eingesetzten Symbole des Bedrohens gegenüber einem innerindischen Feindbild gelenkt und dabei jede anders gelagerte Form des ethnischen Radikalismus ausgespart wird, wenngleich es wie gesagt unzählige Beispiele für Moslems, aber auch Sikhs und andere Minderheiten Indiens gibt.

Zum anderen ist für diese Einbettung der Debatte in den innerindischen Kontext eine Ausweitung des historischen Rahmens notwendig, die in ihrer retrospektiven Perspektive gleich zu Beginn über die 80er Jahre hinausführen

wird, wenngleich anschließend bei der Auswahl der Symbole des Bedrohens
wieder der Zeitraum der letzten beiden Jahrzehnte ins Blickfeld rückt. Auf diese
Weise sollte es gelingen, die Symbole des Bedrohens in einem größeren historischen Kontext wahrzunehmen und gleichzeitig die Eigenart der Entwicklung seit
den frühen Achtzigern sichtbar zu machen, die auch das Thema des vierten
Kapitels bilden wird.

3.1. „Communalism": Der größere Kontext

Im Folgenden skizziere ich die Langzeitentwicklung einer politischen und gesellschaftlichen Konzeption, die die politischen Programme und auch das politische
Handeln in Indien seit dem 19. Jahrhundert freilich graduell unterschiedlich stark
beeinflusst hat und die auch den Hintergrund der Betrachtung der hindunationalistischen Symbolik des Bedrohens bilden soll. Der in der indischen Politik-
und Sozialwissenschaft verwendete Begriff für dieses Modell, das englische
Communalism, wird mit dieser Bedeutung außerhalb Süd- und Südostasiens nicht
verwendet und kann daher auch nicht adäquat ins Deutsche übersetzt werden (Lütt
1994:120). Der Begriff leitet sich vom Wort „community" ab und bezeichnet eine
wie auch immer definierte Gemeinschaft (im Weiteren als auf diese „community"
bezogenes Adjektiv: kommunal). Die Merkmale der näheren Bestimmung dieser
Gemeinschaft können sowohl kultureller, religiöser, sozialer oder sonst einer
formulierbaren Art sein. Wichtig ist die Bezeichnung einer in sich abgrenzbaren
und gegenüber einem „Anderen" bestimmbaren Einheit, die im Communalism
zum alleinigen Objekt des Interesses und weiters auch der Politik wird. Communalism
bezeichnet zunächst also jene Handlungen und auch politischen Konzeptionen, die
in ausschließlicher Referenz gegenüber einer derartigen Gruppe geschehen und die
die Gruppe sowohl zum alleinigen Objekt als auch zum alleinigen Subjekt dieser
erklärt. Um es mit Benedict Anderson (1983) zu verdeutlichen, Communalism
bedeutet jene politischen Modelle und Handlungen, die in ausschließlicher Referenz gegenüber einer „imagined community" existieren.
   Auf Indien angewandt, bezeichnet Communalism in praktischer Hinsicht
zumeist das Misstrauen, die Angst und die Feindseligkeit zwischen den Anhängern unterschiedlicher Religionen, von denen die Beziehung Hindu-Moslem nur
eine mögliche ist (Pandey 1990:6). In der akademischen Debatte herrscht
bezüglich der Frage der Ursachen dieses radikalen Wahrnehmungs- und Hand-
lungsschemas eine große Vielfalt an Meinungen, die in entscheidender Weise
durch die unterschiedlichen Ansichten zu Stande kommt, wie denn diesem
Schreckgespenst des Hasses und der Gewalt beizukommen sei. Je nachdem, wie
die Autoren die Dimensionen des Problems auffassen, gestalten sie ihre Vorschläge einer möglichen Lösung und umgekehrt. Das Spektrum der Ansichten
darüber gestaltet sich also weitreichend, den Ausgangspunkt dieser auf hohem
Niveau geführten Auseinandersetzung bildet aber nach wie vor Bipan Chandra

(1987), der zum Thema Communalism ein Standardwerk verfasst hat, das seit seinem Erscheinen den Angelpunkt der Debatte bildet. Communalism ist seiner Auffassung nach der Glaube, dass die einzelnen Mitglieder einer Gruppe, die dem gleichen Glauben angehören, auch soziale, politische und wirtschaftliche Interessen teilen (Chandra 1987:1). Communalism bedeutet demnach die Übertragung einer religiösen Gemeinsamkeit auf anders gelagerte, an sich säkulare Bereiche des Lebens, wie etwa der Wirtschaft oder der Politik. Die Religion wird damit zum alleinigen Identitätsmerkmal der Menschen und zur Grundlage aller sozialen Beziehungen erklärt. Von der Religionszugehörigkeit ausgehend entwirft der Communalism eine Totalität der Identität, die sämtliche Bereiche der menschlichen Existenz miteinschließt.

Auf die Politik übertragen bedeutet dies die Fraktionierung der politischen Landschaft in religiöse Vertreter und die dahinter stehenden Religionsgemeinschaften, da mit den Prämissen des Communalism nur ein Moslem die moslemische Wählerschaft und ein Hindu die hinduistische Wählerschaft adäquat zu vertreten vermag und umgekehrt ein moslemischer oder hinduistischer Bürger nur durch einen Anhänger der gleichen Religion entsprechend politisch vertreten werden kann. Säkulare Interessen der Mitglieder einer Religionsgemeinschaft werden daher als inhärent homogen angenommen, die aufgrund der herrschenden Kräfteverhältnisse notwendigerweise im Konflikt mit den Interessen der anderen Religionsgemeinschaften stehen (Jhingran 1996:78). Für die indischen Geschichte ist es daher klar, dass aus der Sicht des multiplen Nationsbegriffes der Congress-Führung im Unabhängigkeitskampf der Communalism nicht als eine andere Form von Nationalismus, sondern als dessen Gegenteil angesehen wurde, den es im Sinne der aufzubauenden, in religiöser Hinsicht äußerst pluralistischen Nation entschieden zu bekämpfen galt (Pandey 1990:2). Diese Alternative bot in realpolitischer Hinsicht zunächst und primär die Congress-Führung um Jawaharlal Nehru, die mit ihrem entschlossenen, säkularen Kurs den spalterischen Tendenzen des Communalism entgegentrat und die nach der Unabhängigkeit mit aller Entschiedenheit gegen diese politischen Ansätze vorging, nachdem die Teilung des Landes und die sich ereignende kommunale Katastrophe das bisher größte und folgenschwerste politische Ergebnis war, dass dieser Communalism hervorgebracht hat.

Das Problem der kommunalen Politik entlang der klar gesetzten Linien der Religionsgemeinschaften des Landes ist aber keinesfalls ein Produkt der letzten Phase des Unabhängigkeitskampfes, als sich das „Andere" mit dem schrittweisen Wegfall der Kolonialmacht von außen ins innere der Nation verlagerte und sich damit lediglich eine phasenweise Umorientierung der Kriterien der Einheit ereignet hätte. Dieser Auffassung ist unter anderen Sandria Freitag (1990:bes. 280-284), die den Aufstieg und Erfolg des Communalism mit dem schrittweisen Abbau des kolonialen Feindbildes erklärt, das quasi in schrittweiser Entwicklung durch ein innerindisches ersetzt wurde. Diese Annahme entspricht aus oben erklärten Gründen keinesfalls dem ideengeschichtlichen Verlauf und erklärt

daher hinsichtlich des Erfolges des Communalism und seinen tragischen realpolitischen Konsequenzen überhaupt nichts. Kommunale Tendenzen, die später
freilich in deutlicher Revision als Grundlage der radikal kommunalen Theoretiker wie Savarkar oder Golwalkar dienten, liegen bereits im 19. Jahrhundert vor
und sind an dieser Stelle keinesfalls von den nationalistischen Modellen verschieden, sondern gehören wesensimmanent zu ihnen. Dazu ein kurzer Blick zurück.
Den Ausgang nimmt die ideologische Entwicklung bereits bei den nationalistischen Reformern des 19. Jahrhunderts. Die unter diesem Begriff zusam-
mengefassten Organisationen und Intellektuellen sind unter anderen der 1828
gegründete Brahmo Samaj unter Ram Mohan Roy, der den Hinduismus unter
einem reformierten Monotheismus und ausgehend von den Upanishaden zu
einen suchte, und der 1875 gegründete Arya Samaj unter Swami Dayananda, der
einen vedischen Monotheismus zu institutionalisieren versuchte und offen die
christliche Missionierung im Land kritisierte. Diese Väter des indischen Nationalismus sahen sich aus ihrem Standpunkt heraus einer in sämtlichen Bereichen
der Wirtschaft, der Politik und auch des Militärs weitaus überlegenen Kolonialmacht gegenüber, die realpolitisch wenig Anlass dazu bot, nationales Selbstbewusstsein und nationalen Stolz auferstehen zu lassen, es sei denn, durch
entsprechende Erfolge im antikolonialen Kampf. Realistisch betrachtet bildet
hingegen das erste die unverzichtbare Grundlage für das zweite, sodass von den
nationalistischen Intellektuellen des Landes die eigenen Souveränität schon
innerhalb der kolonialen Gesellschaft gesucht und auch gefunden wurde. Dazu
teilte die frühe nationalistische Theorie die Welt der sozialen Institutionen in
zwei Bereiche, nämlich der materiellen und der spirituellen Domäne (Chatterjee
1994:6f). Durch die koloniale Realität sah man die Superiorität des Westens im
ersten Bereich, der Bereich der Wissenschaft und Technik etwa, als erwiesen und
verabschiedete sich von dem Gedanken, Nationalismus in einem Wettstreit mit
dem Westen in diesen Bereichen aufbauen zu können. Die spirituelle Domäne
hingegen sah man als das eigenen Revier an, in dem man dem „Anderen" weit
überlegen war und dessen Reichtum und Vorsprung aus dem kulturellen und
insbesondere religiösen Erbe des Landes resultierte. Der frühe indische Natio-
lismus zog im Wesentlichen zwei Konsequenzen aus diesem Befund. Zum einen
erklärte man die Sphäre der Kultur und Religion zum souveränen Territorium, in
dem man keinen Einfluss der Briten duldete und zum anderen sah man den
Beginn einer eigenen, modernen Nationalkultur im Bewahren dieses Erbes bei
gleichzeitiger Transformation des eigenen historischen, kulturellen und religiösen Potenzials durch die Übernahme des zivilisatorischen Vorsprungs des
Westens im materiellen Bereich. Im Sinne der damit erklärten Unabhängigkeit
der nationalen Kultur wurde als deren Erweis vorwiegend religiöses, und hier vor
allem hinduistisches Erbgut angeführt, das so mit der nationalen Kultur identifiziert und zum eigentlich „indischen Kulturschatz" erklärt wurde. Natürlich
entging diesen Reformen keineswegs die religiöse Vielfalt des Landes, doch

erachtete man es vor allem gegenüber einer Kolonialmacht, deren Stärke man in der inneren Geschlossenheit und Organisation vermutete, als vorteilhafter, die Geschlossenheit der Hindugemeinschaft zu propagieren, die zum einen die innere Vielfalt unter den Hindus selbst vernachlässigte und zum anderen die kleineren Religionsgemeinschaften des Landes zu Minderheiten machte, die schon bald am Beginn des 20. Jahrhunderts lernten, eine ähnliche innere Geschlossenheit nicht nur gegenüber der Kolonialmacht, sondern auch gegenüber dem nun zweiten „Anderen", den Hindus, zu behaupten. Christophe Jaffrelot (1993:517f) fasst diese Dynamik mit dem Begriff „strategischer Synkretismus" zusammen, da der frühe Nationalismus wie auch der spätere explizite Communalism der Muslim Leage unter M.A. Jinnah, der RSS unter Hedgewar und Golwalkar und auch der VHP und der Shiv Sena zum einen synkretistisch vorging. Sie alle holten sich direkte Anleihen beim Westen, kopierten dessen vermutete Eigenschaften der Stärke wie etwa die innere Geschlossenheit und den hohen Grad an organisatorischer Struktur und kombinierten diese mit den angenommenen eigenen kulturellen und religiösen Traditionen. Die hinduistischen Reformer des 19. Jahrhunderts bewunderten unter anderem die dogmatische Geschlossenheit der Buchreligionen des Westens und machten die innere Vielfalt des Hinduismus für dessen „Schwäche" gegenüber den Moslems oder Christen verantwortlich. Die Antwort suchten die Reformer seit Ram Mohan Roy in einer starken Betonung des vedischen Zeitalters und der Upanishaden, die sie als so etwas wie den Kern der hinduistischen Religion ansahen, von wo aus die neue Einheit der Hindus begründet werden sollte. Freilich inkludierte dies keinesfalls eine Kampfansage an die Andersgläubigen, wie sie später dann immer häufiger formuliert wurde, sondern lediglich ein erhofftes Erstarken der hinduistischen, spirituellen Domäne, die vor allem politisch relevant war (Chatterjee 1994:110). Zum anderen war dieses Unternehmen stets strategisch gewesen, da den eigentlichen Anlass dieser Strategie die Herstellung und Sicherung des politischen Gleichgewichts bildete, das man in einer Situation der Unterdrükkung der eigenen Gemeinschaft vermisste und mit der individuellen Überlebensfrage verband. Dieser „strategische Synkretismus" existierte von Anfang an in den ersten nationalistischen Theorien der hinduistischen Reformer des 19. Jahrhunderts und zieht sich wie ein Leitmotiv durch die gesamte Geschichte des Communalism im 20. Jahrhundert. Die indische Situation und Geschichte unterscheidet sich in diesem Punkt wesentlich von der europäischen, da es hier nicht wie in Europa zu einem Phasenwechsel von einer religiös und verwandtschaftlich festgelegten Gemeinschaft zu einer modern konstituierten, von diesen vorhergehenden Bestimmungsmerkmalen weitgehend unabhängigen Gesellschaft kam (G. Tönnie, zit. nach Freitag 1990:4f), sondern Gemeinschaft wie Gesellschaft nicht nur nebeneinander existierten und existieren, sondern in der nationalistischen und kommunalen Theorie identisch gedacht wurden. Das Konzept der Gemeinschaft hat den indischen Schritt von der Vormoderne zur

Moderne überlebt und existiert nun mit dem Anschein einer modernen, nationalen Kultur weiter. Communalism ist demnach kein vormodernes oder mittelalter-
liches Phänomen, sondern ein zutiefst modernes, das in sich traditionelle Werte
und historische Elemente in transformierter Weise vereint und damit die Gleichzeitigkeit der aus europäischer Sicht ungleichzeitigen Phasen der Gemeinschaft
und Gesellschaft ermöglicht.

Neben diesen frühen nationalistischen Theoretikern war es auch die Kolonialmacht selbst, die wesentlich zur Entstehung und Verbreitung kommunaler
Ideologien beitrug. Beispiele dafür sind die von der Kolonialverwaltung bereit-
gestellten Quantifizierungen der Religionsgemeinschaften, die die Wahrnehmung von Mehrheitsverhältnissen und Minderheitenstatus überhaupt erst ermöglichten (Appadurai 1993; Pandey 1990:67f) und koloniale Historiker, die
sich in Treue zur Kolonialmacht um eine kommunale und nach Religionsgemeinschaften unterteilte Geschichtsauffassung bemühten, die die realpolitisch gefor-
derte Trennung von Hindus und Moslems historisch legitimierte (Chandra
1994:134f; Pandey 1990:23f). Zu Beginn des 20. Jahrhunderts verlagerte sich
das politische Augenmerk zusehends auf die Frage der adäquaten Repräsentation
der eigenen Religionsgemeinschaft gegenüber der anderen. Die Bedrohung
durch die Hindumehrheit bzw. durch die „aggressive" Moslemminderheit gesell-
te sich neben das Feindbild des Unterdrückers von außen. Die Gründung der
Muslim League, eine Art Partei als Interessensvertretung ausschließlich für
Moslems, im Jahre 1906 erfolgte, weil sich die moslemische Gruppe im hinduistisch dominierten Nationalkongress schlecht repräsentiert sah, das hinduistische
Lager zog mit der Gründung der Hindu Mahasabha nach und die RSS folgte 1925.
Mahatma Gandhi und Jawaharlal Nehru kämpften erbittert mit unterschiedlicher
Strategie gegen die Kommunalisierung der indischen Bevölkerung an, die sich
auch nach der Teilung des Landes fortsetzte, ja sogar noch intensivierte, nachdem
man gehofft hatte, die interreligiösen Gefechte mit der Gründung Pakistans
endgültig zum Schweigen gebracht zu haben (Chandra 1991:133). Religion
spielt im Communalism zumindest nominell eine zentrale Rolle. Das entscheidendste Unterscheidungsmerkmal der Mitglieder der einzelnen Gruppen bildet
die Religion und sie ist es auch, die in diesem ideologischen Ansatz die Grundlage
aller politischen und gesellschaftlichen Organisation darstellt. Andere soziale
Unterscheidungsformen werden daher entweder untergeordnet oder überhaupt
geleugnet. Nun begreift Bipan Chandra jedoch den Communalism als eine
„moderne Ideologie", die ihrerseits mit Religion in ihrer ursprünglichen Bedeutung als Glaube nichts zu tun hat (Chandra 1994:159). Communalism baut laut
Chandra nur auf bereits existierende religiöse Differenzen auf, ohne diese aber
tatsächlich zu ihrem Inhalt zu haben. Religiöse Identität wird in diesem Modell
nur als Anknüpfungspunkt und Zement der Ideologie und der dementsprechen-
den Politik benutzt, mit Religion als Glaube der Menschen hingegen hätte dies,
so Chandra, wenig zu tun (Chandra 1994:160, 190f; Engineer 1995; 1996; 1997).

Als reale Beispiele für diese Interpretation hinsichtlich der Bedeutung von Religion werden von Chandra und dessen Anhängern M.A. Jinnah und V.D. Savarkar angeführt. Jinnah, der Führer der Muslim League in den 40er Jahren und Gründervater Pakistans, definierte die Muslim-Gemeinschaft vor allem als politische und weniger als religiöse, die er aus einer grundsätzlichen, kulturellen Verschiedenheit ableitete, innerhalb derer die Religion nur ein Segment darstellte (Brass 1991:94f). Jinnah etablierte die Muslim League gemäß der Ideologie des Communalism als den einzigen autorisierten Sprecher der Moslems in Indien und vereinnahmte auf diese Weise diesen Teil der Bevölkerung für seine politischen Anliegen. Jinnah persönlich soll übrigens strenger Agnostiker gewesen sein, dem man alles andere als religiösen Fanatismus nachsagen konnte. Das zweite Beispiel, V.D. Savarkar, haben wir bereits in der Entstehungsgeschichte der RSS kennengelernt. Er ist der Autor von „Hindutva. Who is a Hindu?" und erwähnt in seiner Darstellung zum Thema Hindu-Nation ebenfalls mehrere Aspekte der Kultur, die diese Gruppe einen würde. Er trennt sogar explizit die Religion des Hinduismus von der Hindu-Nation, da erstere nur einen Aspekt der Nation darstelle (Savarkar 1989:3f). Auch Savarkar war kein besonders gläubiger Hindu, Religion bestand für ihn eher aus einem bewussten Bekenntnis zur Gemeinschaft der Hindus. In diesem Sinn stellt die Religion für Chandra das „Vehikel" (Chandra 1994:160) zum Transport der kommunalen Botschaft bereit, das die Menschen stark einzubinden vermag und vor allem eine direkte Anknüpfung der Ideologie an die Lebenswelt der Menschen bereitstellt.

Achin Vanaik (1990, 1997), der ausführlich zum Thema Communalism in Indien publiziert hat, teilt diese Auffassung keinesfalls. Der Ansatz von Bipan Chandra verlangt aufgrund seiner Analyse des Problems die Gegenoffensive gegenüber dem Communalism mit einer alternativen Ideologie, wie etwa dem Säkularismus, wie ihn Nehru vertrat und auch gegen die kommunal-ideologischen Organisationen wie etwa die RSS ins Spiel brachte. Religion als solche wäre von einer Gegenstrategie im Sinne Chandras jedoch keinesfalls betroffen, da nur ihre Mobilisierung im Sinne des Communalism kritisiert wird, das Phänomen an sich jedoch keinesfalls.

Vanaiks Verständnis von Religion geht jedoch etwas weiter und er gesteht dieser eine herausragende Stellung im Kanon der identitätsbildenden Faktoren zu, sodass die Bekämpfung von Communalism seiner Meinung nach auch die Religion an sich miteinzuschließen hat (Vanaik 1990:154, 157). Communalism begreift Vanaik als einen „Prozess der Entsäkularisierung", der sich schrittweise auf sämtliche Bereiche des gesellschaftlichen Lebens ausbreitet und keine Segmente der menschlichen Existenz auslässt. Alle Lebensbereiche werden unter diesen Bedingungen zu religiösen Bereichen ernannt und auch institutionell wird von den Vertretern einer kommunalen Ideologie eine Entsprechung dieser Auffassung verlangt, in dem die Teilung der Religionen und ihrer Mitglieder auch in den Institutionen des Staates realisiert werden soll. Religiöser Einfluss

würde von sich aus auf Expansion in andere Gesellschaftsbereiche drängen,
sodass auch abseits des säkularen Staates von der Religion eine ständige Gefahr
der Segmentierung der Gesellschaft ausgeht (Vanaik 1990:158). Als Prämisse
für die anschließenden Betrachtungen der ereignisgeschichtlichen Ausprägungen des Communalism ist eine Definition hilfreich, die beide oben ausgeführten
Beiträge in ihren sinnvollen Ergänzungen miteinschließt. Communalism ist als
ein Prozess der schrittweisen Entsäkularisierung zu verstehen, der von Anfang an
zumindest oberflächlich religiös konnotiert ist und der die Religion im Sinne der
politischen Führungspersonen dazu benutzt, den Menschen in ihrem Lebensbereich selbst zu begegnen und diese in einem Identitätsfeld anzusprechen, das
wesentlich tiefer und grundsätzlicher reicht als etwa die Identität der gesellschaftlichen Klasse. Deshalb erscheint es dringend notwendig, hinsichtlich der Frage
der Bedeutung der Religion zwischen den Mobilisierern, die die kommunale
Ideologie propagieren, und den Mobilisierten, also jenen Bevölkerungsteilen, die
den Aufrufen folgen und gegen die „andere" Religionsgemeinschaft und ihre
Anhänger auf die Straße gehen, zu unterscheiden. An historischen Beispielen
wurde bereits ersichtlich, dass Religion als Glaube auf Seiten der Mobilisierer
wenn überhaupt nur eine marginale Rolle spielte und auch heute noch spielt. Die
Zielsetzung der Mobilisierung selbst, in den meisten Fällen die politische
Etablierung und Verbreiterung der eigenen Gefolgschaft, ist per se völlig unabhängig von religiösen Anliegen irgendwelcher Art. Chandra (1991:135) hat mit
seiner einschränkenden Bemerkung zur Bedeutung von Religion demnach inso-
fern recht, als das letzte Ziel der kommunalen Mobilisierung keinesfalls ein
religiöses ist und auch ihr Vorgang selbst einschließlich der dabei angewandten
Methoden mit Religion selbst nichts zu tun hat. Religion ist aber insofern mit im
Spiel, als auf Seiten der Mobilisierten religiöse Motive den entscheidenden
Anknüpfungspunkt der Ideologie in den Lebensbereichen der Menschen bilden.
Kommunale Aktionen gegen eine andere Religionsgemeinschaft, die sich zu
Massenbewegungen ausbauen, sind keinesfalls als riesige, soziale Bewegungen
zu erklären, sondern gelangen nur unter geschickter Einbindung religiöser
Identitäten in ein an sich ausschließlich politisches Unternehmen.

3.2.   „Invented Traditions":
Geschichtsbild und Symbolik des Bedrohens

Die Symbole des Bedrohens erscheinen in ihrer Konzeption nur mit dem
Hintergrund eines entsprechenden Geschichtsbildes und einer davon ausgehenden, „erfundenen Tradition" sinnvoll, die im Folgenden etwas genauer betrachtet
werden soll, ehe einige dieser Symbole des Bedrohens analysiert werden. Um die
kommunale Geschichtsauffassung und die letztlich davon abgeleitete Legitimation der Gewalt gegen den religiös „Anderen" zu verstehen, ist es notwendig, die
Anfänge im 19. Jahrhundert zu betrachten, die uns auf die Spur der kommunalen

Vorfälle der 1980er Jahre bringen sollen, denen die Beispiele für Symbole des Bedrohens entnommen werden.

Romila Thapar, eine der renommiertesten Historikerinnen Indiens und engagierte Gegnerin der kommunalen Geschichtsverfälschung, erläutert zu Beginn ihres Buches „The Past and Prejudice" (Thapar 1975:1) den engen Zusammenhang zwischen dem Geschichtsbild und den Handlungsmaximen der Gegenwart, wenn sie das vom Historiker entworfene Bild der Vergangenheit als seinen Beitrag zur Zukunft anerkennt. Genau in diesem Sinn wurden Geschichtsbilder von der indischen Vergangenheit zu unmittelbaren Richtlinien der Politik erklärt, die unter anderem 1947 zur Teilung des Subkontinents führten und bis heute die Gewalt gegen Andersgläubige historisch legitimieren. Ich werfe also zunächst einen Blick auf dieses Geschichtsverständnis und vollziehe dann die Transformation dieser „Vergangenheit" zur allgemeinen Tradition nach.

Allgemein gesprochen gelang es der kommunalen Geschichtsauffassung bereits im 19. Jahrhundert, die Geschichte Indiens als eine Komposition der Geschichten der religiösen Gemeinschaften darzustellen und sowohl die Hindus wie auch die Moslems als zwei grundsätzlich getrennte, durch die Zeit wandernde Einheiten zu begreifen, die nicht in ihrer Kombination das Wesen Indiens ausmachten, sondern das allein der „ursprüngliche" Hinduismus für sich beanspruchen konnte (Chandra 1969:38f). Entlang der Stereotypen von *den* Hindus und *den* Moslems wurde die Geschichte Indiens von einer „Geschichte der Könige" zu einer „Geschichte der Nation", die sich nach den jeweiligen Herrscherhäusern und, was noch viel wichtiger ist, deren Religionsbekenntnissen gliederte. Ein frühes Beispiel für ein derartiges Geschichtsverständnis ist der bengalische Historiker Saiyad Abdul Rahim, der in Dhaka 1870 seine Geschichte Indiens veröffentlichte und diese dabei in die Perioden der Herrscher der Religionen gliederte (Chatterjee 1994:95). Dieses historische Schema entnahmen die frühen nationalistischen Historiker aber einem westlichen Vorbild, nämlich James Mill, der 1818 seine „History of British India" fertigstellte und dabei in europäischer Manier drei Perioden der Geschichte Indiens unterschied, nämlich die der Hindu-Herrscher, der moslemischen Mogulherrschaft und der britischen Kolonialepoche (Thapar 1975:14f). Vorangegangen war diesen Epochen der Unterdrückung durch das Fremde ein „Goldenes Zeitalter", wie es auch Savarkar und die in seiner Tradition stehenden Denker der Hindutva-Ideologie kennen. Dieses Zeitalter der vedischen Kultur kannte die konstitutionelle Monarchie und den daraus resultierenden sozialen Frieden und Ausgleich. Ähnlich konstruiert war auch die Annahme der direkten Nachfolge der hochkastigen, indischen Bevölkerungsschicht aus einer arischen Rasse, die die Oberschicht des Landes als natürliche Einheit darstellte (Chandra 1992:52f). Die Konsequenzen eines derartigen Geschichtsverständnisses sind politisch weitreichend. Die Herrschaft der Hindus im Land wurde, so die Darstellung, von der der Moslems abgelöst, die in einer Reihe mit den Briten genannt wurde und die die in Indien lebenden Moslems allgemein als Herrscher deklarierte, gegenüber denen man sich als Hindu zu emanzipieren hat. Geschichte wurde so zu einem Prozess des Konfliktes, der seinen Anfang mit dem Einbruch des Islam am Subkontinent nahm und sich über die Kolonialzeit bis heute fortsetzt. Eine natürliche Ordnung der Dinge scheint sich daher auch in den Konflikten der Gegenwart zwischen Hindus und Moslems auszudrücken, die durch die historische Genese legitimiert wird, da man die religiöse Pluralität hinsichtlich des Islam nicht als Wesen Indiens anerkennt. Dass diese Sichtweise durch die Teilung des Landes 1947 noch zusehends bestätigt wurde, muss nicht extra betont werden.

Auch institutionell suchte man noch im 19. Jahrhundert diese neue, kommunale Geschichtsschreibung zu etablieren. Am „Department for Ancient Indian History and Culture", am „Department of Islamic History" und am „Department for Ancient Indian History and Culture" (Kalkutta) skizzierten zahlreiche Publikationen ein Geschichtsbild Indiens, das die Moslems als Eindringlinge in den vom ‚kulturell höherstehenden Hinduismus' geprägten Raum Südasien auswies (Sharma 1990:6f). Die Ausbreitung des Islam wurde mit dem kulturellen Zerfall des Subkontinents gleichgesetzt (Chatterjee 1994:97, 102) und somit die Gegenwart zwingend zum Befreiungskampf nicht nur gegen die koloniale Bevormundung und wirtschaftliche Unterdrückung, sondern auch gegen das „Andere" innerhalb des eigenen Kulturraumes. Das historische Schema, das sich zunächst im 19. Jahrhundert orten lässt, zieht sich grundsätzlich und mit diversen Modifikationen bis in die indische Gegenwart durch. Die wissenschaftliche Auseinandersetzung mit Romila Thapar, Bipan Chandra, K.N. Panikkar und anderen an der Spitze, die um die permanente Korrektur dieses Revisionismus bemüht ist, verläuft bis heute äußerst intensiv und engagiert (vgl. D'Mello 1999).

Bereits im 19. Jahrhundert, in den Anfängen des Hindunationalismus, war klar, dass es einer Transformation dieser theoretisch ausgearbeiteten Geschichtsauffassung bedarf, um die darin artikulierten Anschauungen zu einem Politikum und damit zu einem den zusehends politisierten Massen des Landes zugänglichen Weltbild zu machen. Bereits am Ende des vorigen Jahrhunderts finden sich die ersten Mobilisierungen im Namen des Communalism, und zwar sowohl auf seiten der Hindus wie auf der der Moslems. Gemäß der dahinterstehenden Ideologie wurden dazu religiöse Symbole verwendet, die den Menschen aus ihrem Alltag zugänglich und bekannt waren und die es den politischen Führungspersönlichkeiten erlaubten, sich zusehends stärker und exklusiver als Sprecher einer Religionsgemeinschaft zu etablieren, die es vorher weder in dieser Einheit noch in dieser expliziten Position gegenüber einem „Anderen" gegeben hatte. Es veränderte sich gegen Ende des 19. Jahrhunderts die Struktur der Öffentlichkeit insofern, als immer größere Teile der Bevölkerung in die Politik der Straße involviert wurden und die Verwendung religiöser Symbole erlaubte es, die unmittelbare Lokalität zu übersteigen und an sich völlig unzusammenhängende, durch geographische Distanzen und unterschiedliche Interessen getrennte Bevölkerungsgruppen im Zuge der politischen Mobilisierung und im Sinne der „gemeinsamen Sache" zu vereinen (Freitag 1990:285). Ich werde einige dieser frühen Beispiele von religiösen Symbolen im Sinne der politischen Mobilisierung herausgreifen, um das Schema der Verwendung aufzuzeigen. Die genauer untersuchten Symbole des Bedrohens werden dann aber den 80er Jahren dieses Jahrhunderts entnommen, die bewusst in dieser hier skizzierten historischen Linie wahrgenommen und den Symbolen des Bedroht-Werdens gegenübergestellt werden sollen.

Im Fall des Hindunationalismus ist klar, dass nicht nur die religiösen Symbole, die Anlass zur Auseinandersetzung mit den Moslems boten, in ihrer neuen Konzeption eine Erfindung der politischen Agitatoren dieser Zeit waren und nach wie vor sind, sondern auch die Gruppe selbst eine solche Erfindung darstellt (Hobsbawm 1983:7). Es kann historisch in keiner Weise von einer einheitlichen Hindu- oder Moslemgemeinschaft gesprochen werden, da selbst die Moslems in Indien stets in Gruppen mit unterschiedlichen sozialen Strukturen und sogar religiösen Praktiken unterteilt waren. Die Anforderung, die daher an die zu benutzenden Symbole gestellt wurde, war eine der möglichst großen Reichweite in ihrer Botschaft, die keinesfalls inhaltlichen Debatten ausgesetzt werden durfte und die ein rasches Zustimmen zur Dringlichkeit des damit verbundenen Vorhabens ermöglichte. Es musste sich daher um hinreichend bekannte und äußerst zugängliche, weil einfache und in ihrem Inhalt möglichst lose bestimmbare Symbole handeln, die sich nur in einer Richtung eindeutig und unmissverständlich festlegen ließen, nämlich hinsichtlich des „Anderen", gegen die sie gerichtet waren. Es oblag schließlich dem einzelnen Teilnehmer, in das Symbol das hineinzulegen, was ihn in seinem Engagement für die jeweilige Sache bestärkte. Nur so konnten die Symbole des Bedrohens eine derartige Wirkung entfalten und so viele Menschen für das dahinterstehende politische Anliegen gewinnen.

Das erste Beispiel ist die *Cow Protection Movement* am Ende des 19. Jahrhunderts. Anlass dieser Bewegung war ein Erkenntnis des Gerichtshofes in Allahabad im heutigen Bundesstaat Uttar Pradesh 1882, der für diesen Verwaltungsdistrikt ein allgemeines Schlachtverbot für Rinder und Büffel erließ. Verschiedenste Hindu-Gruppierungen forderten daraufhin einen entsprechenden Erlass vom Obersten Gerichtshof, der ein derartiges Verbot landesweit bewirken sollte, was aber abgelehnt wurde (Pandey 1990:163f). Es wurden im Anschluss daran im gesamten Land, keinesfalls nur auf den nördlichen Teil Indiens beschränkt, der traditionell das Hauptgebiet der Verehrung der Kuh darstellt, Organisationen zum Schutz der Kühe und Büffel gegründet, die sich im städtischen ebenso wie im ländlichen Bereich fanden (Yang 1980:580f; Freitag 1980:603f, 617f). Sadhus und andere religiöse Führer sammelten vorwiegend in den Städten Geld für die Errichtung von Kuhställen. Der Arya Samaj, eine 1875 gegründete hindunationalistische Reformbewegung, verteilte gedruckte Regelbestimmungen für die neu gegründeten Organisationen zum Schutz der Kühe und Büffel, die von den Mitgliedern unter anderem einen entsprechenden Umgang mit den Kühen forderten, aber auch zur allgemeinen und regelmäßigen Beteiligung an religiösen Ritualen aufriefen, die die persönliche Religion stärken sollten (Freitag 1996:216f). Drei Motive zogen sich im Wesentlichen durch die Argumentation der Akteure, die die Bedeutung der Kuh für den Hindugläubigen hervorhoben und die Wichtigkeit ihres Schutzes darstellten. Zum einen wurde die Kuh zur „universalen Mutter" erklärt, die die Menschen nährt und ihnen Leben schenkt. Das Töten einer Kuh wurde daher metaphorisch zum Muttermord. Zweitens wurde die Verehrung der Kuh als das eigentliche Zentrum des Hinduismus interpretiert, was das Töten einer Kuh als direkten Angriff auf die Religion als solche deklarierte, und drittens positionierten sich die Moslems aus der Sicht der Akteure durch ihre Gewohnheit, Rindfleisch zu essen, automatisch als Gegner der Hindus (Pandey 1990:180). Es verwundert daher also nicht weiter, dass während dieser Bewegung nicht nur Kühe beschützt, sondern vor allem Moslems, Christen, aber auch Niederkastige und Unberührbare attackiert wurden, was deutlich zeigt, dass soziale Gräben innerhalb der neu erstandenen Hindugemeinschaft noch keinesfalls überwunden waren.

Worin liegt aber die symbolische Aussagekraft dieses Beispiels? Zunächst einmal in der Integrationskraft des Symbols der Kuh. Obwohl in den Vorfällen wie gesagt noch deutlich zu erkennen war, dass soziale Differenzen auch im Zeichen der Kuh nicht gänzlich überwunden wurden, so gelang es den Akteuren doch, ein verhältnismäßig großes Spektrum an sozialer Schichtung in die Bewegung miteinzubeziehen und das alte Schisma der sozialen Hierarchisierung der Hindus zumindest teilweise durch eine neues, nämlich das zwischen den Religionen, zu ersetzen (Freitag 1996:219). Das Symbol der Kuh wirkte also sozial integrierend und es verringerte auch die Distanz zwischen der hinduistischen Hochkultur der Brahmanen und dem gemeinen Volk der Gläubigen, jedenfalls für die Dauer der Bewegung. Zweitens beteiligten sich an dieser Bewegung sowohl städtische Bewohner als auch Bauern auf dem Land. Es gelang daher in einer für diese Zeit keinesfalls selbstverständlichen Weise, diese zunächst sehr unterschiedlichen Bevölkerungsgruppen für eine gemeinsame Sache zu mobilisieren und überregionale Einheiten herzustellen (Freitag 1980:603, 617). Drittens wurde eine zuvor private Angelegenheit, nämlich das Kuhschlachten, in den Raum der Öffentlichkeit verlegt und zum Diskursthema der Allgemeinheit erklärt (Brass 1991:78). Das Schlachten einer Kuh wurde von den Moslems aus Rücksicht gegenüber den Hindus, die dies auch duldeten, aus pragmatischen Gründen in strengster Privatheit durchgeführt. Nun aber wurde das jahrhundertealte Faktum des Schlachtens der Kuh zum öffentlich diskutierten Problem und zum schier unüberwindbaren Hindernis für eine friedliche Koexistenz.

Zusammenfassend kann man bezüglich des Symboles der Kuh festhalten, dass es gerade wegen der religiös inhaltlich losen Bestimmung dieses Symbols gelang, zuvor fragmentierte soziale Gruppen zu vereinen und entlang neu definierter ideologischer Linien zu versammeln. Lediglich über die Identifikation der Hindureligion mit der Kuh als heiliges Tier und deren Gefährdung durch

Andersgläubige wie den Christen und Moslems herrschte Einigkeit. Dies genügte aber und machte in ihrer Minimalität auch die Stärke des Symbols aus. Ein weiteres Beispiel für die frühe Symbolik der Hindunationalisten im Sinne des Communalism sind religiöse Feste und Prozessionen, die bereits im 19. Jahrhundert mit eindeutigem Hintergrund stark forciert und unterstrichen wurden. Religiöse Feste, die in ganz Indien mit großer lokaler Unterschiedlichkeit gefeiert werden, erfuhren durch den Hindunationalismus eine Verbreitung weit über den ursprünglichen geographischen Bereich hinaus. Ein Beispiel sind die Feste zu Ehren der Gottheit Ram, die vor der Umgestaltung durch die Sangh Parivar im Laufe des zwanzigsten Jahrhunderts im Süden des Landes praktisch keine Anhänger fanden. Mittlerweile sind diese Feste aber auch dort angesiedelt und werden jährlich mit viel Pomp gefeiert. Oder, um ein aktuelleres Beispiel zu nennen, das Ganesh Festival, das vor einigen Jahren in Hyderabad im südlichen Zentralindien völlig unbekannt war, erfreut sich nun, durch den Chief-Minister bewusst als hinduistischer Wir-Ritus initiiert, größter Beliebtheit (Talbot 1991:147f). Natürlich bleiben bei diesen Festlichkeiten gewaltsame Ausschreitungen keinesfalls aus. Ganz im Gegenteil wurden und werden in „religiöser" Begeisterung Moslems provoziert und attackiert. Diese Feste wie auch die Prozessionen stärkten das Gefühl der Einheit und Zugehörigkeit, sodass die neue Religiosität mit ihren ebenso neuen ideologischen Inhalten zum persönlichen Glaubenserlebnis und die „kulturelle Reform", wie sie im 19. Jahrhundert der Arya Samaj und etwas später die Hindu Mahasabha anstrebten, zum Alltag wurde.

Ein letztes Beispiel noch für die frühen Kontroversen und ihre symbolischen Ausprägungen. Gegen Ende des 19. Jahrhunderts intensivierte sich eine Debatte über die möglichen Perspektiven der neu gegründeten öffentlichen Schulen (Pandey 1990:207). Hindi und Urdu, die beiden eng verwandten Sprachen der Hindus und Moslems, wurden zu dieser Zeit von beiden Bevölkerungsgruppen sowohl in persisch-arabischen Buchstaben wie auch im Devanagari-Alphabet geschrieben. Nun stellte sich die Frage, welche der beiden Schriften in den öffentlichen Schulen zu lehren sei, da man das Persisch-Arabische eher mit dem Islam, das Devanagari hingegen mit dem Sanskrit verband, von dem dieses Alphabet auch abstammt. Die daraus entstehenden Ängste sind wohl bekannt. Die moslemische Minderheit fürchtete eine „Sanskritisierung" des Landes, wohingegen die Hindu-Eliten eine heraufbrechende Dominanz des Islam und dessen persisch-arabischen Alphabets an die Wand malten (Brass 1991:83f). Mit diesen drei Beispielen von frühester, kommunaler Mobilisierung fasse ich abschließend die allgemeinen Charakteristika der „imagined communities" der Hindus und Moslems zusammen, die auch den folgenden Betrachtungen der Symbole des Bedrohens in den 1980er und 1990er Jahren zu Grunde gelegt werden, sodass die historische Kontinuität, aber auch die qualitative Neuheit dieser sichtbar wird.

Erstens entstanden diese „imagined communities" in entscheidender Weise nur im Anfangsstadium in Opposition zum kolonialen Staat, um sich dann ausschließlich durch das gegenüberliegenden, innerindische „Andere" zu verstehen, das ihren deutlichsten Wesenszug ausmacht. Schon sehr früh begann ein wesentlicher Teil der nationalistischen Denker im Sinne der eigenen kulturellen Domäne und Stärke die hinduistischen Elemente der Kulturen Indiens als Rückgrad der Nation zu propagieren, was notwendigerweise eine Abwertung oder zumindest eine Relativierung der inneren Vielfalt der Kolonie mit sich brachte. Zweitens rekrutieren die Akteure ihre vordergründigen Motive ausschließlich aus dem religiösen Bereich, die auch die Anknüpfungspunkte der Ideologie im Lebensbereich des Einzelnen bilden. Die Einbeziehung der breiten Masse der Bevölkerung in die politischen Anliegen des Nationalismus war noch in einem sehr frühen Stadium, sodass nach einem geeigneten Zugpferd im breiten Engagement für eine politische Sache gesucht wurde. Dieses Zugpferd bot die Religion, die in hohem Maße das Leben der Menschen bestimmte, ihre Kosmologie und weltlichen Kategorien ausmachte. Drittens bleiben die daraus entstehenden religiös konnotierten, ihrem Wesen nach aber politischen Forderungen der „imagined community" nicht im Privaten, sondern transformieren sich in breitenwirksamer Weise in die sich neu konstituierende Öffentlichkeit. In den 1980er Jahren geschieht dies dann freilich unter Zuhilfenahme von modernsten Technologien wie dem Internet, dem TV und der Presse. Viertens nehmen diese Gemeinschaften einen Raum in der Öffentlichkeit ein, den sie durch die Besetzung von Orten der öffentlichen Aufmerksamkeit beanspruchen, wie etwa Tempel, Moscheen oder sonstige religiös wichtige Stätten. Im Vergleich zu ihrer Stärke bezogen auf die aktiven Teilnehmer sind diese öffentlich überrepräsentiert und vereinnahmen so den öffentlichen Diskurs. Fünftens gehört zum Repertoire dieser kommunalen Gemeinschaften und deren Aktionen auch die Gewaltanwendung, der zumeist Mobilisierungen in den Straßen vorausgehen und sich gegen das richten, was sechstens den eigentlichen Wesenszug dieser Gemeinschaften ausmacht, nämlich das „Andere", das fremde „Gegenüber", das zum eigentlichen Maßstab der Imagination der Gemeinschaft wird. Diese sechs Eigenschaften bilden seit dem Ende des 19. Jahrhunderts die Konstante der Akteure des Communalism, die sich im Laufe des 20. Jahrhunderts stark ausbreiteten, in Scharen Mitakteure anwarben und in den 80er und 90er Jahren als Mobilisierer der Massen entscheidend in die Politik des Landes eingriffen.

3.3. Symbolische Bedrohung mit realen Konsequenzen – Zwei Beispiele der jüngsten Zeitgeschichte

Nachdem im vorangegangenen Rückblick in die Kolonialgeschichte Indiens die Anfänge der Symboliken des Bedrohens ausgemacht wurden, wende ich mich nun der jüngsten Zeitgeschichte des Landes zu und suche dort nach einem symbolischen und demnach auch ideologischen Pendant zu den bereits erläuterten Symbolen des Bedroht-Werdens, die aus dem global Fremden bestanden und die die deklarierten Gruppen der Sangh Parivar zum Protest gegen dieses „Andere" veranlassten. Daraus ergibt sich jener zeitliche Rahmen, der für die Auswahl der hier näher zu besprechenden Symbole entscheidend war, nämlich die 80er und 90er Jahre dieses Jahrhunderts, der notwendig erscheint, um die inhaltlichen und ideologischen Parallelen zwischen den beiden unterschiedenen Gruppen von Symbolen aufzeigen zu können.

Im weiteren Verlauf der Untersuchung wird das Augenmerk vor allem auf die politischen Ereignisse der jüngsten Zeitgeschichte des Landes gelenkt, wie das auch bisher implizit gemacht wurde, da die Politik der primäre Hintergrund der Analyse der Symbole ist und auch bleibt. In diesem Sinne stelle ich den nun folgenden Erörterungen eine methodische Vorbemerkung voran, die das Verhältnis von Religion, aus deren Bereich die gewählten Symbole stammen, und Politik in meinem Verständnis noch einmal verdeutlicht. Bereits in den Anfängen der politischen Mobilisierung im Sinne nationaler Zielsetzungen in der kolonialen Epoche wurde die zentrale Stellung religiöser oder zumindest religiös konnotierter Symbole ersichtlich, die seit dieser Zeit die zentralste Stellung vor allem in der Politik des Communalism einnahmen. In inhaltlich stark alternierender Weise wurden Symbole aus dem Bereich der Religion von M.A. Jinnah und Mahatma Gandhi bis herauf zu Indira und Rajiv Gandhi im Sinne der eigenen politischen Zielsetzungen ge- und missbraucht, sodass wir uns mit dem versuchten Blick auf die Rolle der religiösen Symbole in der jüngsten politischen Geschichte Indiens in einer historischen Tradition der Politik des Landes wissen dürfen, die sehr unterschiedliche politische Realitäten bis hin zu den Katastrophen der kommunalen, d.h. interreligiösen Gewalt schuf. Daher kann in den folgenden Darstellungen der Bereich der Religion nicht von dem der Politik getrennt werden, sondern vielmehr muss die enge Interaktion beider hervorgehoben und, um es mit V. Turner (zit. nach Veer 1988:44) zu sagen, der Bereich der Pragmatik mit dem der Symbolik verbunden werden. Dieses Anliegen durchzieht ebenfalls das Werk von Peter van der Veer, der in bemerkenswerter methodischer Präzision über das Verhältnis der Politik und der Religion in Indien publiziert hat und an mehreren Stellen seines Werkes erinnert, wie wenig Sinn es für Indien macht, die anthropologische Analyse der Religion und ihre Rolle in der Gesellschaft nicht auf den Bereich der Politik auszudehnen, da Religion in Indien politisch organisiert und auch zu einem erheblichen Teil politisch motiviert ist und die symbolischen Formationen und Handlungen ohne die direkten Implikationen der Politik nicht verstanden werden können (Veer 1987:284; 1988:51f; 1994:67). Welche religiösen Symbole für die politische Mobilisierung ausgewählt werden und welche ideologische Bedeutung diesen dabei zukommt, kann nur mit Referenz auf die Politik selbst ausgemacht werden, die ihrerseits wiederum auf das politische und religiöse Selbstverständnis der Mobilisierten zurück wirkt. Demnach ist es für die Symbole des Bedrohens wichtig, bereits im religiösen Umfeld der Zielgruppe existent zu sein. Politisch instrumentalisierte Symbole sind stets dem Erfahrungsbereich der Menschen selbst entnommen, zum anderen jedoch offen für eine inhaltliche und ideologische Überarbeitung, die die Anpassung an die dahinterstehende politische Botschaft erlaubt und sie somit in den Dienst der Mobilisierer stellt. Diese ideologische Umgestaltung bedeutet in diesem Fall, da ja nur das Feld des Hindunationalismus erörtern wird, stets eine Radikalisierung und auch striktere Finalisierung der Symbolik, die den „Anderen" deutlicher sichtbar macht und das Postulat seiner politischen Bekämpfung formuliert.

Mit diesen methodischen Klärungen im Vorfeld kann nun die exemplarische Besprechung einiger Symbole des Bedrohens beginnen. Mit dem Beispiel der heiligen Stadt Ayodhya, das wohl wirkmächtigste Symbol der letzten zwei Jahrzehnte in der politischen Geschichte Indiens, beginnt die symbolische Spurensuche.

3.3.1. Ayodhya – Der Geburtsort Rams

Etwa 120 Kilometer östlich der Hauptstadt des Bundesstaates Uttar Pradesh, Lucknow, liegt die heilige Stadt Ayodhya, die in den letzten zwei Jahrzehnten häufig Anlass zu landesweiten Kontroversen und Gewaltausbrüchen zwischen Hindus und Moslems wurde und deren ungeklärtes Schicksal bis heute politisches Thema ist. Um die Brisanz des Ortes und die daraus entstandenen Auseinandersetzung zwischen den beiden Religionsgruppen zu verstehen, ist ein Blick auf den mythologischen Gehalt dieser Stadt hilfreich. Der Mythos, der die Bedeutung Ayodhyas sowohl für die Hindus als auch für die Moslems ausmacht, besteht im Wesentlichen aus zwei Teilen. Zum einen ist dies die Geschichte der Stadt, als sie der Herrschersitz und die Reichshauptstadt der Gottheit Ram war und damit den Mittelpunkt jenes heute so beschworenen Goldenen Zeitalters bildete, das die Hindunationalisten im heutigen Indien wieder zu realisieren suchen. Der zweite Teil der Geschichte betrifft aber ihr weiteres Schicksal, also ihren Werdegang nach dem Zerfall des Reiches von Ayodhya, der bis in die heutige Zeit heraufreicht. Das, was mit Ayodhya in den 80er und 90er Jahren verbunden wurde, ist im Wesentlichen eine Synthese von religiösem Mythos, Geschichte im modernen Sinn und Politik, die die religiösen Assoziationen zu ihren Gunsten zu transformieren wusste und daraus das wichtigste Symbol des religiösen Nationalismus der Hindus machte (Bhattacharya 1991:132, 137). Zunächst also zur Mythologie.

Die beiden wichtigsten Quellen zur Mythologie von Ayodhya sind das in Sanskrit verfasste Epos *Ramayana* von Valmiki, das seine heutige Form zwischen 400 v.Chr. und 400 n. Chr. erhielt (Zimmer 1998:72), und das wesentlich jüngere, aus dem 17. Jahrhundert stammende *Ramcharitmanas* von Tulsidas (Veer 1988:4). Ich werde mich in der kurzen Beschreibung der Geschichte Rams in Ayodhya an der ursprünglicheren Version orientieren, die A.L. Basham (1967:414f) wiedergibt, da diese den Ausgangspunkt für alle weiteren Erzählungen und Überarbeitungen bildete.

Nach der Erzählung Valmikis also trug sich in Ayodhya in längst vergangenen Tagen Folgendes zu: Dashrath, der Herrscher über das Königreich von Koshala in Ayodhya, hatte von seinen drei Ehefrauen vier Söhne geschenkt bekommen, deren ältester Ram die Inkarnation des Gottes Vishnu war. Alle vier zogen zum Königshof von Janaka von Videha, wo es nur Ram gelang, einen mächtigen Bogen mit einem Seil zu bespannen und daher die Tochter des Königs, Sita, für sich zu gewinnen. Die beiden wurden vermählt und kehrten an den Hof seines Vaters zurück. Als Dashrath älter wurde und seine Tage gezählt waren, ernannte er Ram zu seinem Erben. Seine zweite Frau jedoch erinnerte den König an sein einstiges Versprechen, ihrem Sohn Bharat den Thron zu überlassen. Dashrath wehrte sich gegen diesen Einwand, als aber Ram selbst forderte, das Versprechen einzuhalten, übergab er Bharat den Thron und Ram ging zusammen mit seiner Frau Sita und seinem Bruder Lakshman ins freiwillige Exil. Bharat übernahm im Wissen um den rechtmäßigen Erben Ram vorübergehend den Thron, ehe Ram aus seinem Exil zurückkehren sollte. Im Wald von Dandaka bekämpfte Ram Dämonen, die Asketen und Bauern bedrohten. Eines Tages wieder auf der Jagd, drang der Dämon Ravana von der Insel Lanka (Sri Lanka) in den Wald ein und raubte Sita, die Frau Rams. Sugriva, der König der Affen, sicherte Ram seine Unterstützung zu und zusammen mit Hanuman, seinem General, zogen diese nach Lanka, wo sie Sita tatsächlich im Palast des Ravana fanden. Mit Hilfe der riesigen Armee der Affen baute Ram einen steinernen Damm von der Insel Lanka zum Festland und brachte Sita wohlbehalten nach Ayodhya zurück, wo Ram den Thron übernahm und weise regierte. Die Geschichte endet mit der Entscheidung Rams, mit der gesamten Bevölkerung Ayodhyas wieder in den Himmel zurückzukehren und damit wieder die Gestalt Vishnus anzunehmen, dessen Inkarnation (Avatar) er war.

Ayodhya wird in dieser Erzählung nicht nur als Geburtsort Rams (*Ramjanmabhoomi*) ausgewiesen, sondern auch als der Ort seiner Herrschaft, die eine glorreiche und gerechte war. Die Geschichte selbst beinhaltet an sich noch nichts Kontroversielles, sie gehört vielmehr zu den berühmtesten Texten der hinduistischen Mythologie und noch heute kennt ihren Inhalt in Indien nahezu jedes Kind. Den eigentlichen Anknüpfungspunkt der politischen Instrumentalisierung dieser Stadt bietet aber der zweite, bislang im Volksmund tradierte Teil des Mythos, der von einem Verschwinden der Stadt unmittelbar nach dem Zeitalter Rams spricht (Bhattacharya 1991:134). Ihre ursprüngliche Lage war lange Zeit unbekannt und wurde nach klassisch hinduistischer Zeitrechnung erst in unserem Zeitalter durch den sagenumwobenen König Vikramaditya wieder entdeckt. Eine Kuh, die an der Stelle der einstigen Geburt Rams Milch verlor, verriet dem König den Platz der Stadt und auch den genauen Ort der Geburt Rams. An dieser Stelle beginnt nun der mythische Weg der Kontroverse. Vikramaditya errichtete nämlich, so der Mythos, genau an dieser Stelle einen Tempel, der in altem Glanz den Geburtsort Rams markieren und den Pilgern aus dem ganzen Land einen Ort zur Anbetung

Rams bieten sollte. Als der vermeintliche Geburtsort eines Gottes wurde der Tempel Ramjanmabhoomi zu einer der wichtigsten Stätten in der ganzen Stadt und erst im 16. Jahrhundert, so die Erzählung, wiederum Gegenstand der Geschichte (Veer 1988:21). Der Moghul-Herrscher Babar zerstörte nämlich eben diesen Tempel und errichtete an seiner Stelle eine Moschee, die Babri-Moschee, nachdem ihm die Fakire von Ayodhya zusagten, seine Wünsche bezüglich der Herrschaft über Indien zu erfüllen, wenn er den Tempel durch eine Moschee ersetzte. Selbst um die Errichtung der Moschee ranken sich Geschichten, wonach die Erbauer erhebliche Schwierigkeiten hatten, da die Arbeit des Vortages durch höhere Gewalt am nächsten Morgen wieder zerstört war. Erst als Babar den Platz der Moschee etwas nach hinten versetzte und somit den Geburtsort Rams freiließ, gelang das Bauvorhaben und die Kuppeln der Moschee erstrahlten über der Stadt. Diese beiden Elemente, die Bedeutung Ayodhyas als Geburts- und Herrschaftsort Rams und die Moschee am Platz des einstigen Tempels, der den Geburtsort des Gottes markierte, bilden den inhaltlichen Hintergrund der nun bald 150 Jahre dauernden Kontroverse zwischen Hindus und Moslems.

Wesentlich älter als die Kontroverse über Ayodhya ist hingegen die Bedeutung der Stadt als Pilgerzentrum und heiliger Ort der Jains, der Buddhisten und auch der Moslems. Jains verehren den Ort als den Geburtsort ihres ersten, zweiten, vierten und fünften *Tirthankara*, jenen historischen Persönlichkeiten im Glauben der Jains, die den Status der Erlösung bereits erlangt haben (Zimmer 1998:171ff). Buddhisten ist Ayodhya aus ihrer Mythologie als einer der ältesten Orte ihrer Religionsgeschichte bekannt und die Moslems finden in Ayodhya neben der Babri-Moschee auch das Grab von Noah (Veer 1988:10). Hindus pilgern natürlich hauptsächlich nach Ayodhya, da der Stadt als *Tirtha* eine herausragende Stellung in der religiösen Kosmologie zukommt (Veer 1994:121). *Tirtha* ist ein Berührungspunkt zwischen Himmel und Erde, ein Platz, wo sich die Sphäre der Transzendenz der Götter mit der menschlichen Sphäre der Immanenz vereint und so dem Menschen Gelegenheit bietet, den Göttern seine Ergebenheit zu erweisen. *Tirtha-Yatras*, also die Pilgerreisen zu derartigen Plätzen, fördern nicht nur die eigene Konstitution im Glauben, sondern sind zudem eine hervorragende Gelegenheit, die Solidarität zwischen den Gläubigen selbst zu stärken.

Die Bedeutung Ayodhyas als religiöses Zentrum der Hindus kann in etwa erahnt werden, wenn man sich die einzelnen religiösen Stätten der Verehrung innerhalb der Stadt vor Augen führt. Die Stadt ist mit all ihren Tempeln und Anlagen die anthropomorphistische Manifestation des Mythos um die Gottheit Ram und einen Spaziergang durch Ayodhya erlebt man wie den Gang durch die einstige Hauptstadt des Königreiches, von dem nicht einmal in Ansätzen irgendwelche Bauten, geschweige denn Pläne erhalten sind. D. Eck (zit. nach Veer 1988:6) nannte diese Art der Pilgerreise „sacred sight-seeing" und umschrieb damit die Eigenart des Anspruches dieser Orte, das Leben und damit auch das an sich mythologische Geschehen ohne Verfälschung wiederzugeben und damit die Mythologie zur Geschichte zu erheben. Da gibt es zum Beispiel den *Janmasthan* Tempel (Veer 1988:22), in dem die Küche von Sita, der Ehefrau des Gottes Ram, besichtigt werden kann oder etwa *Dantadavanakund*, ein kleiner Wassertank inmitten der Stadt, wo Ram pflegte, sich seine Zähne zu putzen (Veer 1988:24). Es erscheint aufgrund dieser anthropomorphistischen Darstellungsweise des Mythos um Ram in religiöser Hinsicht keinesfalls erstaunlich, den Anspruch zu erheben, tatsächlich genau zu wissen, wo Ram einst geboren wurde und dass es daher nur legitim erscheint, den als historisch titulierten Geburtsort vom „Kerker" der Moschee zu befreien. Genau dies ist nämlich die Rhetorik, die die Sangh Parivar, besonders die VHP, in der Kontroverse um die Babri-Moschee stets formulierte. Das dann im Sinne der politischen Instrumentalisierung weiterentwickelte historische Modell greift genau diese anthropomorphistische Darstellungsweise auf und erhebt damit nicht nur den Mythos des Lebens Rams in den Stand der Historie und verbindet in einzigartiger Weise die Ideologie der Hindutva und ihr Goldenes Zeitalter mit dem Raum des heutigen Indien. Diese „räumliche Strategie" (Deshpande 1995:3221) der Hindunationalisten erklärt damit Stätten wie Ayodhya zu zentralen Orten der Realisation ihrer Ideologie, der Kampf um den Geburtsort Rams wird damit zum Paradigma des „Überlebenskampfes" der Hindus, der gegen das Fremde im eigenen Land geführt wird. Die Kontroverse um Ayodhya wird zur Kontroverse *der* Hindus mit *den* Moslems. Dieses historische Modell weiß zudem von einer kontinuierlichen Kontroverse bezüglich des Geburtsortes Rams zwischen Hindus und Moslems von der Errichtung der Babri-Moschee an bis heute zu berichten, sodass der Konflikt der Gegenwart lediglich der Kulminationspunkt eines seit Jahrhunderten andauernden Emanzipationsprozesses der Hindus gegenüber den Moslems erscheint.

In zahlreichen Artikeln der Zeitschrift *Organiser* vor allem in der zweiten Hälfte der 80er Jahre belehrt man den Leser über die angebliche historische Authentizität des Ortes Ayodhya und den damit verbundenen Ansprüchen und ereignisgeschichtlichen Darstellungen. Der *Organiser* ist, wie bereits kurz erwähnt, das wohl bedeutendste mediale Sprachrohr der RSS, mit dem die Organisation ihre Tochtergemeinschaft, die VHP, die der Hauptträger der Ayodhya-Kampagne in den 80er und 90er Jahren war, ideologisch unterstützte und jene Parolen zu verbreiten suchte, die auch den Kern der Kampagne der VHP bildeten. „True histories" und „authentic historical facts" (Bhattacharya 1991:124f) beanspruchte die Zeitschrift für sich und spiegelte damit theoretisch den Anspruch wider, den die VHP und auch die RSS mit ihrer Kampagne zur Zerstörung der Babri-Moschee praktisch durchzusetzen versuchten.

Worin bestand aber nun inhaltlich diese „invented tradition" der Stadt Ayodhya? Die mythologischen Grundlagen, die im Wesentlichen das Fundament der weiteren politischen Instrumentalisierung und ideologischen Überarbeitung bildeten, wurden bereits dargestellt. In zahlreichen historischen Publikationen, deren Autoren nur teilweise ausgewiesen und die allesamt in Ayodhya selbst erschienen sind, versuchten die Ideologen der RSS und VHP, ein neues, in seinen Ansprüchen aber traditionelles Geschichtsbild über Ayodhya zu propagieren, das an inhaltlicher Eindeutigkeit keinen Zweifel offen lässt. Gyanendra Pandey (1995:373f) hat sich um eine inhaltliche Zusammenfassung dieser Schriften bemüht und ein Schema der Darstellungsweise expliziert, das einer näheren Betrachtung wert ist, da es den Anspruch, der sich aus diesem Schema ergibt, deutlich erkennen lässt, der schließlich auch die Rechtfertigung für die politischen Mobilisierungen zur „Befreiung von Ayodhya" lieferte. Diese Chronologie der mutmaßlichen Ereignisse in Ayodhya begann vor genau 900.000 Jahren, als in der Stadt Ram geboren wurde und seine Biographie wie beschrieben ihren Lauf nahm. Irgendwann zwischen dieser Zeit und dem ersten Jahrtausend v.Chr. wurde der antike Tempel zerstört und die Geschichtsschreibung verlor die Spur zur Stadt. Ayodhya ging als fassbarer, geographischer Ort verloren. Im ersten Jahrhundert v.Chr. hingegen entdeckte der sagenumwobene König Vikramaditya Ayodhya wieder und erbaute den wundersamen Tempel der Geburtsstätte Rams (Ramjanmabhoomi), der schließlich 1528 von Babar, dem moslemischen Mogul, zerstört wurde. Die nun folgende Zeit der Mogulherrscher in Indien begreift diese Chronologie als eine nicht abreißende Kette der Attacken von Hindus, die die Befreiung des Geburtsortes zum Ziel hatten, die aber allesamt scheiterten. Die Attacken sind in ihrer Zahl genau ausgemacht und erreichten unter Akbar und Aurangzeb ihren Höhepunkt. Bis in die Gegenwart herauf, so suggeriert die Darstellung, seien die Proteste nicht verstummt und seit der Mitte der 80er Jahre habe die Bewegung eine Größe angenommen, die die Wiedererrichtung des einstigen Tempels anstelle der Moschee in greifbare Nähe rücken lässt.

Bemerkenswert an dieser Darstellung ist zum einen die beanspruchte historische Exaktheit, mit der die Ereignisse in Ayodhya rekonstruiert werden. Selbst die metaphorische Zeitangabe von 900.000 Jahren wird in diesem Schema in die Reihe „historischer" Daten gestellt und damit gleich behandelt wie etwa das historisch gesicherte Datum des Auftretens Babars in Ayodhya 1528. Den Anfang nimmt die Geschichte demnach in einer Zeit und mit einem Ereignis, nämlich dem Leben Rams, das der menschlichen Sphäre und ihrer historischen Fassbarkeit an sich entrückt ist und das die Stadt gemäß der hinduistischen Kosmologie ins Jenseits von Raum und Zeit rückt. Der Pilger aber ist an einer derartigen Unterscheidung zwischen der Historie und dem Mythos weniger bis gar nicht interessiert (Veer 1988:16). Sein Glaubensbild vereint beide Dimension des Erzählens miteinander und lässt ein Gesamtbild von der Größe der Stadt entstehen, das durch alle Zeiten hindurch seine Gültigkeit hat.

Zum anderen dient diese Darstellung dem Bewusstsein der Teilnahme an einer historischen Mission, wenn sich in den 80er Jahren die Bewegung zum Bau des Tempels in Ayodhya zusammen fand und für die historisch längst überfällige Sache kämpfte (Pandey 1995:374). Der Tempel ist demnach der Ausgangspunkt allen Geschehens, historisch wie gegenwärtig ist er der rote Faden der Geschichte und in ihm wird sie auch ihre Erfüllung finden, für die man in den 80ern mobilisierte. Auf akademischer Ebene hat sich als Reaktion auf die ideologischen Behauptungen der VHP und der RSS bezüglich der historischen Evidenzen eine heftige Debatte entwickelt, die versucht, die maßlosen Ansprüche hinsichtlich der Geschichte Ayodhyas zurückzuweisen. Die zu diesem Zweck angestellten historischen Reflexionen wurden bis zum Leben Rams zurück betrieben, um die Pluralität der religiösen Traditionen aufzuzeigen, die ihrerseits bereits eine eindeutige und homogene Darstellung des Mythos verneinen (Thapar 1991). Weiters ist die Identifikation des heutigen Ayodhya mit der einstigen antiken Herrscherstadt keinesfalls gesichert (Panikkar 1991a:23f) und erhebliche Zweifel bestehen zudem hinsichtlich der Behauptung, der moslemische Herrscher Babar hätte am Ort des einstigen Tempels des Ramjanmabhoomi die Moschee erbaut. Denn obwohl zutrifft, dass im Gemäuer der Moschee Säulen mit nicht-moslemischen Motiven eingearbeitet wurden, verweist dies keinesfalls zwingend auf die Zerstörung eines an diesem Ort gestandenen Tempels. Eine alternative Erklärung wäre, dass für den Bau hinduistische Handwerker angeworben wurden oder aber altes Baumaterial aus irgendwelchen sonstigen Hindu-Gebäuden mit keinerlei religiöser Bedeutung verwendet wurde. Die genaue graphische Gestaltung dieser Säulen lässt zudem eher auf Jain-Motive schließen, die ihrerseits die These von der Zerstörung des Tempels widerlegen würden (Gopal 1991:11). Die Einwände sind also zahlreich gegenüber der eindeutigen und scheinbar so sicheren Darstellung der Geschichte durch die Hindunationalisten. Aufgrund der hier kurz erwähnten Einwände muss der Charakter der Erfindung dieser „Tradition Ayodhyas" hervorgehoben werden, der natürlich politisch motiviert war und dem Zweck der Mobilisierung und politischen Etablierung bestimmter Gruppen und Parteien diente, was nun ereignisgeschichtlich näher beschrieben wird. Die Auseinandersetzung um den Geburtsort Ram hat selbst wiederum große Tradition, sodass zunächst ein kurzer Blick in die Geschichte Sinn macht, ehe die Zuspitzung der Ereignisse in den 80er und 90er Jahren das Thema ist.

Romila Thapar (1989:214) betont hinsichtlich der Bedeutung Ayodhyas als Pilgerort und heilige Stätte der Verehrung Rams, dass es nicht vor dem 16. Jahrhundert gewesen ist, dass die Stadt eine Bedeutung in der sakralen Topographie der Hindus erhielt. Auch R.S. Sharma (1990:9) sieht die ersten Anzeichen eines bedeutungsvollen Ram Tempels erst in dieser Zeit entstehen. Für lange Zeit also war die Bedeutung Ayodhyas als Pilgerstätte anderen Stätten der kultischen Verehrung eindeutig untergeordnet und von einer Fokussierung der religiösen und auch politischen Aufmerksamkeit auf diesen Ort kann überhaupt erst seit dem 19. Jahrhundert gesprochen werden. Es herrscht unter den Historikern heute weitgehender Konsens darüber, dass die Kontroverse um die Zerstörung eines Ram-Tempels vor der Errichtung der Babri-Moschee eine Thematik ist, die erst im 19. Jahrhundert auf breiter Basis die Öffentlichkeit zu beschäftigen begann (Hasan 1991:111). Die Babri-Moschee bot lange Zeit hindurch sowohl den Moslems als auch den Hindus die Möglichkeit, ihren Riten am vermeintlichen Ort der Geburt Rams nachzugehen. Die Hindus wurden dabei von den Moslems räumlich getrennt und konnten, freilich außerhalb der Moschee aber noch auf dem Gelände des Ramjanmabhoomi, ihren Gott Ram verehren. Die erste wesentliche Kontroverse darüber gab es 1855, als die Moslems die frühere Existenz einer Moschee an der Stelle des heutigen Hanuman Tempels in Ayodhya behaupteten und dessen Öffnung für die moslemische Verehrung forderten. Sie attackierten daraufhin die sich im Geländer der Babri-Moschee aufhaltenden Nagas, also im Kampf erprobte Sadhus. Die Bilanz waren mehr als 70 getötete Moslems, was die Briten noch im nächsten Jahr zur strikten räumlichen Trennung der Hindus von den Moslems durch einen Zaun auf dem Gelände der Babri-Moschee veranlasste (Davis 1996:38; Veer 1988:38f). Auch während der bereits besprochenen Cow Protection Movement kam die Moschee wiederum zwischen die Fronten der Hindus und Moslems und sowohl 1912 wie auch 1934 brachen schwere Unruhen um die Babri-Moschee aus, nachdem radikale Hindus die Freigabe der Moschee für ihre religiösen Riten forderten. Trotz der Intervention der Armee kamen dabei allein 1934 hunderte Moslems ums Leben.

Die unmittelbare Vorgeschichte zu den Ereignissen in der jüngsten Zeitgeschichte Indiens begann jedoch erst 1949, als die Kontroverse um die Babri-Moschee zum ersten Mal weitere politische Kreise zog. In der Nacht vom 22. auf den 23. Dezember tauchte plötzlich ein Abbild Rams im Vorhof der Moschee auf, die an sich von einer bewaffneten Wachmannschaft vor Übergriffen geschützt wurde. Die Neuigkeit von der „Erscheinung Rams" in der Moschee verbreitete sich wie ein Lauffeuer in der Umgebung und von der Seite der Hindus sah man den Moment der Freigabe der Moschee gekommen. Die weitere Konsequenz dieses Ereignisses waren örtliche Gewalttaten, die nur mit großem Polizei- und Armeeeinsatz unter Kontrolle gebracht werden konnten, wobei beiden Religionsgemeinschaften der Zutritt zur Moschee verweigert wurde. Shyam Sundarlal Dar, der Polizeipräsident von Faizabad, der nächstgelegenen größeren Stadt, ordnete die sofortige Beseitigung des Abbildes aus der Moschee an. Der zuständige Magistrat des Distriktes Ayodhya hingegen, K.K.K. Nair, verweigerte dies mit dem Verweis auf weitere zu erwartende Unruhen im Falle der Beseitigung des Abbildes Rams. Nair war aktives Mitglied der RSS, die die Übergabe der Moschee an die Hindus breit unterstützte, und musste nach diesem Vorfall von seinem Posten zurücktreten (Jaffrelot 1996:93; Veer 1988:41). Das Abbild aber blieb in der Moschee, die Polizei brachte ein Schloss an ihren Pforten an und verbot jegliche religiöse Handlung. Ein *Ram Janmabhumi Seva Commitee* wurde gegründet, das die Ermöglichung der Verehrung des Abbildes im Inneren der Moschee forderte und alljährlich in der Nacht vom 22. auf den 23. Dezember einen Gedenkgottesdienst abhielt.

Ayodhya wurde durch diesen Zwischenfall zu einem auch in politischer Hinsicht höchst brisanten Thema und die Qualität der Auseinandersetzung sollte sich mit 1949 deutlich verändern (Panikkar 1993:63). Die Sangh Parivar nutzte dieses Thema zur weiteren gesellschaftlichen Etablierung und der BJP sollte die Kontroverse um Ayodhya massenhaften Zuspruch in der Wählerschaft bringen. Jawaharlal Nehru erkannte bereits 1949 die politische Tragweite dieser Auseinandersetzung und beauftragte den Chief Minister der United Provinces, Govind Ballabh Pant, sich der Sache persönlich anzunehmen. In einem Brief an Pant vom 5. Februar 1950 äußerte sich Nehru äußerst besorgt über die möglichen Folgen dieser Unruhen und die Ausbreitung der kommunalen Ausschreitungen weit über den Distrikt von Ayodhya hinaus (zit. nach Gopal 1991:16). Er bemerkte zudem negativ, dass die Kontroverse um Ayodhya beginne, die gesamte Politik und auch das Image Indiens mitzuprägen. Der offensichtliche Grund seiner Sorge war das Wissen um die Mittäterschaft mancher Congress-Politiker, die mit eindeutigen, politisch opportunen Stellungnahmen in dieser Angelegenheit auf lokaler Ebene breite politische Zustimmung suchten. Der bereits erwähnte K.K.K. Nair schlug beispielsweise in einem Brief an seinen Vorgesetzten, den Chief Minister der United Provinces, vor, den Status quo eben nicht mehr wieder herzustellen, sondern die Moschee „unter einstweilige Verfügung zu stellen und sowohl den Hindus wie auch den Moslems ... *außer einigen Verantwortlichen des Hindu-Gottesdienstes* den Zutritt" zu verwehren (zit. nach Schied 1994:606). In beunruhigender Vorahnung und in Analogie zur interreligiösen Katastrophe der Teilung des Subkontinents drei Jahre zuvor meinte Nehru noch im selben Jahr angesichts des offensichtlichen Opportunismus mancher Politiker: „I fear that we are heading again for some kind of desaster!"

Wie Nehru erkannte, hörte Ayodhya damit auf, eine lokale Angelegenheit zu sein und entwickelte sich zum Politikum ersten Ranges, das landesweit verheerende Folgen haben würde, wenn es den Interessensgruppen dahinter, der RSS und ihren Tochterorganisationen, gelänge, die Mobilisierung im Kampf um Ayodhya zum nationalen Anliegen zu erheben. Genau dieses Anliegen verfolgte die VHP seit ihrer Gründung im Jahre 1964, die Moschee blieb aber unter schwerer Polizeibewachung abseits der nationalen Aufmerksamkeit, ehe 1984 die Kontroverse neuen Wind in ihre Segel bekam und die politische Instrumentalisierung voll einsetzte.

Wie im Kapitel über die VHP bereits dargestellt, trat im April 1984 zum ersten Mal die von ihr ins Leben gerufene Synode der religiösen Vertreter Indiens, die *Dharma Sansad*, zusammen und debattierte die Kontroverse um die Befreiung der Moschee in Ayodhya. Die Abschlusserklärung dieser ersten Zusammenkunft enthielt schließlich auch die Forderung der Übergabe der Moschee an die Hindus und die VHP verknüpfte damit sofort die Wiedererrichtung des Hindu-Tempels an dieser Stelle (Jaffrelot 1996:363). Am 27. Juli gründete die VHP das *Sri Ramjanmabhoomi Mukti Yagna Samiti*, ein Komitee, das die Befreiung des Geburtsortes Rams vorbereiten und auch durchführen sollte. Die erste organisatorische Leistung dieses Komitees war eine Yatra, also eine Pilgerreise durch den Norden Indiens, die am 6. Oktober das Ufer des Saryu in Ayodhya erreichte. Den Kopf des Umzuges bildeten Wagen, die die Abbilder von Ram und Sita transportierten und nach Ayodhya brachten. Interessant ist dabei, dass die Zahl der erwarteten Teilnehmer von 100.000 bei weitem nicht erreicht wurde und so versammelten sich an der Plattform am Flussufer nur etwa zwischen 5.000 und 7.000 Menschen, die andächtig vor den riesigen Abbildern der Gottheiten der Dinge harrten, die da geboten wurden. Die ersten beiden Redner an diesem Morgen waren beide Mitglieder und Mitorganisatoren der VHP, die die Audienz über das Ziel der Veranstaltung aufklärten, nämlich Ram von seinem „moslemischen Gefängnis" zu befreien (Veer 1987:291). In einer Reihe mit Ayodhya wurden auch noch zwei weitere heilige Stätten der Hindus genannt, die ebenfalls aus den Händen der „Anderen" befreit werden sollte, nämlich Krishnas Geburtsort in Mathura und der wichtige Viswanath Tempel Shivas in Benares. Die Redner, unter denen übrigens auch ein ehemaliger Congress-Politiker war, beklagten, dass Hindus seit der Unabhängigkeit „Bürger zweiter Klasse" im eigenen Land wären, denen kein Zugang zu ihren heiligsten Stätten gewährt würde. Sie riefen daher die Gefolgschaft der Pilgerreise dazu auf, politisch jene Parteien zu unterstützen, die sich für eine Beseitigung dieses Unrechts einsetzen würden (Veer 1987:293). Dieser Aufruf kann in dieser Zeit noch nicht als direkte Wahlwerbung für die BJP, dem späteren politischen Flügel der Sangh Parivar, gesehen werden, da sich die Partei noch keinesfalls gänzlich in die ideologische Reihe der Hindutva-Kräfte eingeordnet hatte und zu diesem Zeitpunkt durchaus noch offen war, ob nicht etwa der Congress das Anliegen der VHP politisch besser zu realisieren vermochte, noch dazu, wo die BJP noch eine marginale politische Kraft im Land war und es zahlreiche Congress-Persönlichkeiten auf höchster Ebene gab, der der Hindutva-Ideologie im Sinne des politischen Profits keinesfalls abgeneigt waren. Der Aufruf war also vielmehr als ein Druckmittel an die säkularen Parteien des Landes zu verstehen, die Hindu-Sache nicht zu vernachlässigen.

Die Zahl der Teilnehmerschaft ließ aber organisatorische Schwächen der VHP erkennen, die in den nächsten Jahren noch beseitigt werden sollten. Die Kampagne verschwand zudem rasch von der politischen Bühne, da die Ermordung Indira Gandhis am 30. Oktober den Kampf der Hindunationalisten weg von den Moslems hin zu den Sikhs verlagerte, der in Delhi und anderen Städten Indiens zahlreiche Massaker unter den Anhängern dieser Religionsgemeinschaft auslöste. Die VHP musste also ihr Programm zur Befreiung des Ramjanmabhoomi vorerst wieder abbrechen, ehe es überhaupt angelaufen war.

Der politische Druck der Sangh Parivar in der Kontroverse um Ayodhya erhöhte sich kontinuierlich. Ende 1985 wurde ausgehend von der RSS und der VHP der Regierung des Landes ein Ultimatum gestellt, bis zum April 1986 das

Schloss von den Pforten der Moschee zu entfernen. Etwa zur gleichen Zeit wurden die Forderungen wichtiger fundamentalistischer Moslemgruppen des Landes nach einem gesonderten Scheidungsrecht für Moslems lauter, die sich am Fall der Unterhaltszahlungen für die geschiedene Moslima *Shah Bano* entzündet hatten. Der Staat sah sich von beiden Seiten, sowohl von der moslemischen Orthodoxie als auch von der Sangh Parivar, zur Handlung in ihrem Sinn genötigt und die Regierung Gandhi entschied sich für eine fatale Kompromisslösung, die das politische Geschick des Landes nachhaltig beeinflussen sollte. Das Parlament in Neu-Delhi verabschiedete ein gesondertes Scheidungsrecht für Moslems und quasi als Entschädigung für die Hindus wurde am 1. Februar 1986 das Schloss von der Babri-Moschee entfernt und damit das Gebäude für die Anbetung der Bildnisse von Ram und Sita freigegeben. Paul Brass schätzt diesen Akt als den Beginn Ayodhyas als „nationale Kontroverse" (Brass 1994:242) ein, bei der sich nun zwei Religionsgemeinschaften gegenüberstanden, die beide ihrerseits den Fall der Moschee zum Überlebenskampf im eigenen Land erklärten. 1986 wurde zudem ein neues Machtdreieck geboren, das bis zur Zerstörung der Moschee 1992 die Politik des Landes entscheidend determinierte (Schied 1994:607). Auf der einen Seite befand sich der Staat selbst bereits in einer tiefen Krise, da sich die Regierung völlig außerstande sah, dem Drängen der Extremisten gemäß der Verfassung des Landes zu begegnen, nämlich säkular und mit deutlicher Parteinahme für die Zurückweisung der kommunalen Forderungen. Statt dessen versuchte die Regierung dieser Krise mit dem schrittweisen Nachgeben auf beiden Seiten zu begegnen und leistete damit genau jenen Kräften Vorschub, die die Krise ausmachten. Die beiden anderen Ecken dieses Dreiecks, die Sangh Parivar und die moslemischen Fundamentalisten, nutzen die Schwäche des Staates zur weiteren gesellschaftlichen und wie im Falle der nun in die Sangh Parivar inkludierten BJP auch politischen Etablierung. Politik machte von nun an immer weniger die Regierung, sondern neben der moslemischen konservativen Orthodoxie mehr und mehr die oppositionelle BJP mit Rückendeckung der RSS und VHP.

Den nächsten organisatorischen Höhepunkt in der Kontroverse bildete die im September 1989 initiierte *Ram Shila Yatra*, eine Reihe von Prozessionen durch ganz Nordindien, in denen Ziegelsteine (Shilas) für den Bau des Tempels an der Stelle der Babri-Moschee gesammelt wurden, die als heilige Steine verehrt und nach Ayodhya gebracht wurden. Die Dimension dieser Aktion ist mit den Ereignissen von 1984 in keiner Weise zu vergleichen. So sollen an den landesweiten Prozessionen laut Augenzeugen mehr Menschen beteiligt gewesen sein, als an den Massenaktionen der Unabhängigkeitsbewegung. An insgesamt 26.000 Plätzen im ganzen Land wurden die Ziegelsteine gesammelt und verehrt (Nandy u. a. 1995:128f). Schied (1994:608) spricht in diesem Zusammenhang sogar von 109 Millionen Teilnehmern insgesamt und einem Spendenaufkommen von über 50 Millionen Schilling, wobei er dafür aber keinerlei Quellen angibt. Mehr als dreihundert Menschen kamen bei den interreligiösen Ausschreitungen im Zuge dieser Aktion ums Leben (Veer 1994:4). Mit großem öffentlichem Aufwand beteiligten sich die RSS als Mutterorganisation der VHP und auch die BJP an dieser Aktion, die natürlich auch mit Bedacht auf die im November anstehenden Parlamentswahlen durchgeführt wurde und ein dementsprechendes Engagement der BJP forderte. Das Wahlergebnis war eindeutig: Die BJP vergrößerte ihren Anteil an Sitzen in der Lok Sabha, dem Unterhaus des indischen Parlaments, von zwei auf 85 Sitzen, auch wenn der prozentuelle Zuwachs von 7,4% auf 11,4% eher bescheiden ausfiel (Mitra/Chiriyankandath 1992:269f). Die BJP stieg damit zur drittstärksten politischen Kraft des Landes auf, auch wenn der Abstand zur Janata Party/Janata Dal und zum Congress doch erheblich blieb, die zusammen beinahe 60% der Stimmen und 340 der 543 gewählten Sitze auf sich vereinten.

Doch schon im nächsten Jahr setzte die VHP für den 30. Oktober den Baubeginn des Tempels in Ayodhya fest und die BJP setzte ihre Strategie der politischen Hindu-Karte fort. L.K. Advani, damals Parteivorsitzender der BJP und heutiger Innenminister, startete am 25. September seine *Rath Yatra*, eine Pilgerreise, die ihn von Somnath nach über weite Teil Indiens schließlich nach Ayodhya führen sollte. Neben der Signifikanz des Zielortes war auch der Ausgangspunkt von Advani bewusst gewählt worden, der in seiner historischen Bedeutung keinen Zweifel an der Botschaft dieser Yatra offen ließ. Somnath war zum einen der Schauplatz der wohl berühmtesten und auch umfangreichsten moslemischen Tempelzerstörungen unter Mahmud von Ghazna 1026. Zum anderen wurde in Somnath als Symbol des Wiedererstarkens der indischen Nation und der Hindudominanz in Gujarat, dem Bundesstaat, in dem sich Somnath befindet, 1950 der wichtigste Tempel der Stadt wieder errichtet (Davis 1996:43). Schon mit der Wahl des Ausgangspunktes deklarierte die BJP-Spitze also, für welche Sache und vor allem gegen wen die Pilgerreise gerichtet war. In der Pressekonferenz am 13. September kündigte der Generalsekretär der BJP in Gujarat an, auch für ein zweites Jalianwala Bag Massaker in Ayodhya bereit zu sein, wenn die Prozession am Betreten der Moschee gehindert würde (Nandy u. a. 1995:109f). Der Generalsekretär spielt damit auf das Massaker von Amritsar im Jahre 1919 an, bei dem britische Soldaten das Feuer auf eine Gruppe von unbewaffneten Demonstranten eröffnete, in dem nach Angaben der Kolonial-regierung 379 Menschen den Tod fanden. Man rechnete also mit großen Gewalt-ausbrüchen und bekannte sich natürlich im Sinne der (Hindu-)Nation und der heiligen Stadt Ayodhya offen dazu. Schon im Vorfeld verursachte die bloße Ankündigung der Yatra große Verunsicherung in der moslemischen Bevölke-rung all jener Teile Indiens, durch die Advani ziehen sollte. Symbolisch inten-dierte die BJP mit dieser Yatra zweierlei. Zum einen legt bereits der Name der Aktion die religiöse Konnotation nahe. Eine Yatra ist, wie erwähnt, ein traditio-nelle Pilgerreise oder Prozession, die die Gläubigen an ausgemachte Orte der Verehrung oder des Kults führt. Eine solche Reise ist demnach kein profanes

Ereignis, sondern ein Akt des Glaubens. Eine Wagenprozession (*Rath Yatra*) ist eine Analogie zu dem in der hinduistischen Mythologie sehr häufig vorkommenden Motiv des Streitwagens, der den Kämpfern für den rechten Glauben als Fahrzeug dient und auch Krishna und Arjuna in der äußerst beliebten und weitgehend in ganz Indien bekannten Erzählung der Bhagavatgita ins Feld führt. Diese religiösen Parallelen sollten aber, so die letztliche Intention der BJP, mit der Partei als solche verbunden werden, um aus der Yatra auch demokratie-politischen Profit zu schlagen. Christophe Jaffrelot (1996:416) weiß zu berichten, dass die Wagen an der Spitze der Prozession mit dem Symbol der Partei, der Lotus, und dem Om geschmückt waren, sodass auf dem späteren Stimmzettel, der in Indien neben den Parteibezeichnungen auch die Symbole der jeweiligen Parteien zeigt, die Streiter für die „Sache der Hindus" leicht ausgemacht werden konnten.

Advani verließ also am 25. September Somnath in Gujarat, durchquerte Maharashtra, Madhya Pradesh, Andra Pradesh, Rajasthan, Haryana und Delhi. In Bihar jedoch fand die Reise ein vorzeitiges Ende, als Advani nämlich am 23. Oktober durch Veranlassung des Chief Ministers Laloo Prasad Yadav verhaftet wurde. Die unmittelbaren Folgen der Yatra waren hingegen zweierlei. Zum einen flammten die kommunalen Unruhen vor allem in Gujarat, einem in dieser Hinsicht traditionell sehr anfälligen Bundesstaat Indiens, wieder auf. Besonders Ahmedabad erlebte die schwersten Unruhen seit langem und wurde Zeuge unvorstellbarer Grausamkeit, die Nachbarn zu Todfeinden werden ließ und auch vor Mord an Kindern und Frauen nicht zurückschreckte. Die Aktivisten der BJP und der VHP spielten dabei nicht nur in den Anfängen eine entscheidende Rolle, sondern sorgten auch für die organisatorische Unterstützung der Gewalt (vgl. Nandy u. a. 1995:110-123). Zum anderen erwies sich die Yatra als voller politischer Erfolg, der zunächst in den Entzug der Unterstützung für die Regierung von V.P. Singh mündete, der mit der Verhaftung des Parteivorsitzenden begründet wurde. Daraufhin verlor die Regierung das Vertrauensvotum im Parlament und es mussten für Mai und Juni 1991 Neuwahlen ausrufen werden, denen man in den Reihen der BJP gelassen entgegensah.

Die landesweiten Wahlen brachten die erwartete Neugestaltung der politischen Landschaft Indiens und die BJP erreichte ihren bislang größten politischen Erfolg. Es gelang der Parteispitze, die Identifikation der Partei mit der Kontroverse um Ayodhya, den geschürten anti-moslemischen Anfeindungen und auch den lokalen Gewaltausbrüchen noch während des Wahlkampfes in eine Verbreiterung der demokratischen Basis umzusetzen, wie sie Indien in dieser Deutlichkeit und Schnelligkeit noch nicht kannte. Die BJP vergrößerte ihren Stimmenanteil bundesweit von 11,4% auf 19,9%, in Sitzen in der Lok Sabha hieß das eine Zunahme der Stärke von 85 Sitzen auf 119 (Mitra/Chiriyankandath 1992:269). Die volle Bedeutung des Ergebnisses wird erst durch einen Blick auf das Abschneiden der anderen Fraktionen deutlich. Der Congress baute seine Position als stimmenstärkste Partei des Landes noch weiter aus und konnte den Anteil an Mandaten im Parlament nach dem Einbruch von 1989 von 197 auf 227 wieder erhöhen. Noch wichtiger hingegen ist das Abschneiden der bislang zweitstärksten Partei, der Janata Party/Janata Dal. Prozentuell fiel ihr Stimmenanteil von 17,8% auf 10,8%, was ihr einen Verlust an Sitzen von 143 auf 56 einbrachte. Die BJP etablierte sich damit als die zweitstärkste politische Kraft im Land mit einem Mandatsanteil, der mehr als doppelt so groß war wie der der drittstärksten Partei. Ohne die politischen Veränderungen im Detail analysieren zu wollen, sollte doch betont werden, dass der Erfolg der BJP vor allem auf enorme Stimmenzuwächse im Hindi-Gürtel und hier besonders in Uttar Pradesh zurückzuführen ist. In Uttar Pradesh, dem bevölkerungsreichsten und hinsichtlich der dort zu vergebenden Parlamentssitze politisch entscheidendsten Bundesstaat, in dem auch Ayodhya liegt, vergrößerte die BJP ihren Stimmenanteil von 7,6% auf 32,8% und eroberte damit ein Kernland der Hindu-Wählerschaft für sich, in dem die Partei nun auch den Chief Minister stellte (Singh 1994:29, 48). Eine generelle Korrelation zwischen der Reiserute von Advani und dem Stimmenzuwachs der Partei kann jedoch nicht angenommen werden, da der Stimmenzuwachs etwa in Madhya Pradesh nur marginal ausfiel und in Maharashtra sogar leichte Verluste hingenommen werden mussten. Was aber zweifelohne gelang, war die Identifikation der Partei mit der „Hindu-Sache", die sich in Ayodhya kristallisierte und ein eindeutiges Feindbild kannte, nämlich den Moslem und seine „expansiven Aggressionen", denen auch der Tempel am Geburtsort Rams zum Opfer fiel.

Auch nach den Wahlen setzten die Sangh Parivar und die BJP ihre Ayodhya-Kampagne fort. Der neue Chief Minister von Uttar Pradesh, Kalyan Singh, brachte sämtliche BJP-Parlamentarier aus Delhi und Lucknow nach Ayodhya, wo er siegessicher verkündete, einen neuen Ram-Tempel anstelle der Babri-Moschee errichten zu wollen (Brass 1994:244). Am 7. Oktober veröffentlichte die BJP-Regierung eine Mitteilung über den Erwerb des an die Moschee angrenzenden Gebietes und in den folgenden Monaten wurden schrittweise einige wesentliche Sicherheitsmaßnahmen rund um die Moschee beseitigt, Ausschachtungsarbeiten durchgeführt und eine kleine Mauer um das erweiterte Gebiet der Moschee errichtet (Schied 1994:610). Paul Brass (1994:245), der eine hilfreiche Rekonstruktion der Ereignisse von 1992 aus Primärquellen liefert, betont in diesem Zusammenhang, dass es im Wesentlichen VHP-Aktivisten waren, die diese Bauarbeiten durchführten und die nicht nur keinesfalls von der Regierung daran gehindert, sondern im Gegenteil durch den Erwerb des Landes dazu noch ermutigt wurden. Schon Anfang April verkündete das in Hardwar zusammengetretene Exekutivkomitee der VHP, noch im selben Monat mit der Errichtung des Ram-Tempels in Ayodhya beginnen zu wollen. Es sollte jedoch noch bis zum Dezember dauern, ehe die VHP ihre Ansage in die Realität umsetzte. Mit enormem organisatorischem Aufwand rekrutierte die VHP 100.000 Freiwillige aus dem ganzen Land, die sich Anfang Dezember in Ayodhya versammelten. Die BJP-Regierung des Bundesstaates koordinierte den ungehinderten Zugang von „Freiwilligen" (*kar sevaks*) der RSS und VHP zum Gelände der Moschee, die ganz offensichtlich mit Werkzeugen zur Zerstörung der Moschee ausgerüstet waren. Auch die lokalen Sicherheitskräfte wurden, wie nun bekannt ist, von einem Eingreifen in das Geschehen abgehalten und so zerstörten die Freiwilligen der RSS, VHP und auch Shiv Sena, die ebenfalls „Hilfe" schickte, nahezu ungehindert am 6. Dezember 1992 die Babri-Moschee bis auf ihre Grundmauern.

Das politische Resümee dieser Ereignisse ist eindeutig. Ayodhya bot der Sangh Parivar die Möglichkeit der breiten Propagierung eines seit Jahrzehnten gehegten und entwickelten Gesellschaftsbildes von der Homogenität und Stärke einer geeinten Hindugemeinschaft, die auch politisch geschlossen Auftritt und ihre Feinde genau kennt: der „fremde" Moslem, der Anhänger einer „fremden" Kultur und Religion ist, die mit ihren expansiven und missionarischen Ambitionen die neu erstarkende Einheit der Hindus untergräbt. Der sich nun plötzlich einstellende politische Erfolg dieser Ideologie kann nur mit einer ihr innewohnenden Dialektik verstanden werden, die aus einem harten und einem eher weichen, gesellschaftsfähigeren Teil besteht (Davies 1996:42). Die VHP propagierte dabei den Kern der Radikalität, ein militantes und zutiefst maskulines Bild der Aggression, das sich religiös motiviert gegen den Andersglaubenden, den Moslem richtete. RSS und VHP sorgten daher für den wesentlichen ideologischen und auch organisatorischen Rückhalt der Mobilisierung, der zwar seine Anhänger fand, demokratiepolitisch aber nicht diskutabel gewesen wäre. Diesen zweiten Teil übernahmen L.K. Advani und die BJP-Spitze, die diese radikalen Inhalte politisch transformierten, sie rhetorisch in ein sanfteres, für die breite Masse der Wähler eher annehmbares Gewand verpackten und damit jene Inhalte wählbar machten, die die Existenz des Staates als solche in Frage stellten. Mit Hilfe politischer Rückendeckung durch die BJP war es nämlich gelungen, die Geschicke des Landes für kurze Zeit aus den Händen der nach Verfassungsrichtlinien agierenden Politik zu nehmen und sie von außerdemokratischen Organisationen wie der RSS und der VHP bestimmen zu lassen (Schied 1994:610). Rechtsstaatlich agierende Organe waren damit des Zugriffes auf die Vorgänge beraubt.

Ich fasse zusammen. Der Erfolg der Sangh Parivar in den 80er und 90er Jahren, der mit der breiten gesellschaftlichen und politischen Etablierung ihrer Ideologie und Denkkategorien seinen Höhepunkt erreichte, ist auf die gelungene Synthese zweier Elemente zurückzuführen, die in ihrer Dialektik für das Reüssieren verantwortlich waren. Mit Ayodhya wählte die Sangh Parivar einen Konflikt, der latent und auch offen seit 150 Jahren mit wenigen Unterbrechungen in der Politik des Landes präsent war. Das ideologisierte Geschichtsverständnis der Sangh Parivar titulierte dieses Thema als Zentrum nicht nur der Hindu-Identität, sondern auch der geschichtlichen Auseinandersetzung mit den Mos-

lems. Ayodhya artikulierte damit die Geschichte als Prozess der ununterbroche-
nen Kontroversen zwischen diesen beiden Religionsgruppen und positionierte
damit das Eintreten für eine „Befreiung" des Geburtsortes Rams in den 80er
Jahren als historische Mission. Der Konnex mit der Vergangenheit und mit der
Religion war hergestellt. Auf der anderen Seite stellten die Massenmobilisierungen
der VHP ein völlig neues Element in dieser Kontroverse dar, die Strategien und
Mittel der Mobilisierung waren von höchster Aktualität und Modernität. Ange-
fangen von der *Ekatmata Yagna*, die heiliges Wasser aus dem gesamten Land
nach Nagpur brachte, über die erste Pilgerreise nach Ayodhya 1984, über die *Ram
Shila*, die die Ziegelsteine für den Tempel sammelte bis hin zur letztendlichen
Zerstörung der Moschee durch Freiwillige aus dem ganzen Land dienten diese
Aktionen allesamt der Konstruktion einer Hindugemeinschaft, die mit religiöser
Symbolik die Einheit des Landes beschworen und auch der Bevölkerung auf dem
Land durch das Sammeln von Ziegelsteinen etwa die Gelegenheit bot, sich aktiv
an der Hindu-Sache der RSS und VHP zu beteiligen. Mit Ayodhya setzte sich ein
Anliegen durch, das scheinbar allen Hindus gemein war, sodass die Kontroverse
ab 1984 zur nationalen Angelegenheit emporstieg, die die Hindu-Nation, wie sie
die RSS und die VHP erdacht hatten, hinter sich vereinte.

Der nächste Abschnitt ist einem weiteren, „nationalen" Anliegen gewidmet,
das ebenso konstruiert und ideologisiert ist, wie im Fall Ayodhya. Die Verehrung
der Gottheit Ram und ihre politische Instrumentalisierung soll die dadurch
geschehene Transformation religiöser Inhalte aufzeigen und das ideologische
Profil der Nutznießer dieser Entwicklung noch einmal verdeutlichen.

3.3.2. Ram – Von der Gottheit zum Kreuzritter

Am 14. Februar 1988 erschien in der RSS-Zeitschrift *Organiser* ein Artikel mit
dem vielsagenden Titel „Angry Hindu! Yes, why not?" (zit. nach Bhattacharya
1991:126-128), in dem der nicht ausgewiesene Autor aus der Sicht eines
verärgerten Hindus den historischen Lauf der Dinge und die triste Gegenwart
beschreibt. Der Text ist insofern prägnant, als er die wesentlichen Argumentationslinien der Ideologie der Sangh Parivar zusammenfasst und das Ideal jenes Hindus
aufzeigt, das die Parivar in der Gegenwart zu realisieren sucht. Ich gebe einen
kurzen Einblick in den Inhalt dieses Artikels, der noch im Jahr seiner Erscheinung
als Pamphlet zur breiteren Veröffentlichung herauskam.

Der Autor weist sich zu Beginn des Textes als verärgerter Hindu aus und
deklariert zunächst die aus seiner Sicht guten Gründe für seinen Ärger: „My
temples have been desecrated, destroyed. Their sacred stones are being trampled
under the aggressor's feet. My gods are crying. They are demanding …
reinstatement in all their original glory." Der Grund, warum es überhaupt so weit
kommen konnte, der Grund, warum die Hindus in ihrer Identität und mit ihnen
ihre Götter vor dem Feind darnieder liegen, ist die historische Schwäche der

Uneinigkeit und des Dauerschlafes der Gemeinschaft: „For so long – for too long – I was lost in a deep coma. I saw nothing, I heard nothing, felt nothing – even when my motherland was cut off. But all such incessant blows have at least awakened me. Now I have begun to see, I have begun to understand, and I have begun to feel – what tragedies have overtaken me!" Die Realisierung der eigenen Schwäche lässt neue Handlungsparadigmen für die Zukunft erkennen, mit denen die Schwäche beseitigt und die Vorherrschaft im „eigenen" Land wieder hergestellt werden soll: „I now realise that I had been too good for this world of 'hard reality'. I believed that others would respect my gods and temples as I respected other's. ... But alas, again and again I was deceived. I was betrayed, I was stabbed in the back. ... I know now a bit of the ways in the world. *And I have decided to speak to others in the language they understand.* ... And finally, I have come to the value of my anger itself!"

Der äußerst bekannte Text erkennt den Grund für die Schwäche der Hindus in der dem Hinduismus scheinbar eigenen Toleranz und Akzeptanz gegenüber anderen Religionen, die letztlich, so der Autor, zur Übervorteilung der Hindus durch die Andersgläubigen führte. Diese Andersgläubigen sind nicht namentlich genannt, man darf aber aufgrund der traditionellen Argumentationsweise annehmen, dass es sich dabei vor allem um Moslems und auch um Christen handelt. Das Gegenmittel angesichts dieser Schwäche ist die idealisierte Männlichkeit und die damit verbundene Einheit und Stärke. Aggression und Ärger sind die maskulinen Attribute, die sowohl den vorbildlichen Hindu wie auch den wieder erstarkenden Hindu-Gott auszeichnen. Toleranz und Nachgiebigkeit hingegen sind die Feminina, die abgelehnt werden. Bemerkenswert in inhaltlicher Hinsicht ist auch die direkte Einbeziehung der Götter selbst, deren Tempel zerstört und deren Abbilder mit Füßen getreten wurden. Sie verlangen nach einer Wiederherstellung der alten Glorie und ziehen mit ihren Gläubigen in die Schlacht um Anerkennung und Respekt. Dieses Postulat schlug sich auch in der Ikonographie der Götter nieder, die mit der politischen Instrumentalisierung eine deutliche Militarisierung durchmachte und die daher geeignet ist, als das zweite Beispiel für die Symbole des Bedrohens angeführt zu werden.

Ich habe im vorhergehenden Abschnitt versucht, Ayodhya bei aller Zwietracht und Gewalt, die es schuf, als ein Symbol der nationalen Einheit zu deklarieren, als ein scheinbares und konstruiertes Anliegen, das allen Hindus gemein sein sollte. Eben diesen Zweck erfüllte in den 80er und 90er Jahren auch der ideologisierte Kult um die Gottheit Ram selbst (Rajagopal 1994:1662). Im Zuge der Kampagne um Ayodhya avancierte Ram zum Symbol der Nation und stand für Einheit und nationale Stärke der Hindus, oder wie es L.K. Advani in einem *White Paper* der BJP 1993 formulierte: „Sri Ram is the unique symbol, the unequalled symbol of our oneness, or our integration, as well as of our aspiration to live the higher values" (Davies 1996:35). Ram als religiöse Figur und als eine der wichtigsten Gottheiten im hinduistischen Pantheon machte dabei zweierlei

Transformationsprozesse durch, die ihn zum Vorreiter der Schlacht um die
religiöse Hegemonie im Land werden ließen, sodass letztlich Babar, der einstige
Mogulherrscher, Ram, der glorreichen Gottheit der Hindus, gegenüberstand
(Davies 1996:34). Die erste bemerkenswerte Transformation ist die geographische Ausbreitung des Kultes an sich, denn noch nicht sehr lange erfreut sich Ram
in ganz Indien dieser Beliebtheit und auch Bekanntheit. Die Verehrung Rams ist
vor allem in Nordindien seit jeher ein weitverbreitetes Phänomen, wohingegen
Ram im Süden des Subkontinents bislang nur wenige Anhänger fand. Zudem
bemerkt Suvira Jaiswal (1993), dass die Annahme einer homogenen Tradition
bezüglich der Gottheit und ihrer Kulte aus historischen Gründen selbst nur auf
Nordindien beschränkt keinerlei Grundlage hat, da sich früh mannigfaltige
Traditionsstränge und Überlieferungen herausbildeten. Es ist daher ein Ergebnis
der jüngsten Propagandafeldzüge der RSS, der VHP und der BJP, dass Ram in
nun stark abgeänderter Form und vor allem als nationales Symbol in ganz Indien
Anhänger findet, die mit ihm in die Schlacht ziehen. Ram wird dabei auf zweierlei
Arten dargestellt. Zum einen als Krieger, kämpfend für die Rechte der Hindus in
einer Schlacht, der endzeitliche Bedeutung zukommt. Und zum anderen als Ram
der König, Herrscher über ein Reich der blühenden Hindu-Kultur im Goldenen
Zeitalter (Basu u. a. 1993:62). Einer der zentralsten Begriffe der Hindutva-
Ideologie ist beispielsweise der der *Ram Rajya*, der Herrschaft Rams. Die Sangh
Parivar verbindet damit die letztliche Realisierung ihrer gesellschaftlichen Mo-
delle, eine Herrschaft der Hindu-Mehrheit und die Wiedereinsetzung des einstigen Goldenen Zeitalters. Ursprünglich wurde der Begriff von M.K. Gandhi im
Unabhängigkeitskampf eingeführt, der freilich mit dem Konzept der Sangh
Parivar nicht das Geringste zu tun hatte. Gandhi verband mit diesem Begriff vor
allem den Protest gegen die koloniale Bevormundung und die Fundierung des
neuen Staates durch eigene moralische und ethisch-säkulare Prinzipien, die die
Grenzen zwischen Religion und Kaste zu transzendieren vermochte (Madan
1997:231; Kumar 1993:77f). Die Frage der inhaltlichen Gestaltung Rams und
seiner Herrschaft ist die zweite Transformation, die nun etwas näher betrachtet
wird.

    Darstellungen von Göttern finden sich in Indien in sehr zahlreicher und
ebenso unterschiedlicher Art. Abbilder der Götter werden gedruckt, finden sich
in Skulpturen oder aber auch in Malereien, die in traditioneller Weise inspiriert
durch die Darstellungen der göttlichen Persönlichkeiten in den heiligen Schriften
versuchen, eine visuelle Entsprechung zu Stande zu bringen. Anuradha Kapur
(1993) hat in einem von ihr verfassten Artikel die schriftlichen Darstellungen der
Gottheiten unter die Lupe genommen und hinsichtlich der Gottheit Ram die
Darstellungsmuster nachgezeichnet. Den Texten gemeinsam ist eine unerwartete
Darstellungsform Rams, die mit Brutalität und Gewaltbereitschaft wenig zu tun
hat. Ram wird beinahe durchgehend als warmherzige, liebende und vergebende
Persönlichkeit skizziert, in Frieden mit sich selbst weilend und in ruhiger

Harmonie mit seiner Familie. Selbst seine Körperstatur wird in den traditionellen Texten als eher schmächtig, zart, ja beinahe androgyn beschrieben. Dieser Darstellungsweise wird auch in den klassischen Ramlilas, dem Bühnenschauspiel, das die Mythologie in Szene setzt und den klassischen Stoff mit Schauspielern nachspielt, entsprochen. In diesen sehr traditionsreichen Ramshilas wird Ram zumeist von jungen, vorpubertären Knaben gespielt, die mit ihren jungen, zart gebauten und eher schmächtigen Körpern dem am nächsten kommen, wie man sich Ram aufgrund der Schriften vorzustellen hat (Kapur 1986:64f). Worin besteht aber nun das Element der Überlegenheit Rams, worin kommt seine Göttlichkeit zum Ausdruck?

Selbst inmitten einer Schlacht – und Ram hatte, um seine Frau zu retten, derer mehrere durchzustehen – bleibt Ram in seinem Ausdruck und seinem Verhalten völlig Herr der Lage, bleibt er ruhig und gefasst. Ärger oder gar Hass sind zutiefst menschliche Emotionen, die Ram als Gottheit fremd sind und die daher auch keinesfalls Teil seiner Darstellungen sein können, da sie die Gottheit in den menschlichen Bereich herab holen und sie so ihren menschlichen Begleitern gleichstellen würden (Rajagopal 1994:1663; Kapur 1993:89). In den klassischen bildlichen Darstellungen ist sein Blick in den Kampfszenen stets ruhig und gefasst. Eben darin begründet sich die göttliche Überlegenheit und letztliche Unbesiegbarkeit Rams, der die menschlichen Instrumente der Überlegenheit, wie etwa die besondere Körperstärke oder besonders mächtige Waffen nicht nötig hat. Im Gegensatz dazu werden in der Mythologie den Gegnern Rams eben jene menschlichen Eigenschaften zugeschrieben, die die Menschen von den Göttern unterscheiden. Lautes Verhalten, Imponiergehabe und Selbstüberschätzung sind die Eigenschaften der Gegner Rams, die er allesamt besiegt und die ihm nichts entgegenzusetzen haben (Kapur 1993:93-95). Die Göttlichkeit besteht also in der Überlegenheit der Gefassheit und in der Gewissheit, in ihrem Besitz zu sein.

Die politische Instrumentalisierung holte die Götter und ganz besonders Ram in die menschliche Welt aus Raum und Zeit und versucht diese, gemäß den eigenen Interessen in die politische Welt zu inkludieren. Die sakrale Geographie wird in der Auseinandersetzung um Ayodhya identisch mit der menschlichen und auch die zutiefst menschliche Motivation der Politik wird mit der göttlichen gleichgeschaltet. Dementsprechend alternieren die jüngsten Darstellungen von Ram von der Tradition. Darstellungen aus Ayodhya, wie sie von der VHP angefertigt wurden, zeigen eine völlig geänderte Verfassung Rams. Nicht mehr die überlegene Ruhe (*shanta*) bestimmt sein Gemüt, sondern der erzürnte Blick (*ugra*), der wie eine Antwort auf den spezifischen Moment wirkt, nämlich den Verlust seines Geburtsortes und seine Involvierung in den Kampf um die Rückgewinnung (Kapur 1993:103). Auf der berühmten Darstellung Rams, die ihn im Hintergrund des neu zu erbauenden Tempels in Ayodhya zeigt, ist sein Gesicht mit entschlossenem Blick nach Osten gerichtet, sein Körper ist von kräftiger und kriegerischer Statur und auch seine Waffe, der Bogen, ist mit einem Pfeil schussbereit gespannt. Die Entschlossenheit, für den umkämpften Tempel in Ayodhya einzutreten, lässt ihn resolut, aggressiv und kampfbereit erscheinen. Die Gottheit wurde zum Kreuzritter, der für die Hindu-Sache kämpft und mit aller Macht dafür einsteht.

Ein weiteres, jüngeres Element der Darstellung Rams ist *Ramlalla*, die Darstellung Rams als Kleinkind. Die Tradition kennt diese Darstellungsweise von Krishna, der häufig in seinem frühen Lebensstadium dargestellt wird (Basu u. a. 1993:82). Bei Ram ist dieses Schema jedoch jüngeren Datums und auch auf den Postern, die von der VHP in Ayodhya angeboten werden, finden sich solche Darstellungen. Politisch wurde diese Darstellungsweise zum ersten Mal 1949 brisant, als nämlich ein Abbild Rams in der Babri-Moschee auftauchte. Jenes Abbild war ein solches *Ramlalla* und dies aus gutem Grund (Chenoy 1996:109). Diese Darstellungsweise erweiterte das emotionale Spektrum in der Ayodhya-Kampagne um einen zusätzlichen Aspekt. Stand der Krieger Ram für die Gewaltbereitschaft und den Kampf der Gefolgschaft Rams, seine Gläubigen, so sprach das Kind die Metapher des Schutz und Heimat suchenden Kindes aus, das, bedroht durch die Moslems, in einem Gefängnis an seinem eigenen Geburtsort festsaß (Davies 1996:41). Es bedarf keiner großen theologischen Analyse, um zu erkennen, dass dieses göttliche Kind nach einer Heimat verlangte, die es an der Stelle, wo noch die Babri-Moschee stand, auch bekommen sollte.

All diese transformierten und neu gestalteten Darstellungen Rams und auch anderer religiöser Schlüsselfiguren wären wenig erwähnenswert, wenn sich ihr Erscheinungsbild auf die in Ayodhya selbst verkauften Posters beschränken würde. Es ist zwar richtig, dass Ayodhya selbst den Mittelpunkt der Massen-kampagnen der Sangh Parivar bildete und dass zum Teil hunderttausende „Pilger" in die Stadt kamen, für die das Propagandamaterial der VHP zugänglich war. Die landesweite Verbreitung des neuen Images von Ram geschah jedoch woanders. Diesen gesellschaftlichen Transformationsriemen soll abschließend noch auf den Grund gegangen werden.

Ich habe bereits erwähnt, dass L.K. Advanis Wagen an der Spitze der Yatras, der Pilgerreisen, zum einen die Symbole der Partei wie etwa die Lotus trug, zum anderen aber auch Symbole aus dem religiösen Kontext der Hindus zeigte, die die Identifikation der Partei mit den propagierten „religiösen" Anliegen auch für den des Lesens nicht kundigen Bauern auf dem Land nahelegte. Dieser erste Schritt der Verbreitung der neuen Symbole wurde zudem mit Stickers der VHP unter-stützt, die sich die Teilnehmer der Yatras an die Brust hefteten und sich somit als Unterstützer der Sache deklarierten. Diese Sticker zeigten das Motiv des erbosten Ram, der mit angespanntem Bogen bereit war, für den Tempel zu kämpfen. Innerhalb kürzester Zeit tauchten in ganz Nordindien diese Stickers auch in den entlegensten Dörfern auf und auch das *Om*, wie es sich am Wagen von Advani fand, wurde zur visuellen Unterstützung der Yatras an Türen und Hauswände gemalt (Davies 1996:41). Eine zweite Form der Verbreitung dieser Symbolik mit neuen Inhalten war jedoch wesentlich wirkmächtiger, nämlich das Fernsehen. Wie Anuradha Kapur (1993:105) betont, legt die neue Darstellungsweise Rams bereits von sich aus den Vergleich mit TV-Helden nahe und der Unterschied zu Ben Hur oder El Cid ist doch verhältnismäßig gering. In einem weiteren Artikel erörtert Kapur (1995:411f) zudem überzeugend, dass der Realismus in der Darstellung der Hindu-Götter ein jüngster Import aus Europa ist, den der klassische Hinduismus in seiner stark mystisch metaphorischen Darstellungsweise nicht kannte. Dieser Realismus wiederum war die unbedingte Voraussetzung, Gottheiten wie Ram in den graphischen Darstellungen zu den Supermännern umzugestalten, die sie in der modernen, politischen Instrumentalisierung verkörpern. Kein Wunder also, dass die Fernsehproduzenten das Potential Rams in dieser Hinsicht erkannten und seine Geschichte in einer TV-Serie darstellten. Die Ausstrahlung der Serie *Ramayana* im Programm des staatlichen Senders Doordarshan begann 1989 und hatte einen sowohl dimensionär wie auch inhaltlich unerwarteten Effekt. Die Popularität der Serie überstieg alles bisher Gesendete bei weitem. Zeugen berichteten, dass sich wöchentlich zur Zeit der Ausstrahlung am Sonntag Abend die Straßen förmlich leerten. Ein weiterer Aspekt hingegen war die Botschaft der Serie. Stark mit religiösen Emotionen beladen half die Serie in entscheidender Weise mit, die zentrale Stellung Ayodhyas für die Identität der Hindus zu propagieren. Victoria Farmer (1996:102f), die über die Bedeutung der Medien für die BJP und ihre Verbündeten geschrieben hat, bringt den Effekt der Serie auf den Punkt. Assoziierten die meisten Hindus vor dem Ausstrahlen der Serie mit Ayodhya den mythologischen Ort der Geburt Rams, der sich an vielerlei Orten befinden konnte, auch im Hinterhof des eigenen Tempels, so identifizierte eine Mehrheit der Gläubigen nach der Ausstrahlung der Serie und dem Start der BJP-Kampagnen Ayodhya mit dem Ort in Uttar Pradesh. Die Verbindung zwischen Mythologie und Gegenwart war also hergestellt. Es wäre übertrieben, zu behaupten, die Serie hätte die Ideologie der Sangh Parivar verbreitet. Ihre Wirkung liegt auf einer anderen Ebene. Sie schuf die latente Voraussetzung für die ideologische Mobilisierung der Sangh Parivar und für L.K. Advani war es ein Leichtes, die Inhalte der Serie gemäß ihrer Machart aufzugreifen und sie im Sinne der eigenen politischen Ziele zu transformieren.

Zudem kam noch der gezielte Medieneinsatz der VHP und der BJP selbst. Videokassetten mit eindeutigen Inhalten wurden laufend produziert und vor allem an die städtische Mittelschicht verkauft (vgl. Basu u. a. 1993:92-110). Auf dem Land oder auch in den ärmeren Gesellschaftsschichten, wo der Inhalt einer Videokassette aufgrund der fehlenden technischen Möglichkeiten nicht zugänglich gewesen wäre, organisierte die VHP und auch die BJP zu Zwecken des Wahlkampfes riesige mobile Video-Wagen, die den Menschen die „Botschaft Rams" in visuell eindrucksvoller Manier näherbrachten (Farmer 1996:112). Die

Wege der Multiplikation dieser neuen Darstellung und symbolischen Dimension der an sich uralten religiösen Inhalte waren also vielerlei und die Identifikation dieser mit der ideologischen Botschaft der Sangh Parivar und vor allem mit dem politischen Programm der BJP glückte auf sehr differenzierte und vielschichtige Weise.

Anhand dieser beiden Beispiele kann nun die ideologische Struktur der rein innerindischen Symbole des Bedrohens expliziert werden, nachdem die Untersuchungen zuvor in den größeren historischen Kontext des „Communalism" eingeordnet wurden. Es haben sich bei der näheren Betrachtung der Beispiele einige wichtige Merkmale dieser ideologischen Struktur ergeben, die ich zum Abschluss dieses Kapitels noch einmal zusammenfasse.

Das erste und politisch wohl entscheidendste Merkmal der Symbole des Bedrohens ist die eindeutige Stoßrichtung. Auch wenn der „Andere" wie im Fall der Kampfschrift „Angry Hindu! Yes, why not?" nicht beim Namen genannt wurde, so ergibt sich aus einer Vielzahl von bewusst gewählten Inhalten das Feindbild Moslem, das aus einer Vielzahl von Gründen bekämpft werden muss. Die Wahl des Ausgangsortes der Rath Yatra Advanis, die Stadt Somnath in Gujarat, die eine lange Tradition an Kontroversen zwischen Hindus und Moslems, an Tempelzerstörungen und Tempelerrichtungen hat, die Stadt Ayodhya selbst, die Babri-Moschee als Objekt der Auseinandersetzung und die eindeutig anti-moslemische Rhetorik der VHP, RSS und BJP lassen keinen Zweifel daran, wer als der Hauptfeind der neu herzustellenden Hindueinheit angesehen wird.

Zweitens inkludieren die Symbole des Bedrohens stets eine neue Konzeption von Zeit, die mit der traditionell zyklischen Vorstellung der Hindus zwar verwandt, in ihrer Zielsetzung aber ein modernes Konzept ist, das der politischen Legitimierung dient. Es ist allen Nationalismen gemein, die Nation als eine durch den Lauf der Geschichte bestehende Konstante darzustellen, die selbst einen mythologischen Anfang und kein Ende hat. Die Nation ist der Kulminationspunkt aller Geschichte und auch ihr eigentlicher Akteur. Das Verständnis der Vergangenheit ist also wesentlich für das Selbstverständnis der Nation. In Indien kennt der Hindunationalismus beide Seiten der Dialektik der Konzeption von Zeit (Veer 1994:144). Zum einen konstruiert er die Hindunation als eine selbst dem Kontinuum der Zeit enthobene Einheit, die immer war und immer sein wird. Geschichte als die Summe vergangener Ereignisse ist lediglich die Geschichte der Auseinandersetzung mit Eindringlingen, zu denen im Wesentlichen die Moslems gehören. Zeitlich vor diesen Störungen von außen liegt das Goldene Zeitalter, dessen Wiederherstellung die Zukunft bringen soll. Die Implikationen für die in Indien ansässigen „Fremden" sind bekannt. Auf der anderen Seite der Wechselwirkung steht die immer häufigere Berufung auf historische „Fakten", die, wie im Fall Ayodhyas und der Debatte um einen antiken Tempel an der Geburtsstelle Rams, keineswegs irrelevant sind, sondern entscheidend das Selbstverständnis der Nation mitprägen. Zeit als solche bildet demnach ein zentrales

Thema im hindunationalistischen Diskurs und eine bedeutende Kategorie im Selbstverständnisses eines „stolzen Hindus".

Drittens entdeckten die Hindutva-Gruppen den Raum im Sinne ihrer Ideologie. Es ist am Beispiel Ayodhyas klar ersichtlich, welche Konzeption von Raum mit welcher verbunden wird. Die „räumliche Strategie" (Deshpande 1995) der Sangh Parivar ermöglicht es, die an sich getrennten räumlichen Dimensionen der Mythologie und der physischen Realität der Gegenwart in einzigartiger Weise zu verbinden. Durch die Identifikation Ayodhyas im Bundesstaat Uttar Pradesh mit der Stadt Rams geschieht die ideologisch glaubwürdige Gleichsetzung des imaginativ-mythologischen Raumes mit der physisch materiellen Wirklichkeit Indiens. Diese Gleichsetzung ist ihrerseits wiederum die Voraussetzung, um mit Hilfe der Mythologie Postulate für die Politik der Gegenwart zu formulieren und die Biographien der Götter mit der Wirklichkeit zu verbinden. Die Kontroverse um Ayodhya wird damit ideologisch zur religiösen Angelegenheit, die die Politik mit Hilfe der BJP in ihrem Sinne zu benutzen trachtet und nicht umgekehrt, wie es de facto der Fall ist.

Viertens ergibt sich aus den bisher erwähnten Strategien der Hindutva-Ideologen eine deutliche demokratiepolitische Relevanz. Seit der Mitte der 80er Jahre sprang die BJP auf den Zug der Sangh Parivar auf und schaffte dadurch die wohl beeindruckendste politische Etablierung einer Partei in der Geschichte des Staates. Die Massenaktionen der VHP wurden gezielt für das parteipolitische Profil der BJP ausgenutzt und die gesellschaftliche Basis der Partei unter Zuhilfenahme der Strukturen der RSS und der VHP kontinuierlich vergrößert. Dieser enge Zusammenhang wurde bereits bei den entsprechenden Wahlergebnissen der BJP deutlich. L.K. Advani, der damalige Präsident der BJP, versuchte die Konstruktion eines Bildes von der Partei, das dem Hindunationalismus der Sangh Parivar möglichst nahe kam und doch wählbar bleiben sollte. Ein Beispiel aus dem Jahr 1992 soll dies verdeutlichen. Die BJP ließ sich in Vorbereitung auf die Wahlen 1993 auf Wahlplakaten mit dem Symbol einer ägyptischen Pyramide darstellen und kommentierte dieses Symbol folgendermaßen: „A 5,000 year-old monument. ... It is a storehouse of extraordinary powers. An embodiment of engineering perfection. A symbol of enduring strength. And an elusive secret of superior knowledge" (zit. nach Rajagopal 1994:1664). Aus der Geschichte und aus ihrer scheinbar langen Tradition nimmt die Partei, die selbst gerade einmal zwanzig Jahre lang besteht, also ihre Überlegenheit, die die Debatte über ihre Inhalte letztlich überflüssig macht, da es die Vergangenheit und die Metaphysik ist, die ihre unumstößliche Legitimation liefert.

Fünftens kann man bei sämtlichen angeführten Beispielen von der Cow Protection Movement bis hin zu Ram, dem vermeintlichen Kreuzritter, eine Doppelseitigkeit der Symbolik feststellen, die zum einen Tradition und Moderne aber auch maskuline Stärke und feminine Hilfsbedürftigkeit vereint. Jedes Symbol knüpft mehr oder weniger unmittelbar an bereits bestehende Thematiken und Traditionen an und transformiert diese inhaltlich, um sie der Gegenwart dienlich zu machen. Das Beispiel Rams zeigt zudem, dass maskuline Stärke den Kämpfern für den Tempel abverlangt wird, auf der anderen Seite ein kleinkindlicher Ram um Hilfe und Schutz bittet. Dies verweist auf einen zusätzlichen Zugangsweg für den Gläubigen (Basu u. a. 1993:82). Die Geschichte Rams ist eine Geschichte der Rückschläge und Neuanfänge. Ram verliert zunächst sein Königreich und dann zumindest vorübergehend seine Frau. Die Geschichte nimmt, wie wir wissen, einen grundsätzlich glücklichen Ausgang, ein Lebensweg, den sich mehr Inder für sich wünschen würden und der Ram vielleicht eher zugänglich macht als andere Gottheiten.

Schließlich gelang der Sangh Parivar sechstens mit den Symbolen des Bedrohens eine weitere, grundsätzliche Transformation religiöser Inhalte. Mit dem Kult um Ram und Ayodhya schuf die VHP und die RSS ein Fundament des Hinduismus, das mehr und mehr den Anspruch erhebt, für alle Hindus Gültigkeit zu besitzen. Das, was einen Fundamentalismus im Hinduismus letztlich unmöglich machte, war das schlichte Fehlen der Fundamente, auf die man sich hätte berufen können (Schied 1994:611). In vielerlei Hinsicht und mit vielschichtiger Symbolik scheint sich ein derartiges, natürlich ausschließlich konstruiertes Fundament herauszubilden, das gleichzeitig seine wichtigsten Verteidiger identifiziert: die Sangh Parivar und ihren politischen Flügel, die BJP. Mit immer größerer Vehemenz fordern diese Gruppen die Verbindlichkeit dieser fundamentalen, einheitsstiftenden Inhalte und ziehen die naheliegende Konsequenz aus diesen Kriterien des neuen Religionsbekenntnisses: die Ausgrenzung all jener, denen ein Bekenntnis zu diesen Fundamenten aus religiösen und auch ethnischen Gründen nicht möglich ist.

4. Globalisierung und Hindutva

In den beiden vorangegangenen Abschnitten habe ich versucht, zwei zunächst unterschiedliche, ja oppositionelle Formen von Symbolen in der jüngsten indischen Zeitgeschichte zu orten und diese hinsichtlich ihrer ideologischen Konzeptionen und auch ereignisgeschichtlichen Konsequenzen näher zu beschreiben. Die Darstellungsweise ging dabei bewusst von einer zunächst nicht weiter begründeten Gegenüberstellung oder vielmehr einer losen Aufeinanderfolge der beiden Arten von Symbolen aus, die es in diesem Kapitel gilt, sowohl inhaltlich wie auch kausal zusammen zu führen, um damit die notwendige Einsicht zu bieten, warum und auf welche Weise die politischen und gesellschaftlichen Interdependenzen der Symbole des Bedroht-Werdens und der des Bedrohens angenommen werden können. Ich werde dabei das über die Ideologie und die Politik dieser Symbole bereits Gesagte wieder aufgreifen und die gegenseitigen inhaltlichen wie auch politischen Entsprechungen verdeutlichen, sodass die Schlussfolgerung begründet erscheint, dass es sich bei den besprochenen Protestformen der indischen Rechten gegenüber dem Globalen in Indien lediglich um die ideologisch wie auch realpolitisch ungebrochene Fortsetzung der wesentlich älteren, innerindischen kommunalen Konfliktlinien handelt. Für die Einschätzung der Qualität dieser Auseinandersetzung mit dem Globalen ist dies von entscheidender Bedeutung. Die tatsächlichen wirtschaftlichen wie gesellschaftspolitischen Problemstellungen Indiens, die sich aus der unter neoliberalen Vorzeichen ereignenden Einbindung des Landes in die transnationalen Wirtschaftsdynamiken ergeben, bleiben in diesem weitgehend oberflächlichen Diskurs wenn überhaupt nur sehr marginal erwähnt. Zu sehr überwiegen die ideologischen Polemiken dieses politischen Spektrums, die in ihrer Rhetorik keinen Unterschied zwischen dem zu bekämpfenden innerindischen „Anderen" und dem Fremden von außen, also dem Globalen machen. Zu sehr geht es in dieser Kontroverse für die Sangh Parivar um die gelungene Fortsetzung des innerindischen Wettstreites mit anderen gesellschaftlich relevanten Kräften wie etwa den marxistischen Linken, sodass das Thema der Globalisierung nur eine Erweiterung der Schlacht um Indien selbst und seine staatliche Zukunft darstellt, von der keine in den realen und äußerst komplexen Problemstellungen Indiens gegründeten Stellungnahmen zu erwarten sind. Das Globale ist daher nur insofern Thema, als sich daraus für die Rechte Kapital für den innerindischen Weg schlagen lässt.

Realpolitisch war es daher naiv anzunehmen, eine Regierungsübernahme durch die BJP, den politischen Flügel der Hindunationalisten, würde auch nur in

Ansätzen eine Kurskorrektur der Wirtschafts- und Budgetpolitik nach sich ziehen. Die Partei benutzte die auf breiter Ebene vorhandenen Ängste der Wählerschaft für ihre politische Etablierung. Einmal im Besitz des Sessels der Premierministers lernte die BJP rasch in opportunistischer Manier, auf die politisch äußerst einflussreiche, vorwiegend städtische Mittelschicht Rücksicht zu nehmen und sich von den einstigen Feldzügen gegen das internationale Kapital zu verabschieden. Zu ungern hätte diese politisch entscheidende Schicht festgestellt, dass die Konsequenz einer BJP-Regierung die Verunsicherung so mancher ausländischer Großinvestoren sei. Am 23. November 1998 beschloß die BJP-Regierung in Neu-Delhi beispielsweise, dem Parlament einen Gesetzesentwurf zur Öffnung des Versicherungssektors für ausländische Investoren zur Ratifizierung vorzulegen und damit nicht nur einen Anteil von 40% ausländischer Kapitalgeber an diesem Wirtschaftssektor zuzulassen, sondern auch das Monopol der indischen *Life Insurance Corporation* und der *General Insurance Corporation* aufzukündigen (Ramesh 1998). Dieser Kurswechsel der nun regierenden BJP hinsichtlich ausländischer Investoren zeigt sich umso deutlicher, als noch ein Jahr zuvor, also noch vor dem Antritt der späteren Regierung, von der damaligen Oppositionspartei BJP Pläne über eine mögliche Öffnung der Versicherungsbranche wüst bekämpft und aufs Entschiedenste zurückgewiesen wurden. Nun, ein Jahr später und selbst in der Regierung, setzte sich Premierminister A.B. Vajpayee persönlich für die Verabschiedung dieses Gesetzes im Parlament ein und nahm im Zuge dessen auch heftige Kontroversen mit der RSS und dem SJM in Kauf (Times of India 1998:3.12.).

Um die Arbeit im Sinne der obigen Schlussfolgerung zu einem Abschluß zu bringen, unternehme ich in diesem Abschnitt zwei Arbeitsschritte. Zum ersten sollen die beiden Arten der Symbole und die dahinterstehenden politischen Kräfte ideologisch und auch personal zusammengeführt werden, das heißt, ich verdeutliche noch einmal die Parallelen zwischen den Symbolen des Bedroht-Werdens und des Bedrohens sowohl hinsichtlich der sie nährenden Ideologie als auch hinsichtlich der dahinterstehenden Personen und Organisationen. Zweitens will ich versuchen, auch realpolitische Entsprechungen und Kausalitäten zwischen dem Aufstieg der Sangh Parivar und der BJP auf der einen Seite und der wirtschaftlichen Öffnung andererseits zu erörtern. Indische Sozialwissenschafter stellen für diese Fragestellung einige Modelle und Annahmen zur Verfügung, die etwas näher betrachtet und hinsichtlich ihrer Sinnhaftigkeit und dem ihnen eigenen Erklärungsvermögen bezüglich dieser komplexen Vorgänge geprüft werden sollen. Vorweg muss noch betont werden, dass ich die möglichen Interdependenzen zwischen der Hinduisierung der indischen Gesellschaft und Politik einerseits und der Globalisierung mit ihren weit verzweigten und keinesfalls vollständig ausgemachten Effekten andererseits nicht linear und eindimensional annehme, sodass für eine Annäherung an diese Problematik verschiedene, höchst unterschiedliche Aspekte ins Auge gefasst werden müssen, die nur in ihrer gegenseitigen Ergänzung als mögliche Wechselwirkung zwischen global und lokal in Frage kommen.

4.1. Schnittpunkte zwischen global und lokal: Personen und Ideologie des Widerstandes

Den beiden vorhergehenden Kapiteln ist klar der erste und wohl bedeutendste Schnittpunkt zwischen der Kontroverse mit dem Globalen und der innerindischen Entwicklung zu entnehmen, nämlich die personale Parallele zwischen den Akteuren und Mobilisierern der Symbole des Bedroht-Werdens und des Bedrohens. An erster Stelle ist in dieser Hinsicht die RSS, die *Rashtriya Swayamsevak Sangh*, zu erwähnen. Sie ist, wie gezeigt wurde, die Mutterorganisation der heutigen Rechten in Indien und war an entscheidender Stelle an allen Formen des Protestes gegen das globale Fremde beteiligt. Sie stellte das eigentliche Rückgrat der rechten Agitation dar und verhalf den Protesten gegen die amerikanischen Soft-Drink-Hersteller, gegen Michael Jackson, das amerikanische Fastfood und auch gegen Enron durch die Bereitstellung der notwendigen organisatorischen Strukturen und auch durch den Aufruf zur Beteiligung an ihre Mitglieder zur nötigen Breite und verbalen wie auch brachialen Schlagkraft. Die RSS ist durch ihre kleinsten, organisatorischen Einheiten, die bis zu 50 Mitglieder zählenden *Shackas*, in ganz Indien präsent. Im allmorgendlichen Ritual üben sich die Mitglieder regelmäßig im militärischen Drill und im der Fahne huldigenden Singen der Nationalhymne. Man schätzt, dass die RSS auf diese Weise pro Tag in den 27.000 Shackas landesweit an die 700.000 Menschen (Germund 1999) versammelt, ein Potenzial, das sich bereitwillig mobilisieren ließ, als es gegen das Fremde aus dem Westen ging. Zudem konstituiert die RSS eine hervorragend organisierte und äußerst effektiv kommunizierende Struktur, die die landesweiten Kader mit der übergeordneten Führung in ständigem Austausch behält (vgl. Basu u. a. 1993:34f). Das Auftreten der Sangh Parivar gegenüber den ausländischen Investoren wäre in dieser Form und Deutlichkeit ohne die strukturellen und organisatorischen Fähigkeiten der RSS nicht möglich gewesen und auch in ideologischer Hinsicht nährte die RSS den Protest durch ihre bereits länger etablierten Radikalismen und Nationalismen. Doch dazu etwas später. Parallel dazu konnte festgestellt werden, dass die RSS seit ihrer Gründung im Jahre 1925 durch *K.B. Hedgewar* das Zentrum der Hindutva-Kräfte bildete, das trotz seiner realpolitischen Passivität entscheidend auf die politische Geschichte vor und auch nach der Unabhängigkeit einwirkte. In den 1980er Jahren war die RSS an zentraler Stelle an den Mobilisierungen zugunsten der BJP und der VHP beteiligt und auch die Zerstörung der Babri-Moschee in Ayodhya ist im Wesentlichen das Werk der *Kar Sevaks*, den Freiwilligen der RSS, die mit Bauwerkzeugen ausgestattet am 6. Dezember 1992 nahezu ungehindert auf das Gelände der Moschee vordrangen.

Ein ähnliches Bild bietet sich bei der näheren Betrachtung der VHP, der *Vishva Hindu Parishad*, die 1964 als Tochterorganisation der RSS zur Herstellung und Sicherung der inneren Einheit der Hindu-Nation gegründet wurde. Die VHP engagierte sich besonders in den Protesten gegen amerikanisches Fastfood, vor allem in Mumbai, beteiligte sich aber ebenfalls an zentraler Stelle an den Kontroversen um die Miss World Wahlen und um Coca-Cola und Pepsi. Die VHP war aber auch das organisatorische Zentrum der Ayodhya-Kontroverse, schuf mit ihren Massenaktionen 1983 und 1984 die wesentlichen Voraussetzungen für den weiteren, bereits bekannten Verlauf der Dinge und forcierte in organisatorisch beeindruckender Manier schrittweise den politischen Druck auf die Regierung in dieser Kontroverse. Die VHP wusste ihrerseits die Kooperationsbereitschaft der BJP auszunützen und versprach sich durch deren Unterstützung einen effektiveren Zugriff auf die politische Gestaltung des Landes, den sie mit der demokratischen Etablierung der BJP auch tatsächlich erhielt. Sie war damit entscheidend am politischen Aufstieg der BJP beteiligt und kann mit Recht einen Gutteil des politischen Erfolges dieser Partei für sich in Anspruch nehmen.

Ähnlich verlaufen die Parallelen im Falle der Shiv Sena Partei aus Maharashtra. Auch sie kämpfte an vorderster Front vor allem gegen den amerikanischen Multi Enron. Ihrer Parteigeschichte kann entnommen werden, dass die Hetzjagd auf das Fremde, auf den wie auch immer bestimmten „Anderen" von Anfang an in zentraler Weise zum Repertoire ihrer politischen Methode gehörte, sodass es wenig überraschend war, festzustellen, dass sich nur das Feindbild selbst, nicht jedoch das Schema dahinter im Laufe ihrer Daseins geändert hat. Zu ihrem Spektrum des hassenswerten „Anderen" zählten daher neben ausländischen Investoren wie Enron auch die indischen Moslems, gegen die man in der jüngsten Geschichte vor allem auf zwei Arten vorging. Zum einen durch eine aktive Unterstützung der Ayodhya-Kampagne und der angestrebten Errichtung eines Ram-Tempels an der Stelle der Babri-Moschee. Die Shiv Sena entsandte, wie erwähnt, ihre „Freiwilligen" nach Ayodhya, die tatkräftig mithalfen, das Mauerwerk der Moschee abzutragen. Zum anderen wurde Mumbai zu einem der Hauptschauplätze der kommunalen Gewalt im Anschluß an die Zerstörung der Moschee in Ayodhya. Wie aus dem zitierten *Srikrishna Commission Report* hervorgeht, waren die Anhänger und auch Funktionäre der Partei in entscheidender Weise an provokanten Handlungen gegenüber Moslems beteiligt und auch die strukturelle Unterstützung und Förderung der Gewalt durch die Partei ist längst akzeptierte historische Tatsache.

Die letzte der besprochenen Organisationen, der *Swadeshi Jagaran Manch* (SJM), lässt sich nicht in diese Feststellung der Parallelen einreihen. Der SJM ist, wie erörtert wurde, ideologisch und auch in personaler Hinsicht eine Tochterorganisation der RSS und gehört daher ebenfalls zur Sangh Parivar. Das primäre Ziel des SJM, die wirtschaftspolitische und auch gesellschaftliche Realisation von Swadeshi, ist primär nicht mit den Fragen zu Ayodhya oder anderen Kontroversen mit Moslems und Christen verbunden, sodass die Äußerungen des SJM in Bezug auf diese Themen rar blieben. In einmaliger Deutlichkeit jedoch sprach sich der landesweite Kopf des SJM, S. Gurumurty, in einem Interview 1995, das er für die *Times of India* gab, für eine klare Positionierung seiner Organisation in dieser Thematik aus. In diesem Interview bekräftigt Gurumurty nicht nur die Auffassung,

Indien als Staat im Wesentlichen als einen Staat der Hindus anzuerkennen, sondern forderte in diesem Zusammenhang auch eine freiwillige Übergabe des Geburtsortes Rams an die Hindus, die als Mehrheit des Landes ein Anrecht auf diesen Ort hätten (Bhargava 1995). Abgesehen von diesen wenigen inhaltlichen Stellungnahmen des SJM zur Thematik der Hindu-Moslem-Kontroverse enthielt sich die Organisation einer eindeutigen und vor allem aktiven Stellungnahme und Parteinahme in dieser Angelegenheit. Eine ideologische Übereinstimmung darf aber in Bezug auf die führenden SJM-Funktionäre, die fast zur Gänze RSS-Anhänger sind, und die vorliegende Aussage von S. Gurumurty angenommen werden, auch wenn sich der SJM aktiv nicht an den kommunalen Massenbewegungen der Hindunationalisten beteiligte.

Aus der Gegenüberstellung der beiden zuvor unterschiedenen Arten von Symbolen ergibt sich demnach in personaler Hinsicht folgende Feststellung: Die Proteste gegen das global Fremde der letzten Jahre waren in entscheidender Weise von jenen Gruppierungen und politischen Organisationen der hindunationalistischen Rechten Indiens getragen, die im Wesentlichen auch die innenpolitische Umgestaltung, Kommunalisierung und Radikalisierung im Sinne eines exklusivistischen „religiösen Nationalismus" (Veer 1994) vollzogen und deren Stellungnahme gegenüber dem Globalen in Indien daher nur als eine ungebrochene Fortsetzung der von diesen Gruppierungen konstruierten und gepflogenen, wesentlich älteren innerindischen Konfliktlinien zu verstehen ist. Die Auseinandersetzung der Rechten mit dem Globalen webt sich daher zur Gänze in die innenpolitischen Dynamiken der Hinduisierung ein und hat mit einer an die gesellschafts- und wirtschaftspolitischen Probleme, die sich aus der Einbindung Indiens in die internationalen Wirtschaftsdynamiken ergeben, anknüpfenden Stellungnahme nichts zu tun. Die Ideologie des Widerstandes, der zweite, sich aus den vorhergegangenen Kapiteln ergebende Schnittpunkt zwischen global und lokal bestätigt diesen Eindruck noch zusätzlich. Mit diesem zweiten Berührungspunkt sollte noch deutlicher werden, warum für die Sangh Parivar der indische Moslem und das amerikanische Fastfood ein und der selben Kategorie des „Fremden" angehören. Ein Blick auf den Nationsbegriff der Rechten Indiens soll verdeutlichen, daß das Globale nur eine weitere Kategorie des „Anderen" darstellt, in dessen Kontrast und Opposition sich die neue Nation der Hindus formiert.

Nationalismus allgemein kann, wie Achin Vanaik (1990:116f) verdeutlicht, im Wesentlichen zwei Formen mit unterschiedlicher politischer Zielsetzung annehmen. Zum einen ist dies der Nationalismus als staatstragende Ideologie, die für die Etablierung und weiterführende Legitimierung eines Nationalstaatsgefüges von unverzichtbarer Wichtigkeit ist. Die Interessengruppen hinter dieser Form des Nationalismus sind demnach vorwiegend die Institutionen und führenden politischen Organe des Staates selbst. Vor allem in den erst seit kurzem unabhängigen, ehemaligen Kolonien kam dieser Form der ideologischen Legitimität des neuen Staatsgebildes angesichts zahlreicher Infragestellungen durch versuchte ethnische

Selbstbehauptungen große Bedeutung zu. Zeitlich folgt dieser Typus des Nationalismus auf die nationalistische Ideologie des Unabhängigkeitskampfes, aus dem er
zwar entwächst, den er aber inhaltlich weiter entwickelt und hinsichtlich der
Zementierung der Herrschaftsverhältnisse abändert, sodass sein Ergebnis nicht die
permanente Revolution, sondern die Institutionalisierung des antikolonialen
Emanzipationskampfes ist. Die zweite Form hingegen, die Vanaik etwas unscharf
den „Nationalismus als politische Bewegung" bezeichnet, artikuliert entschiedene
Opposition zum Staat oder formuliert Abspaltungs- oder Fusionspläne. Aus wie
auch immer gelagerten ideologischen Gründen wird im Rahmen dieses Modus von
Nationalismus das reale Staatsgefüge abgelehnt und ein alternatives angeboten, das
dem konzeptionellen Ideal der Nation eher entspricht als das momentane. Der Weg
zur politischen Realisation dieser Korrektur führt je nach Lage des Problems über
Abspaltung, Grenzänderungen, Fusion oder Verfassungsänderung, die der Nation
wieder die „Vorherrschaft im eigenen Land" einräumt. Auf den konkreten, indischen Kontext übertragen heißt dies, dass wir den Nationalismus der Sangh Parivar,
also der Gruppe hindunationalistischer Organisationen einschließlich ihres politischen Flügels der BJP, der gemäß obiger Differenzierung den Charakter eines
Nationalismus als politische Bewegung trägt, von der nationalistischen Ideologie
unterscheiden müssen, die Indien seit 1947 und damit auch gegenwärtig als
Staatsgebilde mit klar umrissenen Grenzen und einer definierbaren Einwohner-
schaft legitimiert. Der Begriff der Nation der Rechten Indiens steht dabei in direkter
Opposition zu jenem, mittlerweile einzigen offiziellen und exklusiven Nationsbegriff des Staates Indien. Ich beginne mit letzterem.
   Ich habe die frühe nationalistische Formierung Indiens bereits im Überblick
dargestellt, sodass an dieser Stelle nur mehr fest zu halten ist, dass sich im
Unterschied zu Europa der frühe indische Nationalismus nicht als Emanzipation
des staatlichen Gefüges gegenüber einer institutionalisierten Religion ereignete,
sondern religiöse, und hier vor allem hinduistische Kategorien von Anfang an zum
Repertoire der nationalistischen Denker zählten. Ein wesentliches inneres
Bestimmungsmerkmal der Nation, die gemeinsame Sprache, kam zudem für die
Begründung einer indischen Nation nicht in Frage und so war es vor allem das
gemeinsame religiöse und davon abgeleitete kulturelle Erbe, das die Nation der
Inder ausmachen sollte: „Hinduism, not Hindi, became crucial to the formation of
nationalist consciousness, leading to the emergence of the Indian nation and nation
state and of a pan-Indian nationality" (Vanaik 1990:6). Hindunationalistische
Inhalte können im nationalistischen Diskurs Indiens also auf eine lange Tradition
zurückblicken, das Profil des später unabhängigen Staates aber prägten andere
Konzeptionen der Nation, die das heutige offizielle Bild der Nation der Inder
ausmachen und in dessen Opposition sich die Sangh Parivar heute versteht. Ich
wende mich also kurz dieser staatstragenden Ideologie zu, um die Normative
darzustellen, auf denen das unabhängige Indien aufgebaut wurde und die auch in
der Verfassung des Landes ihren Niederschlag erfuhren. Dabei sollte klar sein, dass

die Geschichte des unabhängigen Indien seit 1947 keineswegs nur entlang dieser Normative verlief. Zahlreiche diesen Grundentscheidungen der Staatsgründer widersprechende politische Praktiken musste die indische Bevölkerung dulden, wie etwa die Korruption, die Gewalt des Kastensystems oder die Diskriminierung der Frau auch und vor allem im Namen der Religion. Als ideologisches Fundament und damit grundsätzliches Paradigma des Staates erhielt sich dieser Nationsbegriff aber bis in die 80er Jahre, ehe er durch die politische Umgestaltung grundsätzlich in Frage gestellt wurde.

Der erste Premierminister des freien Indien, Jawaharlal Nehru, trat schon während des Unabhängigkeitskampfes gegen einen Nationalismus auf, der religiöse Elemente irgendwelcher Art oder ideologische Aspekte des Communalism in sich trug (Pandey 1990:240). Er hielt diese Inhalte für fortschrittsfeindlich und zudem konfliktträchtig, sodass die Einheit und Stabilität durch eine derartig gelagerte Staatsideologie auf Dauer nicht gesichert werden könne. Dementsprechend entschieden trat Nehru nach 1947, als die Verfassung ausgearbeitet wurde, für eine Staatsideologie ein, die frei von eben diesen aus seiner Sicht obskuren und kommunalen Aspekten war (Alam 1999:147). Säkularismus, technischer, wirtschaftlicher und geistiger Fortschritt und Rationalismus waren die tragenden Elemente seiner Staatsideologie, die die Sicherheit und Prosperität des jungen Staates über Generationen hinweg sichern sollten. Oberste Priorität erschien Nehru, so die Einschätzung Sarvepalli Gopals (zit. nach Veer 1994:160), die Zurückdrängung der Religion zumindest aus sämtlichen öffentlichen Belangen, nachdem die Bekämpfung der Religion an sich in einer traditionellen Gesellschaft wie der indischen völlig utopisch erschien. Der Staat sollte sich aller Umarmung mit jeglicher Form von Religion enthalten und ein Zivilrecht garantieren, das von religiösen Belangen absah. Was war es aber dann, das Nehru an die Stelle der Religion als einheitsstiftendes Merkmal der indischen Nation setzte? Das größte Problem für Nehru und sein Bemühen, eine adäquate Staatsideologie mit einem Höchstmaß an Toleranz zu entwerfen, stellte die innere Vielfalt des Landes in jeder Hinsicht dar. Javeed Alam urteilt in dieser Hinsicht sehr scharf über Nehru, wenn er dem Staatsgründer unterstellt, in Ermangelung eines echten, überzeugenden ideologischen Konzeptes für die indische Nation allzu leicht in emotionale Konstruktionen und historische Schwärmereien abgeglitten zu sein, wenn es um die Frage der historischen Legitimität dieser neuen, indischen Nation ging (Alam 1999:150). In den Schriften Nehrus ist dieser Vorwurf aber zumindest in Ansätzen durchaus vertretbar. Indische Geschichte war für Nehru ein ständiger Prozess der Adaption uralter Traditionen an neue Umstände, der sowohl Raum zur Bewahrung des Alten wie auch zur nötigen Freiheit der Umgestaltung bot. So änderten sich die äußeren Formen der Gesellschaft allzu oft nicht, aber das innere Wesen dieser veränderte sich stets mit dem Vergehen der Zeit. Nur auf diese Weise sei es dieser Gesellschaft, nämlich der indischen, gelungen, die tausenden von Jahren zu überleben (Nehru 1998:517). Nehru lässt aber ungeklärt, was denn diese „Gesellschaft" eigentlich ausmacht, wer zu ihr gehört und wer nicht. Die von ihm noch vor der Unabhängigkeit formulierte, für ihn vorbildhafte nationalstaatliche Konstitution war eine Anlehnung an die damaligen großen Föderationen, die geradezu ihr Wesen in der inneren Vielfalt und kulturellen Pluralität sahen, nämlich die Sowjetunion und die USA. Auch Indien sollte eine Föderation von freien Einheiten bilden, eng verbunden mit ihren Nachbarstaaten und mit einer gewichtigen Rolle in der Weltpolitik (Nehru 1998:531, 535). Die Synthese sollte das zentrale Prinzip jeder individuellen Lebensgestaltung und auch der Nation bilden, das die Menschen über die geistige Enge der traditionellen Vergangenheit heben sollte: „For we have too much of the past about us ... We have to get rid of that narrowing religious outlook, that obsession with the supernatural and metaphysical speculations, that loosening of the mind's discipline in religious ceremonial and mystical emotionalism" (Nehru 1998:519f). Das, was nach Nehru eine Nation daher ausmachte, war nicht etwa ein gemeinsames kulturelles Erbe, die gemeinsame Sprache oder die einheitliche Religion. Er begriff oder vielmehr postulierte die Synthese als einzig mögliches Lebensprinzip, das den Menschen größtmögliche Freiheit und Toleranz bieten würde. Das allein machte aber noch keine Nation aus, es stellte vielmehr die für Nehru unverzichtbare Prämisse dieser dar. Die Legitimität einer indischen Nation und ihre Existenz in einem klar definierten Staatsgebiet, das sich trotz der späteren Teilung des Subkontinents mit dem Gebiet Britisch Indiens decken sollte, kam aus einem völlig anderen Bereich. Die entscheidende Legitimation eines autonomen indischen Staates leitete Nehru vom Prinzip der sozialen Gerechtigkeit ab, das er in der alten kolonialstaatlichen Ordnung für nicht realisierbar hielt. Dem alten Staatsgefüge mangelte es an Dynamik, Flexibilität und Moderne, sodass eine neuer institutioneller Rahmen hergestellt werden musste, um den Geist der Moderne, des Fortschritts und des sozialen Ausgleichs zu realisieren. Nehru führt damit als westlich gebildeter Staatsmann westliche Ideale der Moderne und Aufklärung gegen den Westens selbst ins Feld, deren Realisation in Opposition zu den Hegemonialstrukturen des Westens zu geschehen hatte, die der Verwirklichung der westlichen Moderne in Indien entgegenstanden. Das Primat der Ökonomie und die von ihr ausgehenden Modernisierungen waren der Schlüssel zur neuen Produktion und Distribution von sozialer Gerechtigkeit und persönlicher Freiheit (Chatterjee 1986:132f). Der Kolonialstaat war freilich die schlechteste aller möglichen Voraussetzungen für die Realisation einer derartigen Vision und so musste dies politisch die Etablierung eines souveränen Nationalstaates inkludieren, um die entscheidendste aller Prämissen für soziale Gerechtigkeit zu schaffen: die politische Unabhängigkeit.

Den entscheidenden Kitt der Nation bot daher für Nehru nicht ein verbindendes Merkmal der Kultur, das seinerseits wiederum bestimmte Gruppen von Indern ausgeschlossen hätte, sondern boten ausschließlich ökonomische und gesellschaftliche Notwendigkeiten, wie etwa die gemeinsame Verteidigung, um jeden Einzelnen dieser Nation zu schützen, die Industrialisierung, um ihn zu ernähren, Transport und Kommunikation und der interne, freie Handel, der ein gewisses Maß an wirtschaftlicher Planung erforderte (Nehru 1998:532). Das, was den Kolonialstaat letztlich illegitim machte, war demnach nicht die Tatsache, dass eine fremde Nation über Indien herrschte, wie etwa die Hindunationalisten argumentiert hätten, sondern einzig das Faktum, dass diese Fremdheit der Briten für Ausbeutung und soziale Diskriminierung stand und daher im Namen der eben nationalen Emanzipation beseitigt werden musste (Chatterjee 1993:203). Der neue Staat war daher eine unabdingbare und zutiefst legitime Notwendigkeit, um die Entwicklung und Prosperität der Nation zu garantieren. Die Nation selbst wiederum war vielmehr eine aus wirtschaftlicher und sozialer Sicht rational und vernünftig erscheinende Zweckgemeinschaft als eine „natürliche" Konstante der Weltgeschichte, verbunden durch Kultur und Religion.

Die Alternative zu diesem Staat der indischen Nation skizziert Nehru dramatisch. Stagnation, Verfall und Desintegration würden zu einem Schwund der wirtschaftlichen und politischen Freiheit sowohl für Indien als ganzes als auch für die einzelnen, kulturellen Teile seines Gebietes führen: „The inexorable logic of the age presents the country with radically different alternatives: union plus independence or disunion plus dependence" (Nehru 1998:533). Der Begriff der Nation bei Nehru und damit der staatstragenden Ideologie, die auch in der Verfassung des neuen Staates ihren Niederschlag fand, ist damit ein zutiefst ambivalenter. Zum einen musste Nehru den europäischen Begriff der Nation kritisch beleuchten. Einheitsmerkmale dieser „imagined community" wie etwa die Sprache, die Kultur oder auch die Religion, wies er als zu exklusiv und intolerant für den indischen Kontext zurück. An ihre Stelle trat ein Postulat für die „happy acceptance of the multiplicity" (Alam 1999:150) in jeder Hinsicht, die er aber in ihren Implikationen für den Staat nicht weiter theoretisieren konnte. Es blieb beim gut gemeinten Postulat. Die Nation sollte sich, so Nehru, um die wirtschaftlichen und sozialen Belange des Fortschritts kümmern. Alles weiter würde sich von selbst ergeben: „The real thing to my mind is the economic factor. If we lay stress on this and divert public attention to it we shall find automatically that religious differences recede into the background and a common bond unites different groups" (zit. nach Madan 1997:240). Eine Annahme, die sich hinsichtlich des größten Entwicklungshemmers, dem Communalism, als fataler Irrtum herausstellen sollte. Nehrus entschiedene Opposition gegenüber jeglichen kommunalen Ideologien, die die Religion zum einzigen Bestimmungsmerkmal einer indischen Nation erklärten, zog praktisch nur die Betonung des Primates der Wirtschaft in der Staatspolitik nach sich und keine weiteren, wie auch immer gelagerten Gegenmaßnahmen (Chandra 1987). Nehru glaubte, durch ein Verbessern der wirtschaftlichen Situation und der Herstellung eines breiten sozialen Ausgleichs automatisch das Problem des Communalism, also des religiösen Exklusivismus, lösen zu können. Diese Annahme kann deshalb heute als Irrtum angesehen werden, weil kommunale Bewegungen wie etwa die RSS ihren Ausgang unter hochkastigen, wirtschaftlich durchaus bessergestellten

Indem nahm, die um ihre Privilegien fürchteten, und auch heute rekrutiert die BJP einen Gutteil ihrer Wähler in der besser gebildeten, wirtschaftlich keinesfalls bedrohten städtischen Mittelschicht.

Nehru hob damit die Definition der Nation lediglich auf eine andere, weil wirtschaftliche und soziale Ebene, ohne dabei das europäische Modell als solches aufzugeben. Diese Ambivalenz sollte es den Hindunationalisten ermöglichen, den bereits vor der Unabhängigkeit artikulierten kulturellen und religiösen Nationalismus, der sich auf ohnehin und trotz des Exklusivismus der Staatsideologie vorhandenen Gruppenmerkmale wie etwa die Religion bezog, bis in die 1980er Jahre durchzutragen, als er die schwere Krise des gegenwärtigen Staates und seiner Legitimität zu seinen Gunsten zu nutzen wusste und damit jene Ambivalenz Nehrus in eine ideologische Eindeutigkeit verwandelte, die Nicht-Hindus beinahe zu Staatsfeinden erklärt. Die Entschiedenheit, mit der Nehru's Regierung gegen alternative Modelle dieser Nation vorging, bewirkte höchstens das Abdrängen dieser in den privaten und informellen Bereich (Chatterjee 1986:68; Alam 1999:155), wo sie neue Wachstumschancen vorfanden. Die Staatskrise und die breite Etablierung des Communalism in den 80er und 90er Jahren sind lediglich das zu Tage Treten einer seit 1947 bestehenden ideologischen und konzeptionellen Kontroverse über die Nation, die Nehru nur vordergründig und mit viel Staatsmacht für sich entschied. Dazu kam, dass vor allem nach dem Tod Nehrus aber auch bereits während seiner Regierungszeit die Ergebnisse der politischen Realität keinesfalls den von ihm formulierten Grundsätzen entsprachen, sodass Zweifel hinsichtlich des hinreichenden Charakters dieser Fundierung der Nation aufkommen mussten, wie dies massiv in den 80ern der Fall war. Diese Defizite in der Realisierung des von Nehru formulierten politischen Projektes der nationalen Wohlfahrt betreffen unter anderem die nach wie vor grassierenden Auswüchse des Kastenwesens, die enormen Rückstände in der Primärbildung, die Korruption, die nach wie vor beinahe in ganz Indien präsente Diskriminierung der Frau und das Scheitern des wirtschaftspolitischen Paradigmas der introvertierten Entwicklung, die das Heer der Armen nicht zu beseitigen vermochte.

Die Alternative dazu war und ist also der Nationsbegriff der extremen Rechten, der in seiner Konzeption deutlich von Nehru abweicht. Das, was die Sangh Parivar und ihr politischer Flügel, die BJP, unter der indischen Nation bzw. unter indischem Nationalismus verstehen, führen zwei der zentralen Persönlichkeiten dieses politischen Lagers vor Augen, nämlich L.K. Advani, einstiger Parteipräsident der BJP und heutiger Innenminister Indiens, und A.K. Singhal, bundesweiter Vorsitzender der VHP. Ihren Aussagen zufolge kann es keine gültige Definition von indischem Nationalismus geben, die ihren Inhalt nicht hauptsächlich dem hinduistischen religiösen und kulturellen Ethos entnimmt, sodass der Bezug dieses Nationalismus eindeutig auf die Kultur und Religion der Mehrheit Indiens gerichtet ist. Weiters kann die Einheit des Landes nach ihren Vorstellungen auf Dauer nur durch eine Fundierung mit diesem Nationalismus gewährleistet werden (Alam 1999:85). Die

Einheit Indiens ist somit die Einheit der Hindu-Nation, deren Grenzen sich kulturell und vor allem religiös definieren.

Die historische Genese dieses Gedankengutes ist, wie gezeigt, eng mit der Geschichte der RSS verbunden. V.D. Savarkars ideologisches Grundsatzwerk *„Hindutva. Who is a Hindu?"* (Savarkar 1989) bildete in den 20er Jahren das ideologische Rückgrat der historischen Anfänge des Hindunationalismus. Die direkte Kontroverse mit dem Staatsmodell Nehrus wurde jedoch erst gegen Ende der 70er Jahre wieder aktuell und politisch relevant, nach den Wirren und Konfrontationen im Unabhängigkeitskampf diesmal allerdings grundlegend und mit weitreichenden Konsequenzen zugunsten einer rechtsorientierten Neugestaltung der politischen Landschaft.

Die Definition der *Hindu-Rashtra*, also des hinduistischen Nationalstaates, ist in erster Linie eine negative und versteht sich in bewusster Ablehnung gegenüber dem seit Nehru staatstragenden säkularen Nationalismus. Die Rhetorik der BJP-Führung deklariert die vor allem von Nehrus Congress Party verkörperte säkulare Staatsideologie als „Pseudosäkularismus", der die Interessen der religiösen wie auch der sozialen Minderheiten gegenüber der hinduistischen Mehrheit überbewerten und so das demokratische Mehrheitsprinzip verletzen würde. Tatsächlich knüpft diese Kritik an zweierlei politische Praktiken an, die seit 1947 einen integralen Bestandteil der indischen Demokratie darstellen. Zum einen ist dies die politisch durchaus übliche Strategie, sich durch eindeutige Referenzen gegenüber einer religiösen Minderheit, und hier aufgrund der Größenverhältnisse vor allem der moslemischen Bevölkerung, deren Wählerschaft zu sichern. Die Beispiele für eine derartige Strategie sind in der Geschichte des unabhängigen Indien aber auch bereits in der Kolonialzeit zahlreich. Der zweite Anknüpfungspunkt der Kritik betrifft das „Prinzip der positiven Diskriminierung" der indischen Verfassung. Nehru und seine Regierung sicherten den religiösen und auch sozialen Minderheiten wie etwa den *Scheduled Castes*, den unterkastigen oder kastenlosen Indern, oder den *Scheduled Tribes*, der tribalen Bevölkerung des Landes, Quoten in zahlreichen wichtigen Bereichen wie Bildung oder Beamtenschaft zu. Dies geschah, um diesen Minderheiten einen verbesserten Zugang zu geistigen Ressourcen und damit zur sozialen Mobilität zu sichern, da ihre gesellschaftliche und politische Präsenz zu diesem Zeitpunkt zu schwach war, um sich diese Zugänge selbst zu sichern. Zudem gelang es dem an sich säkularen Staat von Anfang an keinesfalls, sich einer aktiven Intervention in die religiösen Angelegenheiten der verschiedenen Religionsgemeinschaften zu enthalten. Schon unmittelbar nach der Unabhängigkeit 1947 intervenierte die Regierung in Delhi durch zahlreiche Verordnungen und Regelungen in die religiöse Praxis der Religionen. Die von Anfang an bestehenden Schwierigkeiten und Unmöglichkeiten für die Regierung in Delhi aber auch für die Lokalregierungen in den Bundesstaaten, sich jeglicher Intervention in die „inneren" Angelegenheiten der Religionsgemeinschaften zu enthalten, werden von Partha Chatterjee (1998) analysiert, der darin nicht nur ein zentrales Wesensmerkmal der indischen Säkularismus sieht, sondern es auch für den indischen Kontext als unmöglich erachtet, das amerikanische Modell der „wall of separation" zwischen dem Staat und der Religion aufzuziehen. Bereits im Jahr der Unabhängigkeit verbot der Staat beispielsweise im „Madras Devadasis Act" die im Süden Indiens häufig vorkommende Weihe junger Mädchen an eine Tempelgottheit und verbot zudem jegliche Form von Tanz dieser im Rahmen religiöser Veranstaltungen. Auch in positiver Weise begann der Staat beziehungsweise begannen die Bundesstaaten, sich in die Organisation religiöser Angelegenheiten einzubringen. 1951 richtete die Regierung in Madras sogar ein eigenes staatliches Büro ein, das sich ausschließlich der Organisation hinduistisch-religiöser Stiftungen zu widmen hatte (Chatterjee 1998:353f). Der im Anschluss an die Scheidung der indischen Moslemin Shah Bano verabschiedete *Muslim Women (Protection of Rights on Divorce) Act* aus dem Jahr 1986 ist ein jüngeres Beispiel derartiger Interventionen, die den Staat und das Congress-System in den Ruf brachten, „pseudosäkular" zu sein, da dieser *Muslim Women Act* den Moslems Indiens ein eigenes Scheidungsrecht in Anlehnung an die Schariah garantierte.

Die Alternative für die BJP und den Rest der Sangh Parivar ist hinsichtlich ihrer politischen Stoßrichtung eindeutig. „Wahrer Säkularismus" bestehe in der Eliminierung dieser Minderheitenrechte und in der „fairen" Behandlung aller Inder, wobei eine deutliche Betonung des Mehrheitsrechtes der Hindus in die Staatsideologie einzugehen hat. Die Politik müsse „sensibler werden gegenüber der religiösen und kulturellen Mehrheit des Landes" (Alam 1999:84), nach der sich der Mainstream der Politik zu richten habe. T.N. Madan wendet zurecht ein, dass sich in dieser Alternative nur die Perspektive, nicht jedoch das Prinzip selbst ändere, da die BJP mit ihrer Rhetorik aber auch politischen Handlung als Oppositions- und in einzelnen Bundesstaaten auch als Regierungspartei eindeutig die Hindumehrheit favorisiere und ihr gesamtes politisches Profil auf dem Image als Partei der Hindus aufbaue (Madan 1997:272). Von einer neuen Fairness kann also auch in Anbetracht dessen, was ereignisgeschichtlich in Zusammenhang mit dieser Partei bereits festgestellt wurde, in keiner Weise die Rede sein. Es ist wohl eher das Schema eines brutalen Rechtes der Mehrheit und damit des Stärkeren, das jeden Minderheitenschutz als „unfair" zurückweist und eine Hindu-Nation zu realisieren trachtet, die Moslems oder Christen lediglich duldet.

Eine abschließende Gegenüberstellung des Begriffes der Nation von Nehru und dem der Sangh Parivar verdeutlicht entscheidende Wesensunterschiede, die auch realpolitisch dementsprechend unterschiedliche Konsequenzen nach sich ziehen. Erstens entschied Nehru durch die Darlegung der Kriterien seiner Nation einen eindeutigen Zweck dieser, den er in erster Linie in der Ermöglichung des wirtschaftlichen und geistigen Fortschritts für alle Inder sah. Die Konstitution einer indischen Nation hatte vor allem pragmatische Gründe und sollte durch die in ihr geeinten Kräfte die Prosperität und den sozialen Ausgleich auf Dauer ermöglichen, sodass Hunger und Unterernährung, aber auch traditionalistische Rückständigkeit und religiöser Aberglaube der Vergangenheit angehörten. Die Grundlage dieses Nationalismus bildete auf allen Ebenen der Anti-Kolonialismus, von dem sich Nehru und seine politischen Mitstreiter ein Ende der wirtschaftlichen und auch geistigen Ausbeutung des Landes erhofften, sodass die gewaltigen Ressourcen endlich jenen Menschen zu Gute kommen konnten, die ihrer Meinung nach einzig das Anrecht darauf hatten. Alle weiteren ideologischen Postulate für diese indische Nation leiteten sich davon ab und bildeten lediglich wenn auch notwendige und unverzichtbare Rahmenbedingungen dieser Emanzipation: „Along with the anti-colonial world view, certain other ideological elements constituted the broad socio-economic-political vision of the Indian national movement. Broadly speaking, this vision was that of republican, democratic, civil libertarian political order, both the economic and political order to be based on principles of social equality" (Chandra u. a. 1989:519). Vom Prozess der wirtschaftlichen Transformation ausgehend sollte dieses freie Indien von einer parlamentarischen Demokratie regiert werden, sich einem kompromisslosen Säkularismus verpflichtet fühlen und einhergehend mit der Garantie bürgerlicher Freiheiten den sozialen Ausgleich zwischen den ethnischen, religiösen und kulturellen Gruppen des Landes herstellen. Der Begriff der Hindu-Nation hingegen kennt neben diesem Pragmatismus noch andere, viel entscheidendere Merkmale der Nation, nämlich das gemeinsame Fundament der Kultur und Religion. Die Einführung dieser Kriterien inkludiert unweigerlich die Formulierung des innerindischen Anderen, der wenn überhaupt nur zweitrangig als Mitglied der Nation anerkannt wird und der seine Interessen denen der Hindu-mehrheit unterzuordnen hat. Seit V.D. Savarkar ist der Kult des Territoriums ein entscheidender Bestandteil des Hindunationalismus. Das „heilige Vaterland" (Veer 1994:106), das schon seit Urzeiten das Land der Hindus und ihrer Kultur ist, sieht die Sangh Parivar historisch und auch gegenwärtig durch das Eindringen des Fremden von außen gefährdet. Dieses Schema impliziert die ungeheuerlich anmu-tende Aufreihung des Islam, der Briten und nun auch des Globalen, kulturell Westlichen, das als das Andere das Gegenüber im Schema der Hindu-Nation bildet. Dem steht das Postulat der Synthese Nehrus (1998:535) entgegen, das nicht nur die wechselseitige Offenheit gegenüber dem innerindischen Anderen forderte, son-dern auch die Öffnung für die Mitarbeit im internationalen Feld und besonders mit den unmittelbaren Nachbarn vorsah.

Zweitens demontiert die BJP mit ihrem Modell den säkularen Staat, der den aktiven Schutz der Minderheiten kennt und die Verdrängung des Kriteriums der Religion aus dem Staatsgefüge vorsieht. Die Nation der Hindus anerkennt per se bereits das Kriterium der Religion als entscheidend für die Konstitution der Nation, sodass eine Mehrheit des Parlamentes und der Regierung gemäß dem Recht der Mehrheit im Land aus Hindus bestehen müsste, um die Verhältnisse im Land „gerecht" zu repräsentieren. Diese Logik der Separation würde angesichts der realen Verteilung der Mittel, Ressourcen und Bildung ohne Zweifel auf Dauer eine schleichende Diskriminierung der Minderheiten mit sich bringen.

Drittens sah Nehru die Föderation als das eigentliche Modell für den indischen Staat an, in dem den einzelnen Bundesstaaten ein größtmögliches Maß an Autonomie zukommen sollte. Dem gegenüber postulieren die BJP und ihre Gefolgschaft einen starken, zentralisierten und autoritären Staat, der auch die Vorherrschaft Indiens zunächst in der Region Südasien garantieren sollte (Basu u. a. 1993:60, 62). Vielfach setzen sich diese Großmachtallüren in Spekulationen über eine weltweite Großmacht Indien fort, zu deren Realisation auch die von der BJP-Regierung initiierte Zündung der ersten Atombomben im Mai 1998 zählten (Corbridge 1999:240f). Die Bombe nimmt dabei nicht bloß die Stellung eines machtpolitischen Details ein, sondern bildet einen Kern des Selbstbewusstseins der sich neu konstituierenden Nation, deren politischer Hauptreferenzpunkt mehr denn je das islamische Pakistan bildet. Nehrus Internationalismus sah hingegen bedeutend anders aus. Auf der ersten Solidaritätskonferenz von 29 Dritte-Welt-Staaten in Bandung 1955 erklärte Nehru federführend zusammen mit Gamal Abdel Nasser und Josip Broz Tito die verstärkte kulturelle und wirtschaftliche Zusammenarbeit zwischen den Teilnehmern und verurteilte Kolonialismus und Ausbeutung. Sechs Jahre später, auf der ersten Konferenz der Blockfreien in Belgrad, legten diese Staaten wiederum im Wesentlichen nach den Impulsen Nehrus das gemeinsame Vorgehen gegen Unterdrückung, Rassismus, Imperialismus und Vorherrschaft quasi als gemeinsames Statut der Bewegung der Blockfreien fest.

Aus der Betrachtung des Nationsbegriffes des Hindutva-Kräfte geht deutlich hervor, in welche Reihe sich die Präsenz des Globalen in Indien begibt und welche Vorstellung von Indien als nationale Einheit die Agitationen gegen das westliche Fremde in Indien nährt. In makaber anmutender Konsequenz betrachtet die Sangh Parivar den Islam, die Kolonialherrn aus England und nun die unter westlichen Vorzeichen passierende Einbindung Indiens in die neoliberale Weltwirtschaft als das angefeindete Gegenüber innerhalb des „Vaterlandes der Hindus". In diesem Sinn kann die Auseinandersetzung mit dem Globalen und die im Zuge dessen vollzogenen Proteste als ungebrochene Fortsetzung der historisch weit zurückreichenden Ideologie und Politik der Hindu-Nation betrachtet werden, die keinesfalls produktiv die tatsächlichen Problemstellungen, die sich für Indien aus der wirtschaftlichen Öffnung ergeben, aufgreift, sondern lediglich jene Argumentationslinie politisch fortsetzt, die bereits vorher und völlig unabhängig von jeglicher Globalisierung existierten. Es waren in den 60er und 70er Jahren vor allem die RSS und die VHP, die nach den kommunalen Katastrophen der Teilung des Subkontinents den latenten Hass zwischen den Religionsgemeinschaften am Leben und vor allem im kollektiven Gedächtnis erhielten, ihn gezielt schürten und gelegentlich zum Aufflammen brachten, ehe er Ende der 70er und Anfang der 80er Jahre wiederum zum vollen Ausbruch kommen und damit zum politisch äußerst relevanten Faktor werden konnte. Ob und inwieweit die wirtschaftliche Öffnung hingegen die breite politische Etablierung dieser Ideologie ermöglichte oder sogar förderte, soll im nächsten Abschnitt geprüft werden.

4.2. Hindutva und Globalisierung:
Kausaler Zusammenhang aus chronologischer Parallelität?

Die Überschrift deutet die in diesem Abschnitt zu besprechende Thematik bereits an, nämlich die Frage nach einem direkten Zusammenhang zwischen der wirtschaftlichen Öffnung Indiens und dem markanten politischen wie gesellschaftlichen Aufstieg des Hindunationalismus. Methodisch werde ich dabei zunächst die offensichtlichen Gründe für die Annahme einer Wechselwirkung zwischen diesen beiden Prozessen darzulegen haben, was mit einem Blick auf die qualitativen und quantitativen Veränderungen des Communalism einerseits und auf die Chronologie der Öffnung Indiens und damit der Einbindung in die globalen Dynamiken andererseits geschehen soll. Erst in einem zweiten Schritt werden direkte Wechselwirkungen gesucht und dabei einige Erklärungsmodelle indischer Sozialwissenschafter vorgestellt. Es geht dabei keinesfalls um das letztliche Klären dieser Frage, da sich die vermuteten Interdependenzen dieser beiden Prozesse sehr vielschichtig und komplex gestalten. Vielmehr soll damit versucht werden, eine kritische Besprechung der Modelle vorzunehmen und ihrer Defizite und Verdienste für eine mögliche Erklärung herausstellen, sodass eine mögliche Richtung für eine weiterführende, noch keinesfalls abgeschlossene Debatte ersichtlich wird.

Zunächst also zur Entwicklung der kommunalen Organisationen und der Verbreitung ihrer Ideologie in der Bevölkerung Indiens. Unter den wichtigsten Autoren, die sich mit dem Thema des Hindunationalismus und seinen jüngsten Tendenzen auseinander gesetzt haben, herrscht weitgehend Einigkeit über das Faktum und den Zeitpunkt eines Wandels des Hindunationalismus und seine Bedeutung für die Gesellschaft und die Politik Indiens (vgl. Das 1994; Vanaik 1990; 1997; Jaffrelot 1996; Nandy u. a. 1995; Brass 1994 etc.). Der innenpolitische Wendepunkt in dieser Hinsicht wird allgemein mit dem Ausgang der 70er Jahre und dem Beginn der 80er Jahre wahrgenommen, wobei der Wandel zweierlei Dimensionen aufweist: zum einen in der qualitativen Natur des Hindunationalismus und zum anderen in seiner Quantität.

Achin Vanaik, der in seinem Buch „*The Painful Transition*" (1990:139) die langzeitliche Umgestaltung und Umformung der indischen Politik sowohl in sozialer wie auch in inhaltlicher Form beschreibt, notiert für die Periode der 80er Jahre eine dramatische Veränderung in der Natur der in der gesamten indischen Geschichte vorhandenen kommunalen Ausschreitungen zwischen den Mitgliedern verschiedener Religionsgemeinschaften. Communalism, so meint Vanaik, sei seit dem Beginn dieser Dekade kein lokales Phänomen mehr, sondern habe sich zum omnipräsenten, gesamtindischen Problem entwickelt, das nun nicht mehr nur Hindus und Moslems betrifft, sondern mit zunehmender Intensität auch das Verhältnis von Hindus und Christen und Hindus und Sikhs bestimmt. Vanaik resümiert daher, dass die qualitative Veränderung der Zusammenstöße das Versagen der säkularen staatlichen Institutionen demonstrieren, nachdem man, wie etwa

Nehru dies tat, fälschlicherweise davon ausging, dass kommunale Ausschreitungen nach der Teilung des Landes und der Einrichtung säkularer, staatlicher Organe zumindest zurückgehen werden. Auch Veena Das schließt sich in der Einleitung zu ihrem Buch „*Mirrors of Violence*" (1994:21) diesem Befund an und betont ähnlich wie Vanaik die Transformation der Gewalt hinsichtlich der Quantität und auch der Qualität. Das Problem des Communalism habe sich in dieser Periode von der lokalen zur nationalen Ebene erhoben und dabei hinsichtlich seiner Ursachen auch internationale Dynamiken und Entwicklungen miteingeschlossen. S. Chakraborty (1994:29f) vermutet ebenso eine vertikale Ausbreitung dieses Problems seit dem Beginn der 80er Jahre und sieht damit eine Verstärkung des Zugriffes der Orthodoxie auf die Anhänger beider Religionsgemeinschaften, also der Hindus wie der Moslems, einhergehen. Der Communalism habe sich, so Chakraborty, in dieser Zeit sowohl in seiner Aggressivität als auch in seinem Organisationsgrad merklich gesteigert, eine Potenzsteigerung, die unter anderem in den Massenkampagnen ab der Mitte der 80er Jahre zum Ausdruck kam. Diese zunehmende Fragmentierung der indischen Gesellschaft hat sich natürlich auch in der politischen Landschaft des Landes artikuliert, wie etwa in der Zunahme der politischen Akzeptanz gegenüber dieser Form der Gewalt oder im zunehmenden politischen Gewicht radikal religiöser Rhetorik (Brass 1994:229). Doch dazu etwas später.

Man kann quasi als Synthese der Untersuchungen all dieser Autoren drei wesentliche, qualitative Merkmale des Wandels seit dem Beginn der 80er Jahre festhalten, die durch empirisches Material zur Genüge gesichert sind (vgl. Talbot 1991:141; Z. Hasan 1991:143). Zum einen ist dies eine Zunahme der Intensität und Frequenz kommunaler Gewaltausbrüche, im Zuge derer sich sowohl die Zahl der Vorfälle insgesamt als auch die Zahl der dabei verletzten oder getöteten Menschen entscheidend erhöht hat. Ich werde das Datenmaterial gleich im Anschluss etwas näher betrachten. Zweitens gelang es den kommunalen Organisationen wie etwa der RSS oder der VHP, ihre Mitgliederzahlen deutlich zu erhöhen und auch die Verbreitung ihrer Organisationsstrukturen geographisch bedeutend auszudehnen. Zudem kamen zahllose Neugründungen von Tochterorganisationen dazu, die zumeist auf lokaler Ebene wirken und die sich ebenfalls eines regen Zulaufes erfreuen. Schließlich brachten die 80er Jahre drittens die Tendenz, zunächst lokal begründete Konflikte zwischen Religionsgemeinschaften auf ein nationales Niveau zu heben und damit den Einzelfall zur bundesweiten „Angelegenheit aller Glaubensbrüder" zu erklären.

Neben diesen qualitativen Veränderungen änderten sich wie erwähnt auch die Häufigkeit und die Opferzahlen derartiger Vorfälle. Nachdem die Anzahl der Vorfälle in den Jahren 1976 und 1977 einen historischen Tiefststand erreicht hatten, der nur in den ersten Jahren der Unabhängigkeit unter Nehru erreicht wurden, stieg die Anzahl der Vorfälle ab 1978 rapide an. Im Vergleich zu 1977 erhöhte sich diese Zahl von 188 auf 421 im Jahre 1980, um danach weiter zu steigen (Rajgopal 1987:16f, zit. nach Nandy u. a. 1995:7). 1985 zählte man 525 kommunale

Gewaltausbrüche, fünf Jahre später beinahe drei Mal so viele, nämlich 1404. Nach einem kurzen Absacken im darauffolgenden Jahr schnellte die Zahl im Jahr der Zerstörung der Babri-Moschee in Ayodhya 1992 auf 1991 (Jaffrelot 1996:552). Wirft man einen Blick auf die Intensität der Gewalt, also auf die Anzahl der dabei getöteten Menschen, stellt sich die Entwicklung noch drastischer dar. Wiederum im Vergleichszeitraum von 1977 und 1980 erhöhte sich die Zahl der Opfer kommunaler Gewalt von 36 auf 375, um danach wieder leicht abzunehmen (Brass 1994:240). Den nächsten Höhepunkt erreichten die Opferzahlen im Jahr der ersten größeren Massenaktion der VHP, der *Ekatmata Yagna*, 1983, als 1143 Menschen der kommunalen Gewalt zum Opfer fielen. In der intensiven Phase der Ayodhya-Kampagne ab 1989 starben in der Reihenfolge der Jahre bis zur Zerstörung der Moschee im Dezember 1992 1155, 1248, 474 und 1640 Menschen (Jaffrelot 1996:552). P.R. Rajgopal (1987:16f, zit. nach Nandy u. a. 1995:7) bietet noch eine sehr aufschlussreiche Ergänzung zu diesem Datenmaterial, nämlich eine Liste der Anzahl von Verwundeten in diesen Zusammenstößen, die bedauerlicherweise nur bis 1985 führt. Auch hier zeigt sich ein ähnliches Bild. Lag die Anzahl der Verwundeten 1976 noch bei 794, so waren es 1978 bereits 1853, 1980 dann 2691 und 1984 gar 4836, um ein Jahr darauf als das letzte verfügbare Datum wieder auf 3665 abzufallen. Deutlich gehen aus diesen Materialien die Veränderungen in der Gewalt zwischen den Anhängern unterschiedlicher Religionsgemeinschaften hervor, an der sich im Vergleich zu den 70er Jahren etwa ab dem ersten Drittel der 80er Jahre mehr Menschen beteiligten und verwundet wurden, als je zuvor in der Geschichte des unabhängigen Indien mit Ausnahme des Jahres der Teilung des Subkontinents natürlich. Vergleicht man die Dekaden der Geschichte des unabhängigen Indien hinsichtlich der Anzahl der Vorfälle und Todesopfer, so ergibt sich folgendes Bild. Von 1954 bis 1959 ereigneten sich durchschnittlich 63,5 Vorfälle pro Jahr und dabei starben 25,5 Menschen ebenfalls pro Jahr. Von 1960 bis 1969 gemessen, erhöhten sich diese Zahlen auf 268,9 Vorfälle und 342,6 Getötete pro Jahr. In der nächsten Dekade verzeichnete Indien einen leichten Rückgang auf 266,8 Vorfälle und 110,8 Opfer. Die Zeitspanne von 1980 bis 1989 hingegen brachte eine neue historische Spitze von durchschnittlich 406,2 Vorfällen pro Jahr und einer Anzahl von 535,8 getöteten Menschen (Chakraborty 1994:34). Die Tendenz ist mehr als deutlich. Die 80er Jahre brachten einen bislang unbekannten Zuwachs sowohl in der Häufigkeit wie auch in der Intensität der Gewaltausbrüche. Auch in politischer Hinsicht veränderte sich in dieser Zeit bis in die Gegenwart sehr viel, ein Wandel, der noch als weitere Dimension der „Hinduisierung" Indiens wahrgenommen werden muss.

Naturgemäß vergrößerte sich der politische Einfluß der Sangh Parivar mit der RSS an ihrer Spitze mit der zunehmenden Radikalisierung, sodass dem Blick auf die politische Landschaft seit dem Beginn der 1980er Jahre eine Bemerkung voranzustellen ist. Von 1977 bis 1990 gelang es der RSS, die Anzahl der aktiv an ihren täglichen Übungen und Trainingsprogrammen teilnehmenden Menschen mehr als zu verdoppeln (Talbot 1991:142). Der Zulauf zur RSS ist beeindruckend und ihr wachsender Einfluss auf die Politik des Landes ist nur eine logische Konsequenz daraus. Einige Parteien des Landes versuchten im Verlauf der 80er und erst recht in den 90er Jahren die sich ausbreitende, feindselige Stimmung des Hindunationalismus demokratiepolitisch zu nutzen. Indira Gandhi war zu Beginn der 80er Jahre die erste, die deutliche Bereitschaft zeigte, sich der religiösen Ressentiments im Land zu bedienen. Ihr Eingreifen in die Regionalwahlen in Jammu und Kashmir zu Gunsten der Hinduminderheit und auch ihr eifriges Aufsuchen von heiligen Stätten der Hindus ab 1983 signalisierte eindeutig ihre spontane Umorientierung weg vom einst strikt säkularen, auf Ausgleich zwischen den Religionsgemeinschaften bedachten Kurs hin zu einem explizit hindu-freundlichen, der ihr umgehend die Sympathie der RSS einbrachte (Hocking 1996:222). Noch im selben Jahr betonte Gandhi in einer Rede die Notwendigkeit für die Minderheiten des Landes, sich der Mehrheit der Hindus anzupassen, ein Jargon, den man aus heutiger Sicht nur den extremsten Hindunationalisten zuspre-chen würde (Banerjee 1994:46). Der Rechtsruck der Congress Party, der auch Nehru angehörte und dessen Tochter Indira Gandhi immerhin war, artikulierte sich in einer „Kreativen Strategie" der Partei im Wahlkampf zu den Parlamentswahlen 1984. Gandhi wetterte in diesem Wahlkampf gegen extremistische Sikhs, was ihr Sympathie unter den nationalistischen Hindus einbrachte, attackierte die Opposi-tionsparteien als anti-nationale Kräfte und wetteiferte mit der im Norden Indiens bereits Fuß fassenden BJP um die gezielte Nutzung hindureligiöser Symbole (Z. Hasan 1991:144f). Das Wahlergebnis war dann auch tatsächlich ganz im Sinn Indira Gandhis. Die Congress Party konnte ihren landesweiten Stimmenanteil von 42,8% aus dem Jahr 1980 auf 48,1% ausbauen und ihren Mandatsstand von 353 auf 415 Sitze in der Lok Sabha, dem indischen Unterhaus, erhöhen. Marginal blieb hingegen noch der spätere politische Flügel der Sangh Parivar, die BJP. Sie hielt mit 7,4% der Stimmen gerade einmal zwei Mandate (Mitra/Chiriyankandath 1992:269). Nach der Ermordung Indira Gandhis noch 1984 begann die RSS öffentlich, die Congress Party zu unterstützen. Und das blieb auch so bis 1985, als die Führung der BJP unter L.K. Advani und A.B. Vajpayee, zwei ehemaligen aktiven RSS-Mitgliedern, die Rolle der Hindupartei immer mehr für sich in Anspruch nahmen und die Strategie der „Hindu-Karte" immer perfekter auszuspielen wussten. Die BJP engagierte sich bewusst in den großen Massenkampagnen der VHP in der zweiten Hälfte der 80er Jahre, während der sich das politische Gewicht völlig zugunsten der BJP und zu Lasten der Congress Party und der Janata Dal verschob. Bereits in den nächsten Lok Sabha Wahlen vergrößerte die BJP ihren Anteil an Sitzen von zwei auf 85, zwei Jahre später waren es 119 Mandate. Die BJP nahm in der Folge die Radikalität ihrer Rhetorik zurück, nachdem sie 1993 unmittelbar nach Ayodhya Verluste in Regionalwahlen hinnehmen musste (Blom Hansen/Jaffrelot 1998:1) und man die Ursache für die Wahlschlappe in einer übersteigerten Rhetorik vermutete, die eher die Angst vor interreligiöser Gewalt als nationalistische Wir-

Gesänge hervorrief. Die Partei bemühte sich zusehends um Allianzen mit kleineren, regionalen Parteien und punktete mit dieser Mischung 1996 durch eine Erweiterung ihres Mandatsstandes auf 161, was sie zur größten Partei des Landes machte (Vanaik 1997:342). Nachdem sie bereits 1991 zur zweitgrößten Partei und damit bedeutendsten Fraktion der Opposition geworden war, erreichte der kometenhafte Aufstieg der Partei fünf Jahre später seinen vorläufigen Höhepunkt. Zusammen mit ihren Alliierten erreichte die BJP eine Stärke von 195 Sitzen, was aber nur 13 Tage für eine Regierung mit ihr an der Spitze reichte, ehe Vajpayee am Vertrauensvotum für seine Regierung scheiterte. Der endgültige Durchbruch an die Spitze gelang der Partei 1998, als sie bei den vorgezogenen Neuwahlen 177 und zusammen mit ihren Alliierten 250 Mandate erreichte (India Today 1998:16.3.). Seit dieser Wahl stellt die BJP die Regierung, zumindest bis zum September 1999, ehe wiederum vorzeitig gewählt und die BJP sogar mit einem neuerlichen, wenn auch geringfügigen Ausbau des Mandatsstandes in der Regierung bestätigt wurde.

Zunächst also noch mit Hilfe Indira Gandhis, später dann mit der BJP erlangte die Sangh Parivar im Laufe der 80er Jahre einen entscheidenden Zugriff auf die politischen Geschicke des Landes, egal ob sie die Regierungspartei wie die Congress Party durch wirkungsvolle Propaganda vor sich her trieb oder aber ob sie direkt durch ihre einstigen Zöglinge wie Advani oder Vajpayee an der Spitze der BJP auf die Themen der Politik Einfluss nahm. Sowohl gesellschaftlich als auch politisch standen die 80er und auch 90er Jahre ganz im Zeichen der Hindutva-Ideologie, deren Auffassung von Nation das Modell Nehrus langsam abzulösen begann. Parallel dazu vollzog sich zunächst noch in kleineren, später jedoch entschiedeneren Schritten die Einbindung Indiens in die wirtschaftliche Globalisierung, die bereits während der 80er Jahre die importsubstituierenden Schranken abbaute und Indiens Sensibilität für weltwirtschaftliche Dynamiken deutlich erhöhte.

Das Datum für den neoliberalen Paradigmenwechsel in der indischen Wirtschaftspolitik wird zumeist mit dem Juni 1991 angenommen, als P.V. Narasimha Rao und sein Finanzminister, Manmohan Singh, die Regierungsgeschäfte in Neu-Delhi übernahmen und ebenso umfassende wie tiefgreifende Liberalisierungen in der indischen Wirtschaft einleiteten. Ab diesem Jahr fand sich das Land stärker denn je in die weltwirtschaftlichen Dynamiken eingebunden und die zuvor äußerst restriktive Wirtschaftspolitik, die durch ein System der Lizenzvergaben und Importsubstitutionen (*Licence Raj*) gestaltet wurde, gehörte der Vergangenheit an. Die wirtschaftliche Öffnung, im Zuge derer Rao intern massiv liberalisierte und globalisierte, als er Indien für ausländische Investoren attraktiver machte, war jedoch nicht ausschließlich das Produkt dieser Stunde, sondern erfuhr bereits seit den Anfängen der 80er Jahre strukturelle Vorbereitungen.

Die ersten Gehversuche der Liberalisierung wurden bereits unter der Janata Regierung 1977–1980 gemacht, als man begann, erste Öffnungen im restriktiven System der Lizenzvergaben für ausländische Investoren zuzulassen und zumindest sektorial beschränkt ausländisches Kapital erlaubte. Dieser Kurs wurde prinzipiell von Indira Gandhi fortgesetzt, die 1980 die Regierungsgeschäfte übernahm und sie bis zu ihrem Tod vier Jahre später behielt (Roy 1997:2124). Diese ersten, äußerst zaghaften und halbherzigen Versuche der Öffnung geschahen keinesfalls aus wirtschaftspolitischer Überzeugung, sondern aufgrund einer Zwangssituation, die für Indien nach der zweiten Ölpreiskrise 1979 und schlechten Ernten entstand. Die folgende Zahlungsbilanzkrise machte Kredite des Weltwährungsfonds notwendig, die gerne gewährt wurden, als man sich von westlicher Seite einen erhöhten Zugriff auf den indischen Binnenmarkt erhoffte. Diese Erwartungen wurden jedoch von Indira Gandhi weitgehend enttäuscht, insofern die Abwertung der Rupie ausblieb, was zweifelsohne die Chancen für eine weitreichendere Einbindung Indiens in den Weltmarkt erhöht hätte, und auch keine tiefgreifende Korrektur des wirtschaftspolitischen Kurses vorgenommen wurde (Rothermund 1999:77f). Indira Gandhis Sohn Rajiv, der Indien ins 21. Jahrhundert führen und diesem Anspruch auch wirtschaftlich entsprechen wollte, machte die Liberalisierung der Wirtschaft zu einem der Hauptpunkte seines politischen Programmes und wählte dabei den Weg des geringsten Widerstandes, indem er den Außenhandel liberalisierte und den Protektionismus weiter und radikaler abbaute (Rothermund 1995:114). Die staatliche Kontrolle über die ökonomischen Aktivitäten zahlreicher nationaler Unternehmen wurde zurückgenommen, der Neueinstieg von Unternehmen in die Produktion erleichtert, Steuern gesenkt und Importrestriktionen abgebaut. Das Ergebnis dieser Importerleichterungen war ein rasanter Anstieg der Importe selbst, die der indischen Regierung eine Steigerung der Zolleinkünfte brachte, mit denen unrentable Staatsbetriebe weiter subventioniert werden konnten, ohne strukturelle Veränderungen in Angriff nehmen zu müssen. Diese Inkonsequenz sollte gegen Ende der 80er Jahre wie erwartet zum Problem werden.

Die Weltbank fand 1989 in ihrem Resümee über das vergangene indische Jahrzehnt erstmals lobende Worte für die geschehenen, ersten Reformen. Die 80er Jahre zeigten ein deutliches Ansteigen der Wachstumsrate des BIP auf über 5%, das vor allem durch das rasche Wachstum der Industrie von über 8% getragen wurde (World Bank 1989:43). Bezüglich der Importe betonte die Weltbank einen rapiden Anstieg dieser besonders seit der Mitte der 80er Jahre und hob die Schlüsselposition dieser vor allem für das industrielle Wachstum hervor. Die Zunahme der Exporte hingegen blieb weitgehend unter den Erwartungen, sodass sich trotz der positiven Wachstumsraten und ersten fortschrittlichen Ergebnisse in Summe eine belastende Situation hinsichtlich der Handelsbilanz ergab (World Bank 1989:51, 53). Diese Krise im Ausgang der 80er Jahre verschärfte sich zudem durch die Tatsache, dass Auslandsinder, die in Indien Kapital angelegt hatten und zusätzlich verunsichert durch die politisch instabile Lage einer Minderheitsregierung die Krise kommen sahen, dieses Kapital abzogen und so ihrerseits zur Zahlungsbilanzkrise beitrugen (Rothermund 1999:79f).

Insgesamt brachten also die 1980er Jahre erste Liberalisierungen vor allem in Bezug auf ausländische Direktinvestitionen, die als Gradmesser für die Globalisierung eines Landes betrachtet werden können. Auch die ersten exportunterstützenden Maßnahmen wurden in dieser Periode gesetzt, auch wenn anfangs besonders die Importe vor allem von Rohstoffen und Kapitalgütern zunahmen. 1991 musste Indien, nachdem die Glaubwürdigkeit der Rupie auf den internationalen Finanzmärkten stark gelitten hatte und zudem der Golfkrieg einen rapiden Anstieg der Ölrechnung beinahe über Nacht bewirkte, vom Internationalen Währungsfonds neuerlich einen Kredit über mehr als 12,25 Milliarden US$ aufnehmen, der natürlich bekannte Konditionen und wirtschaftspolitische Auflagen mit sich brachte (James 1995:136). So musste innerhalb einer Frist von fünf Jahren der Ausgleich des Budgets und damit die Rückzahlungsfähigkeit wieder hergestellt werden, was drastische Kürzungen auf der Ausgabenseite des Staates auch bzw. besonders im sozialen Bereich brachte, die Währung musste abgewertet und Investitionshindernisse für ausländisches Kapital weiter reduziert werden. Die Globalisierung Indiens hatte in großem Stil begonnen und die bisherigen Folgen für das Land sind trotz der vereinzelt guten Daten von zweifelhafter Qualität. Die Schuldenlast Indiens hat sich im Zuge der zunehmenden Öffnung des Landes noch vergrößert. Gleiches geschah mit den finanziellen Aufwendungen für den Schuldendienst (Roy 1997:2124). Zudem bestand bisher der Großteil der ausländischen Direktinvestitionen aus Firmenniederlassungen, die nicht für den Weltmarkt, sondern für den indischen Binnenmarkt produzierten und daher zum einen nur einen kleinen Teil der indischen Bevölkerung, nämlich der kaufkräftigen städtischen Mittel- und Oberschicht, in die wirtschaftlichen Umstrukturierungen mit einband und zum anderen keinesfalls zur Konkurrenzfähigkeit Indiens auf dem Weltmarkt durch eine erhöhte Exportquote beitrugen.

Die vordergründige chronologische Parallelität zwischen der Radikalisierung der hindunationalistischen Kräfte und ihrer gelungenen, breiten gesellschaftlichen Etablierung auf der einen Seite und dem Verlauf der wirtschaftlichen Öffnung des Landes auf der anderen ist also offensichtlich. Etwa in den Jahren 1977 und 78, als der erste markante Anstieg der kommunalen Gewalt verzeichnet wurde, begann auch die wirtschaftliche Öffnung, freilich noch zögerlich und sehr selektiv. In den 80er Jahren selbst erreichte die Intensität der kommunalen Gewalt nach einem kontinuierlichen Anstieg seit 1981 in den Jahren 1989 und 1990 ihren Höhepunkt, als sich auch die wirtschaftlichen Schwierigkeiten des Landes mit dem Kulminieren der Finanzkrise verschärften. Die Opferzahlen der kommunalen Gewaltausbrüche schnellten 1989 von 223 auf 1155 hinauf und erreichten ein Jahr später sogar 1248 (Jaffrelot 1996:552). Auch der Höhepunkt der Ayodhya-Kampagne fällt genau in jene Zeit, als die Regierung in Delhi das Land für ausländische Investoren fast kompromisslos öffnen musste und sich damit wirtschaftliche Umstrukturierungen abzeichneten, die sowohl ökonomisch wie auch sozial weitreichende Konsequenzen hatten. Gründe zur Annahme einer wechselseitigen Beziehung zwischen der Globalisierung Indiens einerseits, die für weite Teile der indischen Bevölkerung aufgrund der sozialen Ausgabenkürzungen des Staates und der wirtschaftlichen Umstrukturierung zugunsten des internationalen Kapitals zumindest kritisch zu beurteilen ist, und der innenpolitischen Radikalisierung andererseits liegen also aufgrund einer chronologischen Parallelität vor. Ob sich die Kausalitäten tatsächlich so gestalten und ob es zur Beantwortung der Frage nach den Gründen dieser Hinduisierung der Politik nicht einer wesentlichen Erweiterung vor allem des innenpolitischen Horizontes bedarf, soll nun geprüft werden.

4.2.1. Globalisierung und politischer Paradigmenwechsel

Um sich der Frage der möglichen kausalen Zusammenhänge zwischen der Globalisierung Indiens und dem qualitativen und quantitativen Anstieg der kommunalen Gewalt anzunähern, ist zunächst eine wichtige Vorbemerkung anzubringen. Der Verlauf möglicher Wechselwirkungen zwischen diesen beiden Prozessen gestaltet sich nicht, wie die obige Gegenüberstellung der Dynamiken vielleicht vermuten lassen könnte, in direkter und linearer Weise, sondern indirekt, äußerst vernetzt und in engstem Zusammenhang mit den innerindischen Entwicklungen, die die politischen und gesellschaftlichen Effekte der Globalisierung in ihrer Dimension und ihrem Profil entscheidend gestalteten. Ich werde im Folgenden einige Vorschläge indischer Sozialwissenschafter näher besprechen und gegeneinander abwägen, um mich dieser Fragestellung zumindest anzunähern und mögliche Richtlinien für eine weitere Debatte zu skizzieren.

Der erste und wohl entscheidendste Punkt in der Frage der möglichen Wechselwirkungen zwischen Globalisierung und Hinduisierung Indiens ist die Infragestellung und spätere vollständige Untergrabung des bisherigen staatstragenden Paradigmas durch die zumeist von außen initiierten wirtschaftspolitischen Veränderungen in den 80er Jahren. Die finanziellen Krisen dieses Jahrzehnts und die daraufhin notwendig gewordenen wirtschaftlichen Liberalisierungen hatten eine wohl zentrale Konsequenz für Indien als Staat, nämlich das Hinterfragen nicht nur des bisherigen wirtschaftspolitischen Kurses, sondern auch der „Mission" dieses Staates als solche. Die neuen wirtschaftlichen Direktiven der internationalen, neoliberalen Finanzinstitutionen wie der Weltbank (WB) und dem Internationalen Währungsfonds (IMF) stellten klar das bisherige Wirtschaftsparadigma des interventionistischen Wohlfahrtsstaates in Frage und damit die von Nehru entworfene Sinngebung für die Nation im Allgemeinen. Die von Nehru im Sinne des sozialen Ausgleichs und der nationalökonomischen Restitution Indiens ins Leben gerufene „Licence Raj", also die Herrschaft der Lizenzen und geregelten Wirtschaftsimpulse, konnte die wirtschaftlichen Belange des Landes nicht mehr weiter lenken. Der rasch anwachsende Bedarf an Arbeitsplätzen, technischer Innovation, Bildung und öffentlichen Einrichtungen allgemein konnte vom Staat nicht mehr befriedigt werden und auch die emporsteigende, neue Elite des Landes, die städtische

Mittelklasse, forderte verbesserte wirtschaftliche Expansionsmöglichkeiten (Blom Hansen 1996:607), sodass die Liberalisierung durch Rajiv Gandhi auch eine Entsprechung gegenüber innenpolitischen Notwendigkeiten war. Der „Dritte Weg" Nehrus, der eine wirtschaftspolitische Gratwanderung zwischen Kapitalismus und Kommunismus gewesen war, stieß also sowohl durch die inneren Dynamiken und Entwicklungen wie auch durch die geänderten Rahmenbedingungen der Weltwirtschaft an seine Grenzen und nicht nur die westlich orientierte Mittelschicht der indischen Großstädte verlangte nach ökonomischen Alternativen. Die 80er Jahre standen wirtschaftlich ganz im Zeichen der Kulmination des Problems der Armut, wonach die wachsende soziale Ungleichheit und die Verschärfung der wirtschaftlichen Disparitäten die Unfähigkeit des Staates immer deutlicher machten, seiner politischen Mission als Umverteiler gerecht zu werden. Die Gegenstrategie unter Rajiv Gandhi, dieser identitätsstiftenden Rolle des Staates unter geänderten globalwirtschaftlichen Rahmenbedingungen wieder gerecht zu werden, bildete eine keynesianisch anmutende Investitionsoffensive des Staates in der zweiten Hälfte der 80er Jahre. Die offensive Außenhandelspolitik, die Reduktion der Importrestriktionen und die Einführung eines neues Zollregimes unter Erweiterung der Kompetenzen des öffentlichen Sektors in diesem Bereich führten tatsächlich vorübergehend zu beeindruckenden Wachstumsraten vor allem in der Industrie. Der Staat schien zumindest unmittelbar seine neue alte Rolle als Initiator des Wachstums wieder gefunden zu haben. Das enorm angewachsene Haushaltsdefizit und die durch externe Weltmarktdynamiken verursachten Zahlungsschwierigkeiten an das Ausland zu Beginn der 90er Jahre ließen jedoch auch diesen letzten Rettungsversuch der alten Staatsideologie scheitern, sodass die Strukturanpassung eine Reduktion des Interventionismus zu Ungunsten der ärmeren Bevölkerungsschichten mit sich bringen musste.

Die politisch-ideologischen Konsequenzen dieser tiefgreifenden Weiterentwicklung bestanden vor allem für jene Partei, die bisher das Modell Nehrus als staatstragendes Paradigma der Nation propagiert und politisch realisiert hatte: die Congress Party. Mit dem sich zu Beginn der 80er Jahre abzeichnenden Scheitern dieses Modells entstand ein für die weitere politische Geschichte des Landes zentrales staatsideologisches Vakuum, das durch die Diskrepanz zwischen der Dringlichkeit wirtschaftlicher Veränderungen und dem noch der alten Ära angehörenden „Dritten Weg" hervortrat, sodass es von daher nicht verwundert, dass Indira Gandhi als Premierministerin ab 1982 massiv versuchte, einen neuen, hinduistisch und damit mehrheitlich orientierten Nationalismus zu etablieren. Die Ursprünge dieser neuen, plebiszitären, hindunationalistischen Elemente der Politik finden sich damit in der Ära Indira Gandhis, die rückblickend die De-Institutionalisierung der Congress Party einleitete (Vanaik 1990:93f). Die Krise des „Dritten Weges" verschärfte sich gegen Ende der 80er Jahre noch zusätzlich, als die einst rückendeckende Kraft dieses Kurses, nämlich der real existierende Sozialismus, zusammenbrach und damit die Zeit dieser Strategie endgültig abgelaufen war (Blom

Hansen 1996:608). Der erste, wesentliche Effekt der Globalisierung bestand demnach in einer massiven Krise des Staates und seiner Legitimität, die bislang fast ausschließlich durch die Congress Party und ihr konsens- und integrations-orientiertes politisches Regime verkörpert und auch realisiert wurde. Zu Beginn der 80er Jahre sah sich die Partei damit einer fundamentalen innenpolitischen Verän-derung gegenüber, auf die Indira Gandhi auf bekannte Weise reagierte und die im Laufe der folgenden zwei Dekaden zur politischen Neuformierung Indiens führte. Auf einen zweiten Aspekt dieser Krise weist G.K. Lieten (1996:240) hin. Die von den internationalen Geldgebern verordneten Strukturanpassungsprogramme, die aufgrund der Kreditkonditionen von der Regierung akzeptiert werden mussten, bewirkten keinesfalls eine Demokratisierung der wirtschaftlichen Landschaft, sondern drängten den staatlichen Einfluss zusehends zurück, sodass die potenteren Lager des einst durch den Staat garantierten wirtschaftlichen Konsenses rasch das Ruder in die Hand nahmen. Reiche Bauern, Großgrundbesitzer und die alte indische Bourgeoisie profitierten weitgehend von den Reformen dieser Jahre und die Masse der Armen und der unteren Einkommensschichten verloren weiter an ökonomischem Gewicht. Die Kommerzialisierung vor allem im landwirtschaftli-chen Bereich und die Erweiterung des Spielraumes der Marktkräfte brachte gleichzeitig eine Zurücknahme der regulativen Maßnahmen durch den Staat, von denen zuvor vor allem Ärmere profitierten, sodass sich nun bereits länger existente Einkommens- und Wohlstandsunterschiede noch weiter ausbauten (Ghosh 1998:180f). Das klassische Image der Congress Party gemäß dem Nationsbegriff Nehrus als eine Partei des sozialen Ausgleichs und des strukturellen Kampfes gegen die Armut ging dadurch verloren und die so frei gewordene Wählerschicht wurde vor allem durch linke Parteien wie die Janata Dal oder die sozialistischen und kommunistischen Parteien angesprochen. Auch von daher stellten sich politische Umstrukturierungen ein, die zu Lasten der „Staatspartei" gingen. Die neue ökono-mische Linie der Regierung schuf ideologische und politische Kluften innerhalb der traditionellen Wählerschaft des Kongresses, die auch durch einen parteilichen Schwenk hin zum Hindunationalismus nur vorübergehend überbrückt werden konnten (Kolodner 1995:250). Die grundsätzliche Umgestaltung der politischen Landschaft hatte nicht zuletzt als ein Effekt der Globalisierung begonnen. Der „Kollaps des Congress-Systems" (Hasan 1996:250) wurde im Zuge dessen zur politischen Realität.

Historisch nahmen die Dinge der Umgestaltung mit Indira Gandhi, besonders aber mit ihrem Sohn und Nachfolger Rajiv ihren Lauf. Rajiv Gandhis politisches Modell bestand aus einer Synthese der Kräfte des Marktes und einer sich neu konstituierenden, nationalen Kultur. Die breiten Hoffnungen, die in ihn gesetzt wurden, was die Rettung oder Wiedereinsetzung des Congress-Systems betraf, versuchte er mit der Propagierung einer neuen Nation zu erfüllen, die sich auf Hinduwerte und religiöse Tradition berief. Im gesamten Land wurden die von ihm vollzogenen Bestattungsriten am Scheiterhaufen seiner verstorbenen Mutter per

TV übertragen und deutlich sichtbar trug Rajiv die heilige Schnur der Hindus um seinen Oberkörper (Rajagopal 1994:1659). Er suggerierte damit der Bevölkerung in einer Stimmung des wirtschaftlichen Aufschwungs, sich am Aufbau dieser neuen, im Vergleich zu Nehru deutlich hinduisierten Nation zu beteiligen und erklärte damit die Ära des elitären „Nation-Building" für beendet, indem er Kultur und Religion als die Horizontale eines neuen Egalitarismus inszenierte, der nur vordergründig über die abgrundtiefen Ungleichheiten hinwegtäuschen konnte. Dieses Erwecken der Massen im Lichte der neuen Nation war ein riskantes Unterfangen, da es Dynamiken miteinschloss, die bald nicht mehr oder von einem anderen, wesentlich radikaleren politischen Lager kontrolliert werden konnten.

Die neue ökonomische Linie, die die Liberalisierung und Globalisierung der indischen Wirtschaft einleitete, war nicht direkt für den Anstieg der kommunalen Gewalt in diesem Zeitraum verantwortlich. Die notwendig gewordene, alternative Wirtschaftspolitik demontierte aber das bisherige staatliche Paradigma der Nehru'schen Weltanschauung, in dem sich staatlicher Interventionismus im Sinne des sozialen Ausgleichs und der allgemeinen Prosperität mit einem nahezu kompromisslosen Säkularismus im westlichen Sinn verbanden. Mit der Aufgabe des alten Wirtschaftskurses gab die Congress-Party letztlich auch die unbedingte Treue zu diesem Säkularismus auf und legitimierte so den zunächst eigenen politischen Schwenk hin zum Communalism, den schließlich die BJP politisch perfektionieren sollte. Die Umstände brachten daher ab der Mitte der 80er Jahre geänderte, wirtschaftspolitische Rahmenbedingungen, ohne jedoch eine tiefgreifende ideologische Alternative zum alten staatstragenden Paradigma zur Verfügung zu stellen. Rajiv Gandhi kündigte in diesem Sinn ideologisch keinesfalls das Nehru'sche Prinzip der Nichteinmischung in die Belange anderer Nationen auf und marschierte doch in Sri Lanka ein (Gupta 1993:16f). Ein Vorgehen, das konsequenterweise Großmachtallüren auf den Plan rief, die heute ein wichtiges Element der politischen Rhetorik der Rechten bilden. So rückten die Hindutva-Kräfte lediglich in ein bereits existierendes Vakuum der staatlichen Legitimität vor, im Zuge dessen auch einst unverrückbare Konstanten des Staates wie etwa der Säkularismus oder die strikt anti-kommunale Linie der Regierung hinterfragt und durch neue Modelle wie den „wahren Säkularismus" der BJP und der eindeutigen, kommunalen Parteinahme zugunsten der Hindus ersetzt wurden. In diesem Sinn bewirkte die wirtschaftspolitische Öffnung eine innenpolitische Krise und des Weiteren eine Umgestaltung, die das politische Gewicht zugunsten der Sangh Parivar und der BJP verschob.

4.2.2. Kulturkampf als Verteilungskonflikt?

Ein zweite Art des möglichen, kausalen Zusammenhangs zwischen der wirtschaftlichen Öffnung Indiens und der deutlichen Zunahme der kommunalen Gewalt zwischen den Anhängern der einzelnen Religionsgemeinschaften ist das Verhältnis zwischen der ökonomischen Krise und dem Anstieg der Popularität religiöser Radikalismen, sodass der Aufstieg des Hindunationalismus als Medium der Benachteiligten in einem Verteilungskonflikt verstanden wird. Im zuvor unternommenen kurzen Durchgang durch die Wirtschaftsgeschichte Indiens der letzten zwei Jahrzehnte konnte unter anderem auch festgestellt werden, dass die entscheidenden Schritte zur wirtschaftlichen Öffnung des Landes stets in Momenten der inneren, volkswirtschaftlichen Krise gesetzt wurden. So war für die Öffnung sowohl zu Beginn der 80er Jahre wie auch 1991 eine massive finanzielle Krise des Staates verantwortlich, die Indien zwingend auf ausländische Geldgeber wie etwa die Weltbank verwies und im Zuge dessen strukturelle Veränderungen in der Wirtschaftspolitik durchgeführt werden mussten, freilich mit unterschiedlichem Erfolg. Zum anderen waren wirtschaftliche Krisen nicht immer nur die Voraussetzung für strukturelle Reformen, sondern häufig auch deren Ergebnis. Ohne die Wirtschaftsgeschichte hinsichtlich dieses Aspektes genauer beleuchten zu wollen, kann zumindest mit Recht angenommen werden, dass die Strukturanpassung der indischen Ökonomie gesellschaftliche Effekte mit sich brachte, die auch wirtschaftliche und soziale Unsicherheit vor allem in jenen Schichten der Bevölkerung verursachten, die zuvor stark von der wirtschaftlich ausgleichenden Tätigkeit des Staates abhängig waren, jener Tätigkeit also, die durch die zunehmende Liberalisierung immer mehr in den Hintergrund gedrängt wurde. In diesem Sinn ist das Ansteigen der kommunalen Gewalt und der verstärkte Zulauf zu radikalen Organisationen nicht nur das Resultat der politischen Krise des Staates und seiner bislang wichtigsten Partei, der Congress Party, sondern auch das Ergebnis wirtschaftlicher Veränderungen und zumindest sektorial bestimmter Abwärtstrends. Vermehrte Arbeitslosigkeit und ein allgemeiner Anstieg des wirtschaftlichen Wettbewerbs werden zum Beispiel von A.A. Engineer (1997:704) als zwei wichtige Komponenten für die Entwicklung radikaler Identitäten im Indien der 80er und 90er Jahre angeführt.

Es ist aber nicht nur dieser allgemein bekannte und offensichtliche Zusammenhang zwischen wirtschaftlicher Not und politischer Radikalität, der einen möglichen kausalen Zusammenhang zwischen der Globalisierung und der innerindischen Entwicklung herstellt, sondern zudem eine spezifisch indische Entwicklung, deren historische Wurzeln weit über die letzten beiden Jahrzehnte der Geschichte des Landes hinausreichen. Schon seit der kolonialen Epoche gestaltete sich die wirtschaftliche Entwicklung des Landes höchst unterschiedlich, zum einen in geographischer Hinsicht, zum anderen aber auch bezüglich des Anteils der religiösen Gruppen an der ökonomischen Prosperität, wenn in diesem Zusammenhang überhaupt von einer solchen gesprochen werden kann. Natürlich waren aufgrund der geographischen Vorteile wie etwa der Küstennähe oder besonderer klimatischer Vorzüge einzelne Regionen des Subkontinents wirtschaftlich im Vorteil, hinzu kamen und kommen aber auch weiterhin Einkommensunterschiede entlang religiöser Linien, die die Anhänger mancher Religionsgemeinschaften statistisch eher bevorzugen (Engineer 1996:110). Wie irrelevant und nichtssagend beispielsweise Aussagen über das Verhältnis des Durchschnittseinkommens der indischen Moslems gegenüber dem der indischen Hindus auch sein mögen, in Zeiten der wirtschaftlichen Krise und auch der politischen Unruhe wurden schon in der Kolonialzeit und werden auch noch heute diese Zahlen äußerst wirkungsvoll in der politischen Propaganda vor allem der extremen Rechten eingesetzt.

Radikale, hindunationalistische Parteien wie etwa die Shiv Sena in Maharashtra greifen diese Ängste um die wirtschaftliche Existenz vor allem der unteren Gesellschaftsschichten wie etwa der Unberührbaren oder der Arbeitslosen allgemein wirkungsvoll auf und schlagen daraus in großem Stil politisches Kapital (Kolodner 1995:243). Das Schema ist wohl weltweit das gleiche. Indem diese Parteien, wie etwa die indische Shiv Sena, die RSS oder die israelische, radikal jüdische Schas Partei, durch ihre gut entwickelten, inneren Strukturen und ausgebauten sozialen Netzwerke im sozialen Bereich auch *tatsächlich tätig* sind, bieten sie diesen desillusionierten und frustrierten Gesellschaftsschichten radikale Perspektiven und auch Betätigungsfelder an, die diese meist gerne angesichts der eigenen Orientierungslosigkeit annehmen. Eine gute Darstellung des Zusammenhanges zwischen der sozialen Präsenz der Shiv Sena und ihres politischen Erfolges liefern M.F. Katzenstein (1979) und Jayant Lele (1995), die die Netzwerke der Arbeitsbeschaffung, der wirtschaftlichen Kooperation und der gegenseitigen Hilfe innerhalb der Strukturen der Partei beeindruckend beschreiben. Diese soziale Potenz der Partei war mitentscheidend für den politischen Durchbruch gegen Ende der 60er Jahre und macht auch noch heute ein zentrales Standbein dieser in der indischen Gesellschaft aus, das über politische Vertretung weit hinausgeht.

Auf einer etwas höheren Ebene versuchte auch die BJP in der zweiten Hälfte der 80er Jahre, sich der Ängste und Bedürfnisse der Menschen in einer Zeit der wirtschaftlichen Umgestaltung anzunehmen. Die indische, vorwiegend städtische Mittel- und Oberschicht fürchtete einen zumindest graduellen Verlust ihrer wirtschaftlichen Potenz durch die strukturellen Reformen dieser Zeit und der BJP gelang es, mit einer Rhetorik der Anfeindung gegenüber dem internationalen Kapital aus dieser Unsicherheit politisch gestärkt hervorzugehen. Die Radikalisierung ihrer Politik in dieser Zeit geschah auch oder sogar vor allem in Referenz auf real existierende, wirtschaftliche Ängste, die die Menschen besonders in den Städten umtrieb und sie für religiöse Intoleranz und Sündenbockmechanismen empfänglich machte. Ein weiterer Aspekt ist noch hinzuzufügen. K.N. Panikkar (1993:75) spricht im Sinne der oben erläuterten, ökonomischen Erklärung für den Anstieg der kommunalen Gewalt von der in der Situation der wirtschaftlichen Umgestaltung und Unsicherheit wesentlichen Stärke des Irrationalismus. Die politische Attraktivität des radikalen Hindu-Kultes besteht in diesem Sinn nicht aus der Überzeugungskraft seiner Argumente, sondern aus der Fähigkeit seiner Potentaten, der versammelten Masse der real benachteiligten Hindus emotional aus der Seele zu schreien. Da die religiöse Intoleranz jeglicher unmittelbaren, materiellen

Grundlage entbehrt, stellt der Erfolg der Kampagnen gegen die Moslems einen erfolgreichen Wandel der Prioritäten der Menschen dar, der sie wirtschaftliche Not und Unsicherheit zumindest für einen beschränkten Zeitraum zugunsten anderer „Probleme" wie etwa das der religiösen Minderheiten im Land vergessen läßt. Daß diese Vertröstung nur vorübergehend politisch wirksam sein kann, ist klar und sollte auch nach Eric Kolodner (1995) wieder zum Niedergang der Hindu- nationalisten führen, da sie, konfrontiert mit den realen Problemen des Landes, mit ihrer isolationistischen Politik scheitern würden. Ein Scheitern, das bislang übri- gens auf sich warten läßt. Der rechtzeitige Schwenk hin zum Neoliberalismus dürfte der BJP als Regierungspartei demnach geglückt sein.

4.2.3. Kulturelle Differenz als politische Emanzipation?

Dass die Betonung der kulturellen Identität mit wirtschaftlichem und auch sozialem Druck auf gewisse Bevölkerungskreise eng zusammen hängt, scheint evident. Kulturkriege, wie sie auch die Sangh Parivar, die Familie der hindunationalistischen Gruppierungen in Indien, führt, entstehen nach einer Theorie von Dieter Senghaas (1998:190) aber zumeist nur an jenen Knotenpunkten der Gesellschaft, wo die Form der Diskriminierung mehrere Dimensionen gleichzeitig erhält, etwa neben der wirtschaftlichen auch die soziale und in weiterer Folge auch politische Benachteiligung einsetzt. Eine Eskalation findet nach Senghaas immer dann bzw. erst dann statt, wenn die republikanisch-demokratischen Ausgleichsmöglichkeiten nicht mehr funktionieren und sich die Minderheit nur mit den Mitteln der Radika- lität aus der vor allem politischen Bedeutungslosigkeit zu erheben vermag. Kultu- relle Identität wird dabei zum Sprachrohr zuvor politisch Bedeutungsloser oder Ohnmächtiger. Tatsächlich erlebte Indien in den 80er und 90er Jahren die partei- politische Mobilisierung zuvor nur implizit vertretener Bevölkerungsgruppen, für die die obige Charakterisierung von Senghaas durchaus zutreffen. Es scheint daher lohnenswert, diesen Ansatz hinsichtlich seines Erklärungsvermögens auf die indische Problemstellung bezogen zu prüfen.

Die vergangenen zwei Jahrzehnte und die dabei geschehene politische Umge- staltung Indiens stand auch im Zeichen der wachsenden politischen Mobilisierung und Willensbildung einiger Gruppierungen, die aufgrund ihrer zahlenmäßigen Bedeutung demokratiepolitisch zusehends ins Zentrum der Aufmerksamkeit auch der älteren aber vor allem jüngerer Parteien gerückt sind. Die Rede ist von den Unberührbaren (*Dalits*) einerseits und den OBC (*Other Backward Castes*) und SC (*Scheduled Castes*) andererseits. Sowohl die Unberührbaren wie auch die Gruppe der von der Verfassung mit Sonderrechten ausgestatteten Zugehörigen der unter- sten Kasten wurden in den 80er Jahren zunehmend politisch bewusster und suchten ihre politische Vertretung nicht mehr nur als implizite Klientel in der Congress Party, sondern außerhalb dieser in eigenen, ihre spezifischen Interessen vertreten- den Regionalparteien. Diese Gruppierungen der Dalits, der OBC und SC, die in ganz Indien noch immer ein in nahezu jeder Hinsicht marginalisiertes Segment der Gesellschaft darstellen, erlebten in dieser Zeit einen beachtlichen Zuwachs an politischer Bedeutung, sodass es heute für keine bundesweit kandidierende Partei mehr möglich ist, diese Interessensgruppen mit ihren häufig sehr spezifischen Anliegen völlig zu ignorieren. Die Frage ist nun, ob sich diese Gruppen im Zuge ihres politischen Bedeutungsgewinnes gemäß der These von Senghaas des Kulturkampfes des Hindunationalismus bedienten oder nicht.

Die politische Landschaft Indiens erfuhr seit etwa Mitte der 80er Jahre eine interne Pluralisierung und vor allem Regionalisierung, ein Trend, der sich in den letzten Jahren noch verstärkte. Die letzten Wahlergebnisse sowohl bundesweit als auch bei Regionalwahlen in den einzelnen Bundesstaaten zeigen einen deutlichen Anstieg des prozentuellen Anteils der Kategorie „Andere Parteien", unter der die unterschiedlichen Regionalparteien zusammengefasst werden, die abseits der großen Fraktionen wie der BJP, der Congress Party, der Janata Dal und der beiden Kommunistengruppen kandidierten. Dieser Trend zu Regionalparteien ist vor allem seit 1991 besonders stark und eine genauere Analyse dieser zum Großteil aus den älteren Großparteien hervorgegangenen Fraktionen zeigt, dass es sich dabei auch um Parteien handelt, die einen überaus großen Anteil ihrer Wählerschaft in den oben genannten Schichten der Bevölkerung haben. Die in Uttar Pradesh (UP) kandidierenden *Samajwadi* Partei und die *Bahujan Samaj* Partei sowie die *Rashtriya Janata Dal* in Bihar sind nur einige Beispiele derartiger Parteien, die einen Gutteil ihrer Anhänger unter den Dalits, OBC und SC finden (Rothermund 1998:9). Nun formierten sich diese Parteien aber keinesfalls im Windschatten des politischen Aufstiegs der BJP zur stärksten Fraktion des Landes, sondern verstanden und verstehen sich ideologisch gerade in Opposition zu dieser, da ihr programmatischer Schwerpunkt linksgerichtete, sozialistische Züge mit einem starken Plädoyer für die säkulare Verfassung trägt. Die meisten dieser neuen, kleinen, an politischem Gewicht aber stetig zunehmenden Fraktionen sind Splittergruppen der *Janata Dal*, der nicht-kommunistischen linken Alternative zum Congress und zur BJP, und sind auch ideologisch von daher geprägt. Diese oben angesprochenen marginalisierten Gruppen scheinen gerade nicht im Kulturkampf der BJP ihre politische Zukunft zu finden, ja scheinen sich sogar in entschiedener Opposition zu diesem zu verstehen. Ein genauerer Blick auf die politische Orientierung der Dalits und OBC bestätigt diesen Eindruck. Zwischen 1990 und 1994 wurden im Bundesstaat Uttar Pradesh (UP), dem bevölkerungsreichsten und hinsichtlich der Kastenstratifikation markantesten Bundesstaat Indiens, Feldforschungen zur politischen Orientierung der untersten Kasten durchgeführt, deren Ergebnisse für meine Zwecke hier sehr hilfreich sind. Den größeren politischen Kontext bildet die sturmartige Eroberung dieses demokratiepolitischen Kernlandes durch die BJP in den Wahlen 1991, die aus einer marginalen Stellung heraus beinahe über Nacht die Mehrheit in UP errang. Der Ayodhya-Effekt zeigte vor allem in diesem Bundesstaat seine Wirkung. Dieser sogartige Wechsel der politischen Gewichtsverteilung weg vom

Congress hin zur BJP weist einen interessanten Charakter auf, der die soziale
Stellung der BJP-Wähler betrifft. 1991 begann ein Trend der Umorientierung der
oberen und obersten Kasten, die zumeist auch die wohlhabenderen Bevölkerungskreise waren, hin zur BJP, der drei Jahre später beinahe vollständig abgeschlossen
war. Im Gegenzug dazu wechselten die unteren und untersten Kasten sowie die
Dalits, die auch einkommensbezogen die unteren Ränge der Gesellschaft darstellten, zu den Nachfolgeparteien der linken *Janata Dal*, etwa der *Sozialistischen
Partei* von Mulayam Singh oder der bereits erwähnten *Bahujan Samaj Partei*
(Lieten 1996a:137f). Eine Gegenüberstellung der Daten dieser Feldforschung zeigt
deutlich die Korrelation zwischen der Sympathie mit der BJP und dem Kastenrang
bzw. der wirtschaftlichen Position in dem Sinne als die politische Affinität zur BJP
und ihrer hindunationalistischen Rhetorik mit der wirtschaftlichen Potenz und der
Höhe des Ranges in der Kastenordnung direkt proportional ansteigt. Die Feldfor-
schung wurde noch durch eine genauere Befragung der Bewohner dieses Teiles
Indiens erweitert, durch die der inhaltlichen Orientierung der unterschiedlichen
Kastengruppen auf den Grund gegangen werden sollte. Behauptungen wie etwa
„Indien gehört den Hindus" oder „Politik sollte auf Religion basieren" fanden
deutlich mehr Zuspruch unter den Höherkastigen als unter den Niederkastigen und
Kastenlosen, die derartigen kommunalen Aussagen skeptisch gegenüber standen
oder häufig kategorisch ablehnten. Auch die Behauptung der Gleichheit von
Hindus und Moslems fand in der zweiten Gruppe deutlich entschiedenere Zustim-
mung als in der ersten (Lieten 1996a:142-144). Ergebnis dieser Feldforschung ist
demnach nicht nur die erkannte Korrelation zwischen Kastenzugehörigkeit und
Offenheit gegenüber kommunalen Ideologien, sondern auch ein deutliches Bekenntnis der Niederkastigen zu säkularen Werten und dem Ideal der Gleichheit aller
Inder ungeachtet des religiösen Bekenntnisses. Gerade diese Gruppe der Dalits und
OBC, die im Laufe des Prozesses ihrer politischen Mobilisierung theoretisch genau
das Zielpublikum des Kulturkampfes wären, erteilen diesem eine Absage und
verneinen damit das Zutreffen der These von Dieter Senghaas für Indien.

Die Ursache für diese interne „Grenzmarkierung der Hindugemeinschaft"
(Randeria 1996:39) liegt in den historischen Anfängen des Hindunationalismus in
den ersten Jahrzehnten des 20. Jahrhunderts. Wie bereits erörtert versuchten die
politischen und ideologischen Wegbereiter eines geeinten Hinduismus, so etwas
wie ein gemeinsames Fundament aller Hindus zu propagieren, um die innere Stärke
durch Einheit zu forcieren. Zu diesen einheitsstiftenden Merkmalen aller Hindus
sollte neben der Verehrung der Kuh, der Verbrennung der Toten, dem Verehren
explizit hinduistischer Orte der Mythologie wie etwa Ayodhya auch die Hochach-
tung der Brahmanen, der Priesterkaste, zählen. Nicht nur explizit nahm man
Anleihe an der praktischen religiösen Hegemonie der Brahmanen, sondern auch
implizit orientierte sich die inhaltliche Gestalt der Hindutva-Ideologie an den
Grundzügen brahmanischer Religiosität. Noch in den 80er Jahren wurde vielerorts
das eigentliche Anliegen der BJP oder auch der Shiv Sena in Maharashtra in der

Konservierung bzw. Wiederherstellung der politischen und wirtschaftlichen Hegemonie der Brahmanen gesehen, die sich durch die zunehmende Emanzipation niederkastiger Gruppierungen in Frage gestellt sah (Lele 1995:36). Dieser nicht unwesentliche Beigeschmack des politischen Projektes der Hinduisierung Indiens verbaute der BJP landesweit über viele Jahre den Aufbau einer größeren Klientel unter den niederkastigen und kastenlosen Wählern, die zumeist die linke Alternative zur absteigenden Congress Party wie etwa der *Janata Dal* und später ihrer Nachfolgeparteien vorzogen. Dieser Grundzug der politischen Veränderungen in den letzten beiden Jahrzehnten macht eine Annahme der These von Dieter Senghaas zur Erklärung möglicher Interdependenzen zwischen Globalisierung und Kulturkampf unmöglich. Zwar brachten die wirtschaftlichen Umgestaltungen, wie sie durch die Öffnung des Landes vorgenommen wurden, auch in politischer Hinsicht neue Mobilitäten vor allem der niederen Kasten und Kastenlosen, die sich zunehmend als selbstbewusste Gruppen im Rahmen regionalisierter politischer Vertretungen artikulieren. Dass diese erhöhte Artikulationsvehemenz mit dem Instrument der Betonung der kulturellen Identität als Hindus im Gegensatz zu Moslems oder Christen geäußert worden wäre, kann hingegen so nicht behauptet werden.

Ein Hinweis auf eine interessante Veränderung in dieser Angelegenheit sollte abschließend noch hinzugefügt werden. Es versteht sich von selbst, dass die politische Rechte mit der BJP an ihrer Spitze die oben dargestellten Schwierigkeiten nicht einfach hinnimmt, noch dazu, wo das Lager der niederkastigen und kastenlosen Wähler schon wegen seiner zahlenmäßigen Dimension demokratiepolitisch von äußerst großer Bedeutung ist. Demgemäß gab es in den letzten Jahren zahlreiche Bemühungen, das eigene Standbein in diesen Wählerschichten zu vergrößern. Dazu zählte unter anderem auch die Propagierung der neuen „Einheit der Hindus" vor allem unter den Niederkastigen und Kastenlosen. Die „Nation der Hindus", so belehrte die VHP, sei eine Gemeinschaft all jener, die sich als Hindus fühlen und dazu zählten ja wohl auch die Kastenlosen. Die internen Differenzierungen der Hindugemeinschaft wie etwa das Kastensystem dürften nicht dazu führen, die grundsätzliche Einheit der Hindus und ihre geeinte Schlagkraft zu gefährden (Shah 1998:251). Auch praktisch versuchte die Sangh Parivar, die gesellschaftlich niedrig gestellten Hindus in ihr Projekt miteinzubeziehen. So wurde beispielsweise am 14. April 1983 der Geburtstag sowohl von Dr. Ambedkar, dem politischen Vertreter der Unberührbaren in den ersten Jahren nach der Unabhängigkeit, und dem Gründer der RSS, Dr. Hedgewar, von der RSS und der BJP gefeiert (Shah 1998:254) und damit unterstrichen, dass der von diesem ideologischen Lager vertretene Hindunationalismus Kastengrenzen übersteige und tatsächlich alle Hindus miteinschließe. In Ayodhya nahm 1992 am Tag der Zerstörung der Babri-Moschee bewusst ein Dalit, ein Unberührbarer, an der Grundsteinlegung für den dort zu errichtenden Ram-Tempel teil und half damit symbolisch beim Aufbau des neuen Hindu-Zeitalters (Randeria 1996:52). Auch demokratiepolitisch zeigen sich erste Veränderungen. Nach einer Analyse des Politmagazins *India Today* (1998a:16.3.) zeigten sich in den landesweiten Parlamentswahlen 1998 zum ersten Mal markante Fortschritte der BJP in der versuchten Eroberung der Niederkastigen und Kastenlosen. Obwohl der Anteil der Wähler der BJP in diesen Schichten nach wie vor gering ist, konnte die Partei sowohl unter den SC (*Scheduled Castes*) wie unter den *Scheduled Tribes*, der tribalen Bevölkerung, ebenfalls eine wirtschaftlich und politisch stark unterrepräsentierte Gruppe, zulegen. Die Anteilsgewinne blieben jedoch deutlich unter den Gewinnen in den übrigen, höherkastigen Wähler-schichten, sodass die Schwierigkeiten der Partei, hier vorzudringen, nach wie vor bestehen, aber gemindert werden konnten. Es bleibt daher abzuwarten, inwieweit es der BJP und ihren Alliierten gelingt, durch einen moderateren, hinduisierten Ton ihrer Politik diese wichtige Gruppe von Wählern zu erschließen. Erste Anzeichen, dass es gelingt, die Gemeinschaft der Hindus auch als eine der Kastenlosen darzustellen, sind bereits vorhanden. Nicht hinwegtäuschen kann diese Anbiede-rung freilich über die Tatsache, dass sich die BJP nach wie vor im Namen eines „wahren Säkularismus" gegen die von der Verfassung garantierten Quoten für diese Gesellschaftsgruppen in Bildung und Beamtenschaft ausspricht, da diese gegen die Chancengleichheit verstoßen und die „nationale Einheit" gefährden würden. Diese Ambivalenz im politischen Programm, gedacht als ideologischer Brückenschlag zwischen der brahmanischen Klientel der Partei, die nach wie vor das Kernstück bildet, und den neu zu erschließenden Gruppen, reduziert bislang die Überzeugungskraft der Rechten bezüglich einer vehementen Interessensvertretung dieser marginalisierten Wählerschichten, die noch nicht bereit sind, ihre in den letzten Jahren deutlich gewachsene politische Präsenz im nach wie vor brahma-nisch bestimmten Profil der BJP aufgehen zu lassen.

4.2.4. Hindutva als neuer Elitismus?

Die vierte, mögliche innenpolitische Folgewirkung der Globalisierung ist der Bedarf an einem neuen Elitismus, der direkt aus dem Scheitern des bisher staatstragenden Paradigmas Nehrus hervorgeht. Die wirtschaftlichen Umgestal-tungen erschütterten nicht nur die alten Eliten des Landes, sowohl in der Stadt wie auch im agrarischen Bereich, sondern ermöglichten auch den Aufstieg einer neuen, politisch und wirtschaftlich zentralen Bevölkerungsgruppe, nämlich der städti-schen Mittelschicht. Ihre Existenz war im Wesentlichen das Resultat der sich unter den neuen, neoliberalen Vorzeichen ergebenden wirtschaftlichen Möglichkeiten, die vor allem von jenen gut genutzt werden konnten, die auch schon vor der Öffnung Zugang zu den wichtigsten Bedingungen für sozialen Aufstieg, also höhere Bildung und ein Mindestmaß an materiellen Ressourcen, besaßen. Es waren demnach keine ungebildeten „Tellerwäscher", die es angesichts der Liberalisierun-gen zu neuem Wohlstand brachten, sondern die gebildete, untere städtische Mittelschicht.

Das Problem der hindunationalistischen BJP und ihrer Gefolgschaft bestand in der ersten Hälfte der 80er Jahre in ihrem Image als traditionelle Partei der höchsten Kasten und insbesondere der Brahmanen (Lieten 1996a:242). Dieses Bild der Partei leitete sich von ihrer Version des Hinduismus ab, die eine der Brahmanen und Priester war. Die BJP wurde in ihren Anfängen zu Beginn der 80er vor allem von den wirtschaftlich lokal dominanten, hochkastigen Eliten gefördert, die angesichts der zunehmenden Kommerzialisierung der Landwirtschaft um ihre vorkapitalistischen, patriarchal-patrimonialen Machtbereiche fürchteten und in der brahmanischen Ideologie der BJP ein geeignetes Mittel erkannten, ihre Hegemonie gegen alternative Gruppenidentitäten zu verteidigen (Desai 1999:705). In dieser „Verländlichung des Neo-Hinduismus" (Lele 1995:98) fand die BJP ihre erste, starke Klientel. Diese Identifikation machte hingegen die BJP für die neu aufsteigende Elite des Landes, die neue Mittelschicht der Städte, politisch uninteressant. Diese sah ihre Interessen zunächst noch besser durch die Congress Party vertreten, die ja entgegen der Rhetorik der Hindunationalisten die Öffnung der Wirtschaft initiiert hatte. Vergeblich versuchte die BJP, den Kreis ihrer politischen Gefolgschaft über die traditionelle Oberschicht hinaus zu erweitern. Erst in der Mitte der 80er Jahre gelang der strategische Wandel. In einer Kombination aus forcierter Konsumkultur und kulturellem Nationalismus wurden die einst unverträglich erscheinenden Gegensätze zwei Säulen der gleichen postmodernen Identität dieser Mittelschicht. Die Institutionen der neuen Konsumkultur, das Fernsehen, die Werbung und die neuen, bereits erörterten Gesetzte der Identitätsformierung integrierten erfolgreich die Botschaften der Hindunationalisten und ermöglichten so die postmoderne Synthese zwischen Tradition und Hypermoderne als die neue Identität der indischen Mittelklasse: „The Sangh Parivar's appeals to identity, exemplified ... by Ram Janmabhoomi (i.e. Ayodhya), overlapped with the rhetoric of advertising and consumerist identity formation! ... It arose as part of a broad stratagem to maximise acceptance across a wide section of society as possible, priming the field as it were, for the RSS's storm-troopers" (Rajagopal 1994:1660). Es gelang der Sangh Parivar zweifelsohne, ihre Ideologie nicht als Gegensatz, sondern als Teil der neuen, postmodernen und fragmentierten Identität der städtischen Mittelklasse zu präsentieren, die ab diesem Zeitpunkt eine der zentralen Wählerschichten der BJP darstellte. Diese Entwicklung wurde natürlich auch und vor allem durch den Abstieg des Congress-Systems ermöglicht. Die BJP präsentierte den Hindunationalismus nicht mehr ausschließlich als eine Bewegung der radikalisierten Slumbewohner bzw. der um ihren Einfluss fürchtenden traditionellen Oberschicht, sondern als einen postmodernen Traditionalismus, der sehr wohl mit CNN und Michael Jackson verträglich war. Die politische Identität der Partei überstieg damit die ideologische Enge des radikalen Hindunationalismus, den man den politischen Verwandten wie der RSS oder der VHP überließ. A.B. Vajpayee und L.K. Advani, die beiden markanten Führungspersönlichkeiten der

BJP, boten sich dieser Mittelklasse als moderne, im Sinne nationaler Interessen handelnde politische Vertretung an, die in ihrer Dynamik und Entschiedenheit eine echte Alternative zu dem paradigmatisch überholten Congress darstellte. In den landesweiten Parlamentswahlen 1998 beispielsweise findet die BJP mit ihren alliierten Parteien in den mittleren Bildungsschichten der Städte den weitaus größten Wähleranteil, in den höchsten Bildungskreisen sogar einen beinahe doppelt so hohen wie die zweitplatzierte Congress Party (India Today 1998a:16.3.).

Die BJP etablierte sich erfolgreich als die Partei der neuen Elite und übernahm auch in dieser Hinsicht zumindest zu einem gewichtigen Teil die Funktion der Congress Party. Die Unterstützung der städtischen, motorisierten Mittelschicht für den „Toyota-Hinduismus" (Lieten 1996:245) der BJP ermöglichte der Partei zunächst den politischen Durchbruch, ließ sie aber daher auch nach der Übernahme der Regierungsgeschäfte von ihrem einst strikt nationalen wirtschaftspolitischen Kurs des „Swadeshi" abgehen, da sie wusste, was sie ihrer mächtigsten Wählerschicht schuldig war. Globalisierung gestaltete also die innerindische, elitäre Landschaft vor allem in der Stadt völlig neu und schuf damit genau jene Schicht der indischen Bevölkerung, die für den Erfolg der BJP so entscheidend werden sollte und die mit ihrer postmodernen Identität die indische Synthese von Traditionalismus und Cyberspace als wesentliche Voraussetzung für die Hinduisierung des heutigen, städtischen Indiens darstellt.

4.2.5. „Dislocation": Identitätskrise im globalen Kulturraum?

Aus diesen Überlegungen geht der fünfte und letzte Anknüpfungspunkt zwischen der Globalisierung und der innerindischen Radikalisierung hervor, nämlich die kulturelle Entwurzelung (dislocation) (Kolodner 1995; Engineer 1996; 1997). Diesbezüglich enthält die Globalisierung zweierlei entgegengesetzte Tendenzen, die für die Frage der Identität im globalen Zeitalter sehr wichtig sind. Zum einen ist Globalisierung ein Prozess, der die Welt gleicher macht, als sie je zuvor war. Sämtliche Orte und Räume werden in das globale Aktionsfeld inkludiert und nationale Grenzen zunehmend transzendiert. Diese Transnationalisierung betrifft auch den kulturellen Bereich, wo kulturelle Wahlmöglichkeiten in den Raum der zuvor hierarchisierten, daher gesicherten und starren sozialen Rollen eindringen. Medien, Werbung und Konsum ermöglichen vor allem in nach wie vor sehr traditionell strukturierten Gesellschaften wie der indischen einen entscheidenden Ausweg aus den gesellschaftlich zugeteilten Rollenschemata, der nicht immer nur Möglichkeiten im positiven Sinn, sondern auch Unsicherheiten und Ängste hervorrufen kann. Globalisierung bewirkt daher auch per se die Versuche einer kulturellen und nationalen „Reterritorialisierung", die auf die im Zuge der Globalisierung zunehmend untergrabenen nationalen kulturellen Unterschiede vehementer als je zuvor pocht. Die breite Etablierung der Hindutva-Kräfte kann also auch zumindest partiell als ein Versuch einer derartigen Reterritorialisierung gewertet werden, der

Menschen die Möglichkeit gibt, „neue alte" Identitätsmuster der Kultur für ihren Lebensbereich zu sichern.

Der Begriff der „Dislocation" ist inhaltlich jedoch zu wenig präzise, um damit tatsächliche Dynamiken im Zeitalter der Globalisierung zu beschreiben, sodass er eher als ein Zusatz zu den ersten vier Aspekten betrachtet werden sollte. Der Beitrag all dieser Modelle einer möglichen Gestalt der Wechselwirkung zwischen dem Prozess der wirtschaftlichen Öffnung Indiens und seiner innenpolitischen Radikalisierung zugunsten einer Hinduisierung des Landes ist jeweils ein segmentärer. Die immer deutlicher werdende Krise des Congress-Systems seit dem Beginn der 80er Jahre hing engstens mit den geänderten, wirtschaftlichen Rahmenbedingungen des Landes zusammen. Zum anderen verhalfen natürlich auch die sich aus dem Wandel ergebenden Unregelmäßigkeiten und Umgestaltungen in der Wirtschaft den radikalen Kräften zu einem breiteren Zugang zur Wählerschaft und die neue, wirtschaftliche Elite des Landes suchte gleichzeitig eine vom untergehenden Congress-System unabhängige Vertretung, die nur teilweise von der reformierten Congress Party selbst Mitte der 80er Jahre zur Verfügung gestellt werden konnte. Die angeführten Aspekte sind zudem untereinander nicht gleichwertig. Wenngleich eine genauere Gewichtung nur schwer durchzuführen ist, so erscheint doch klar, daß das Schicksal der bislang staatstragenden Partei und ihrer geänderten politischen Strategie zugunsten der Hinduisierung der einst so säkularen Politik wohl am zentralsten die politischen Geschicke des Landes veränderte. Mit dem Abbröckeln dieses politischen Zentrums fiel jene integrative Kraft der politischen Mitte weg, die bislang mehr oder weniger erfolgreich und konsequent für einen Ausgleich zwischen den sozialen Bevölkerungsgruppen gesorgt hatte. Der Aufstieg der Sangh Parivar brachte mit dem Primat der Religionszugehörigkeit einen neuen, bisher nur latent wirksamen Maßstab der Fragmentierung in die Innenpolitik, der die Gestalt dieser in den 80er und 90er Jahren ausmachte. Die BJP überholte im Laufe dieser Periode die Congress Party mit ihren eigenen, freilich weiter radikalisierten Methoden und Rajiv Gandhi musste sich eigentlich bereits 1989 jenen Geistern geschlagen geben, die seine Mutter einst gerufen hatte.

Ein weiterer, abschließender Aspekt sollte der Debatte noch hinzugefügt werden. Betrachtet man den genauen ereignisgeschichtlichen Verlauf der kommunalen Gewaltausbrüche in den 80er und 90er Jahren, so begegnet man einer Dimension von Gewalt, die man mit den oben angeführten Modellen und Erklärungen nicht zu fassen vermag. Dazu ein konkretes Beispiel. Beinahe während des gesamten Jahrzehnts von 1981 an war die Stadt Ahmadabad im Bundesstaat Gujarat an der Westküste Indiens Schauplatz unglaublicher kommunaler Gewalt und Brutalität zwischen Hindus und Moslems, die hunderte Opfer forderte und die Stadt nachhaltig in getrennte Siedlungsgebiete der Religionsgemeinschaften teilte. Ähnliches ereignete sich in der Stadt Jaipur in Rajasthan am Ende der 80er Jahre mit ähnlichen Ausmaßen und einem ähnlichen Verlauf der Gewalt (Nandy u. a. 1995:110-123, 129-155). Die Siedlungsweise in diesen beiden Städten kannte sehr wohl auch schon vor den Ausschreitungen Regionen innerhalb der Stadt, die vermehrt von Moslems oder eben Hindus besiedelt wurden, in der Regel jedoch war die gemischte Nachbarschaft die Norm und es gab, wie die Einwohner im Anschluss an die Gewaltausbrüche berichteten, bis auf wenige Zwischenfälle keine großen Konflikte zwischen Hindus und Moslems. Die Nachbarschaften koexistierten weitgehend friedlich, persönliche Freundschaften existierten religionsübergreifend und jeder konnte seinen religiösen Gepflogenheiten nachgehen, ohne daraus einen Gegenstand der Auseinandersetzung zu machen. Diese Freundschaften führten während der Gewaltausbrüche auch zu gegenseitigen Hilfestellungen und es gibt zahlreiche Beispiele dafür, dass Hindus ihre moslemischen Nachbarn vor der wütenden Menge radikaler Hindus in ihre Häuser nahmen, um sie vor der Gewalt und damit vor dem sicheren Tod zu bewahren. Das Gleiche gilt natürlich auch umgekehrt, auch Moslems schützten ihre hinduistischen Freunde (Nandy u. a. 1995:152f). Mindestens ebenso zahlreich sind jedoch auch die Beispiele von einstigen Nachbarn, die im Zuge der Gewalt mit unglaublicher Brutalität gegen jene Menschen der anderen Religionsgemeinschaft vorgingen, die sie kannten und mit denen sie jahrzehntelang friedlich zusammengelebt hatten. Der Nachbar entwickelte sich häufig in den Gewaltaktionen zum Schlächter, der von persönlicher Freundschaft und langer Bekanntschaft völlig absah und keinerlei Bedenken hatte, oder diese zumindest negierte, als er die Wohnung der Familie von nebenan in Brand steckte.

Diese Dimension der Gewalt, deren Beispiele für die Periode der 80er und 90er Jahre unzählig sind, kann mit den oben erwähnten Zusammenhängen mit der Globalisierung nicht erklärt werden. Völlig uneinsichtig bleibt, wie beispielsweise aus der Krise einer Staatsideologie oder der wichtigsten Partei im Land, wie aus wirtschaftlichen Krisen im Zuge der Liberalisierung, wie aus dem Bedarf eines neuen Elitismus für die neue Mittelschicht der Städte oder aus einem allgemeinen Identitätswandel mit gradueller kultureller Entwurzelung solche Auswüchse der Brutalität werden konnten, die stärker sind als jahrelange Bekanntschaft und friedliche Koexistenz. Globalisierung stellt daher im Zusammenhang mit der inneren Wandlung Indiens nur ein Segment der Ursachen dar, wenn auch ein wichtiges. Die wirtschaftliche Öffnung setzte Dynamiken in Kraft, die sehr wohl direkte Auswirkungen auf die Gesellschaft und natürlich auch die Politik hatten. Das Profil und die tatsächliche Erscheinungsform dieser Entwicklung zugunsten des Hindunationalismus ausschließlich aus ihr erklären zu wollen, greift jedoch zu kurz. Zu komplex und vielschichtig sind die gesellschaftsinternen Vorgänge, die Indien in den letzten zwei Jahrzehnten so erschüttert haben und es bedarf wohl einer tiefergehenden Analyse der lokalen und regionalen Bedingungen und auch der jeweils spezifischen Form der Masse als Subjekt der Politik, um die Antwort auf die Frage nach den Ursachen dieser Auswüchse von Gewalt zu vervollständigen.

5. Indien und die Moderne

Zusammenfassend kann man die Veränderungen und Kontroversen um eine indische Nation und ihrer möglichen Zusammensetzung als eine fundamentale Krise des indischen „Projektes der Moderne" (Habermas) verstehen, als deren Artikulationsmedium Kulturkämpfe ausgefochten werden, die sowohl das globale Fremde wie auch das innerindisch Andere zum Objekt der Aggression erklären. Ich versuche abschließend, quasi als Überblick über die zuvor im Detail beschriebenen Vorgänge diese Krise etwas näher zu kennzeichnen und mögliche, entscheidende Perspektiven für die nahe Zukunft des Staates Indien aufzuzeigen.

Zunächst besteht diese Krise der indischen Moderne in einer Krise der politischen Kultur, jener Kultur also, die die öffentliche Ordnung definiert und auch die Rahmenbedingungen und Spielregeln für den politischen Diskurs im Allgemeinen festlegt. Verfassungsrechtlich ging die Republik Indien seit ihrer Ausrufung den Weg der repräsentativen Demokratie, deren Parlamentarismus gesellschaftspolitisch durch die Medienvielfalt und -freiheit mit einer kurzen Unterbrechung unter Indira Gandhi realisiert wurde und wird. Indien steht damit nicht nur in scharfem Kontrast zum zweiten Nachfolgestaat des Indian Empire, Pakistan, sondern darf sich angesichts der Größe des Landes auch einer administrativen Leistung rühmen, die die Voraussetzung für funktionsfähige, demokratische Institutionen ist. Diese keinesfalls selbstverständliche politische Kultur scheint durch die Veränderungen der letzten beiden Jahrzehnte in mehrerlei Hinsicht in Frage gestellt. Zum einen bewirkte der Aufstieg der BJP zur wichtigsten politischen Kraft des Landes einen Wegfall der demokratiepolitisch natürlich ebenso fragwürdigen Stabilität des Einparteiensystems der Congress Party. Nun stellt in einer parlamentarischen Demokratie jede Pluralisierung einen Fortschritt im Sinne des demokratischen Entscheidungsprozesses dar, zieht aber auch wie im Falle Indiens die Instabilisierung der Regierung des Landes nach sich, die durch die Konkurrenz der beiden Großparteien zueinander entstand. Vorrangiges politisches Ziel der jeweils in Opposition befindlichen Partei ist es in den letzten Jahren gewesen, zu einem frühest möglichen Zeitpunkt die im Amt befindliche Regierung unter Beteiligung der jeweils anderen Großpartei zu stürzen, sodass wichtige Reformen und auch die entscheidende politische Kontinuität über eine Legislaturperiode in der Regel ausblieben. Diese innenpolitische Konstellation zusammen mit der bereits dargestellten Fragmentierung der Parteienlandschaft durch Regionalparteien schwächt die demokratischen Institutionen in ihrer Funktion und reduziert die politische Kultur zur machtpolitischen Taktik, die das Land durch ihre inhärente Instabilität lähmt.

Eine weitere Veränderung zieht hinsichtlich der politischen Kultur Indiens zunehmend weite Kreise. Der breite gesellschaftliche und politische Aufstieg außerparlamentarischer Gruppierungen wie der RSS oder der VHP brachten vor allem eine Erweiterung des rhetorischen Spektrums nach rechts außen, die eine zuvor stärker sanktionierte, gewaltgeladene Sprache zum allgemein tolerierten politischen Ton erhoben und auch vor zweifellos kulturrassistischen Kategorisierungen nicht zurückschrecken. Neben dieser Verrohung des Diskurses entziehen sich diese Gruppierungen sämtlicher demokratischer Kontroll- und Transformationsmechanismen, die ansonsten die Aufgabe des gesellschaftlichen Interessenausgleiches wahrnehmen. Die politische Bühne dieser radikalen Organisationen ist die Straße oder die von ihnen kontrollierten, internen Versammlungen und das Fundament der Agitation bildet nicht der demokratische Argumentationsaustausch, der den Ausgleich herbeiführt, sondern die rhetorische und brachiale Gewalt, die die exklusive Realisation der Eigeninteressen verlangt.

Schließlich bleibt noch zu betonen, dass jede Form von Gewalt die demokratischen Gesprächs- und Diskursregeln aufkündigt, schon allein aus der Tatsache heraus, dass Gewalt eben den Austausch zwischen Interessengruppen vom Diskurs auf die direkte, mechanische Konfrontation verlegt. Zudem vereinnahmt die radikalreligiöse Rhetorik immer stärker die Auseinandersetzungen im Parlament, kritisiert mit zunehmender Offenheit Entscheidungen der unabhängigen Gerichte und setzt Minderheiten des Landes jenseits demokratischer Mechanismen unter politischen Dauerdruck. Diese Veränderungen im politischen Alltag Indiens stellen entscheidende Krisenmomente in seiner Moderne dar, die wesentlich als Weichenstellungen für die nahe Zukunft fungieren.

Zweitens ist diese Krise eine Krise des säkularen Staates, der durch den direkten Vorwurf des „Pseudosäkularismus" der politischen Rechten in seiner gegenwärtigen Verfassung in Frage gestellt wird. Unter dem Deckmantel des Mehrheitsprinzips, das die Hindus zur alleinig dominanten Gruppe im Staat erklärt, werden die verfassungsrechtlich garantierten Privilegien zahlreicher Minderheiten angezweifelt und im Namen „echter Demokratie" eine de facto Hinduisierung des Rechtes gefordert. Erst im Frühjahr 2000 wurde ein „Review Committee" mit der Aufgabe betraut, zu prüfen, „as to how far the existing provisions of the Constitution are capable of responding to the needs of efficient, smooth and effective system of governance and socio-economic development of modern India and to recommend changes, if any, that are required to be made in the Constitution within the framework of parliamentary democracy and without interfering with the basis structure or basic features of the Constitution" (zit. nach Baxi 2000:895). Natürlich sind die Absichten dieser Revision keinesfalls so abstrakt und politisch neutral, wie in diesem Parlamentsbeschluss festgestellt. Es darf dahinter eine Revision zugunsten einer weiteren Ausrichtung auf die Hindumehrheit des Landes vermutet werden, zumal die treibenden Kräfte dieser Prüfung die Regierungspartei BJP und ihre politischen Koalitionäre sind. Nicht nur politisch, sondern auch sozialwissenschaftlich wird in Indien derzeit heftig über die Sinnhaftigkeit des Säkularismus debattiert. Stark an Tradition und Religion orientierte Theoretiker wie Ashis Nandy (1987, 1988) oder T.N. Madan (1987, 1997) bezweifeln, dass Säkularismus nach westlichem Muster geeignet ist, in einem nach wie vor von der eigenen Tradition und Kultur bestimmten Land wie Indien geordnete Verhältnisse zu schaffen. Stellvertretend für viele andere ist für diese beiden Denker die Kontextualisierung dieser westlichen Errungenschaft nicht gelungen, was sich ihrer Meinung nach am jüngsten Aufschwung radikaler religiöser Gruppierungen und Parteien als bewusste Betonung der kulturellen Eigenheiten zeigt.

Drittens schließlich deklariert die politische Umgestaltung des Landes eine Krise des postkolonialen Projektes überhaupt. Die bisherige, das Selbstverständnis des Staates tragende wirtschaftliche wie politische Strategie zur nationalen Emanzipation schlug im Laufe der 80er Jahre vor allem unter den geänderten globalen Rahmenbedingungen endgültig fehl, sodass eine Reformulierung des indischen Projektes der Moderne dringlich wurde. Indien konnte in keiner Phase seiner eigenstaatlichen Entwicklung als Modellfall eines Nationalstaates mit kulturell homogener Bevölkerung angesehen werden. Zu heterogen und pluralistisch ist seine riesige Bevölkerung in jeder Hinsicht. Aus diesem Grund war es für den Staat und seinen Fortbestand von zentraler Bedeutung, zu einer gemeinsamen politischen Kultur und Praxis zu finden, die abgekoppelt von ethnischen, religiösen und kulturellen Identitäten existenzfähig war. Dem Republikanismus als übergeordnete Einheit kulturell heterogener Staatsbürger auf dem Fundament einer anerkannten Verfassung musste es daher gelingen, seinen Eigenwert in Form des „Gebrauchswertes der Rechte" des Einzelnen, in Form von sozialer Sicherheit und der „reziproken Anerkennung verschiedener kultureller Lebensformen" zu vermitteln (Habermas 1999:142f). Eben dieser Eigenwert des säkularen Republikanismus geriet durch das sich abzeichnende Scheitern des bisherigen wirtschaftspolitischen Paradigmas des staatlichen Interventionismus und durch den damit einhergehenden Abbau der staatlichen Kompetenz zu Gunsten des sozialen Ausgleichs und der wirtschaftlichen Initiative zunehmend unter Druck, was zu einer Neudefinition der Nation durch die latent immer anwesende hindunationalistische Alternative führte. Die unmittelbare politische Zukunft scheint auch in Indien sowohl von moslemischer wie auch von hinduistischer Seite von einer zunehmend stärker werdenden Referenz gegenüber dem „Ethnos" bestimmt zu sein, die die säkulare Solidaritätsgemeinschaft des „Demos" schrittweise aufkündigt und neue, primordial definierte Grenzmarkierungen zieht, die erst in der direkten Konfrontation mit dem innerindischen aber auch mit dem global Anderen an Gestalt gewinnen und damit gesellschaftspolitisch relevant werden. Die politische Perspektive dieser Grenzmarkierungen ist bekannt: eine indische Moderne, die den als kulturell fremd wahrgenommenen Paradigmen des Westens entsagt und eine kontextgebundene Alternative zur hegemonialen Globalität darstellt.

Mit dieser Bestandsaufnahme lassen sich vorsichtig einige Aspekte formulieren, die das Verhältnis Indiens zur Globalisierung und daher Indiens Positionierung
in der Weltgesellschaft entscheidend mit beeinflussen werden. Von grundsätzlicher Bedeutung ist die Aufrechterhaltung der modernen Diskursregeln, allen voran
die Gewaltfreiheit aber auch zivile Freiheiten wie die freie Presse und die Kultivie-
rung der demokratischen Entscheidungsmechanismen bzw. die Beseitigung der
Defizite in diesem Bereich. Dazu gehört maßgeblich die Wiederherstellung der
politischen und rechtlichen Kontrolle über die außerparlamentarischen Organisationen wie der RSS oder der VHP, die massiv auf die politischen Entscheidungen
zugreifen, ihrerseits jedoch den demokratischen Kontrollen nicht zugänglich sind.
Nur durch die Stärkung der demokratischen Institutionen wird es möglich sein, eine
vor allem für die wirtschaftlich schwächere Bevölkerungsschicht konstruktive
Auseinandersetzung mit den Kräften des globalen Marktes zu führen, ohne dem
global Fremden lediglich die nach innen quasi autoritär wirkenden Beherrschungs-
mechanismen des Ethnonationalismus entgegenzuhalten.

Bezüglich der Problematik des Säkularismus erscheint klar, dass jedes Abweichen davon desintegrierend wirken wird. Angesichts des heterogenen Charakters
der indischen Bevölkerung stößt ein Mehrheitsprinzip, wie es die hinduistische
Rechte verlangt, rasch an seine Grenzen. Das Abgehen von der „positiven Diskriminierung zugunsten der Minderheiten" würde die Diskrepanz zwischen rechtli-
cher und faktischer Gleichberechtigung wesentlich erweitern und zudem das
Anrecht auf kulturelle Existenz massiv gefährden. Aus diesen Gründen wird es für
Indien entscheidend sein, Wege zu einer „differenzempfindlichen Inklusion"
(Habermas 1999:174) zu finden, die den Minderheiten auch in Zukunft kulturelle
Autonomie und wirtschaftliche Möglichkeiten einräumt. Eine Politik, die dies
verabsäumt, zwingt diese Minderheiten in die offensive Selbstbehauptung, die nur
zu Lasten der Integrationskraft des Staates gehen kann.

Die Betonung einer „indischen Moderne" im globalen Zeitalter, wie sie die
hindunationalistische Rechte fordert, birgt im Wesentlichen zwei Problematiken in
Bezug auf die Positionierung Indiens in der Weltgesellschaft in sich. Zum einen ist
dies eine unkorrekte Vorstellung von Moderne, die als ein Resultat westlicher
Kultur und Tradition gedacht wird und die daher für jene Räume, die dieses Erbe
nicht teilen, keine Relevanz besitzt bzw. nur hegemonial und unter Missachtung der
eigenen, nichtwestlichen Vergangenheit vermittelt werden kann. Tatsächlich sind
aber heutige entscheidende Wesensmerkmale des Westens kein lineares Ergebnis
seiner Tradition, sondern das Resultat durchaus widersprüchlicher und konflikt-
reicher interner Auseinandersetzungen (Senghaas 1998:199), die natürlich auch
und vor allem gegen die Autoritäten von Kultur und Tradition wie etwa die Kirche
geführt wurden. Der laizistische Staat, die Menschenrechte und die Aufklärung
sind nicht das logische Endstadium der genetischen Biographie des Westens,
sondern erstrittene Instanzen der Freiheit, die zu einem wesentlichen Teil in
Opposition zu traditionellen Werten Gestalt annahmen. Die von der hindu-

nationalistischen Rechten bekämpfte und kulturell angefeindete weil westliche
Moderne wird zudem als ein endgültig ausformuliertes Fixum betrachtet, das in
sich den Zwang zur Universalisierung trägt und damit westliche Kulturmaßstäbe
zum global gültigen Diskurs- und Bewertungsschema erhebt. Diese Einschätzung
ist der eigentliche Legitimationshintergrund für die Zurückweisung von zunächst
im Westen entstandenen Rechten der kulturellen und religiösen Emanzipation.
Diese Darstellung verkennt jedoch in zentraler Weise den (selbst-)„reflexiven
Charakter" (Giddens 1990:38) des modernen Diskurses, der die Moderne selbst
einem ständigen Prozess der Optimierung hinsichtlich ihrer eigenen Ideale unter-
wirft und somit zum Kritikpotential gegenüber sich selbst, der Kultur und Tradition
und möglichen immanenten Entmündigungsstrukturen wird. Dieser „detektivische
Zug" der Moderne (Lutz Wingert, zit. nach Habermas 1998:180) versetzt damit
auch den Westen in eine ständige Unruhe, die von den Postulaten der Moderne
aufrecht erhalten wird und die den Nicht-Westen ebenso zum Ankläger gegenüber
vormodernen Entmündigungen macht. Die indische Rechte zieht damit aus der
gerechtfertigten Skepsis gegenüber einer kulturell blinden Universalität der Moderne den bedenklichen Schluss, dass sich die Maßstäbe der Vernunft im Namen
der Religion und Tradition in jedem neuen Kontext ändern würden. Dieser
Traditionalismus führt nicht nur zu einem Abbau der Kritikfähigkeit gegenüber der
eigenen Kulturgeschichte und ihren Autoritäten, sondern verhindert zudem jede
produktive und echt skeptische Auseinandersetzung mit den kulturellen Impulsen
der Globalisierung, die entschieden über eine prinzipielle und ebenso entmündi-
gende Apologetik des Eigenen hinausgehen müsste.

Um das indische Projekt der Moderne auch im Zeitalter der Globalisierung
fortsetzen zu können, wird es vor allem angesichts der kulturell vielfältigen Anreize
von außen und innen entscheidend sein, dieses Projekt als ein Unterwegs-Sein mit
Debatten und Auseinandersetzungen innerhalb der klar definierten und rechtsstaatlich garantierten Gesprächsregeln fortzuführen, das die Kreativität der Beiträge
und deren Austausch zum Paradigma des Staates erklärt. Jede fixierte, stereotype
und daher „wirklichkeitsfremd-unterkomplexe" (Senghaas 1998:205) Kulturvor-
stellung ist diesem Unternehmen hinderlich und liefert die Mehrheit der Menschen
des Landes letztlich völlig wehrlos den Kräften des internationalen Kapitals aus.
Damit einhergehend wird es für Indien entscheidend sein, die Effekte der
Globalisierung als Prozess des wirtschaftlichen Neokolonialismus einzudämmen,
da bei einem Scheitern dieses Unterfangens weiterhin große Teile der Bevölkerung
keine Möglichkeit sehen werden, sich produktiv in die Veränderungen einzubringen und als Gesprächspartner teilzunehmen. Solange dies nicht gelingt, wird die
politische Kultur des Landes auch in Zukunft von selbsternannten Agitatoren der
kulturellen Selbstbehauptung mitbestimmt sein, die auf keinen Fall zu jener
politischen wie kulturellen Mündigkeit beitragen, die im Zeitalter der sich globalisierenden Zusammenhänge im Namen des Eigenrechtes gegen die hegemoniale Bevormundung unbedingt erforderlich ist.

Literatur

Agrawal, Purushottam (1994): The Meaning of Michael Jackson. In: Mainstream. 1.1., 17-18.

Akthar, Shameem (1996): Manch Joins Crusade Against Jackson. In: The Telegraph. 26.9.

Alam, Javeed (1999): India. Living with Modernity. Delhi u. a.

All India Peoples' Resistance Forum (AIPRF) (1997): In the Service of a Multinational. How the Indian State deals with popular resistance to Enron. Delhi u. a.

Altvater, Elmar/Mahnkopf, Birgit, Hg. (1997, 2. Auflage): Grenzen der Globalisierung. Ökonomie, Ökologie und die Politik in der Weltgesellschaft. Münster.

Andersen, Walter K. (1972): The Rashtriya Swayamsevak Sangh I-IV. In: Economic and Political Weekly. 11.3.: 89-97; 18.3.: 633-640; 25.3.: 673-682; 1.4.: 724-727.

Andersen, Walter K./Damle, Shridhar D. (1987): The Brotherhood in Saffron. The Rashtriya Swajamsevak Sangh and Hindu Revivalism. New Delhi.

Anderson, Benedict (1983): Imagined Communities: Reflexions on the origin and spread of Nationalism. London.

Appadurai, Arjun (1993): Number in the Colonial Imagination. In: Breckenridge/Veer (Hg.): 314-339.

Appadurai, Arjun (1998, 4. Auflage): Modernity at Large. Cultural dimensions of globalization. Minneapolis/London.

Appadurai, Arjun/Breckenridge, Carol (1996): Public Modernity in India. In: Breckenridge (Hg.): 1-20.

Asian Age (1998): BJP Distances Itself From VHP Remarks on Mother Teresa. 31.12.

Asian Age (1999): CIA Behind Missionaries: VHP. 2.1.

Balakrishnan, S. (1994): Will the Parivar Oppose Pepsi, Coca-Cola? In: Times of India, 6.7.

Banerjee, Ashish (1994): ,Comparative Curfew': Changing Dimensions of Communal Politics in India. In: Das (Hg.): 37-68.

Basham, A. L. (1967, 3. Auflage): The Wonder that was India. New Delhi u. a.

Basu, Tapan/Datta, Pradip/Sarkar, Sumit/Sarkar, Tanika/Sen, Sambuddha (1993): Khaki Shorts and Saffron Flags. A critique of the Hindu Right. New Delhi.

Baxi, Upendra (2000): Kar Seva of the Indian Constitution. Reflections on Proposals for Review of the Constitution. In: Economic and Political Weekly. 11.3.: 891-895.

Bhargava, Bharati (1995): How to Clean Your Teeth the Swadeshi Way. In: Times of India. 17.9.

Bhargava, Rajeev, Hg. (1998): Secularism and its Critics. Delhi u. a.

Bharucha, Rustom (1998): The Shifting Sites of Secularism. Cultural politics and activism in India today. In: Economic and Political Weekly. 24.1.: 167-180.

Bhattacharya, Neeladri (1991): Myth, History, and the Politics of Ramjanmabhumi. In: Gopal (Hg.): 122-140.

Bidwai, Praful/Mukhia, Harbans/Vanaik, Achin, Hg. (1996): Religion, Religiosity and Communalism. New Delhi.

Bird, Jon/Curtis, Barry/Putnam, Tim/Robertson, George/Tickner, Lisa, Hg. (1993): Mapping the Futures. Local cultures, global change. London/New York.

Blom Hansen, Thomas (1996): Globalisation and Nationalist Imaginations. Hindutva's promise of equality through difference. In: Economic and Political Weekly. 9.3.: 603-616.

Blom Hansen, Thomas (1998): BJP and the Politics of Hindutva in Maharashtra. In: Blom Hansen/Jaffrelot (Hg.): 121-162.

Blom Hansen, Thomas/Jaffrelot, Christophe (1998): Introduction: The BJP after the 1996 Elections. In: Blom Hansen/Jaffrelot (Hg.): 1-21.

Blom Hansen, Thomas/Jaffrelot, Christophe, Hg. (1998): The BJP and the Compulsions of Politics in India. Delhi u. a.

Bose, Sugata/Jalal, Ayesha, Hg. (1998): Nationalism, Democracy and Development. State and Politics in India. New Delhi u. a.

Braganza, Karuna Mary/Peeradina, Saleem, Hg. (1989): Cultural Forces Shaping India. Delhi u. a.

Brass, Paul R. (1991): Ethnicity and Nationalism. Theory and comparison. New Delhi/ Newbury Park/London.

Brass, Paul (1994, 2. Auflage): The Politics of India since Independence. New Delhi.

Breckenridge, Carol, Hg. (1996): Consuming Modernity. Public culture in contemporary India. Delhi u. a.

Breckenridge, Carol B./Veer, Peter van der, Hg. (1993): Orientalism and the Postcolonial Predicament. Perspectives on South Asia. Philadelphia.

Bruckmüller, Ernst/Linhart, Sepp/Mährdel, Christian, Hg. (1994): Nationalismus. Wege der Staatenbildung in der außereuropäischen Welt (= HSK 4). Wien.

Business Standard (1993): RSS Outfit Guns for Coke, Pepsi. 13.11.

Business Standard (1995): KFC Forced to Shut by Protesters in Bangalore. 2.11.

Business Standard (1997): SC to Fix Accountability for Enron Delay. 3.5.

Business World (1995): „Foreign Investment Must Meet Test of Need". 23.8. bis 5.9.

Çaglar, Gazi (1997): Der Mythos vom Krieg der Zivilisationen. Der West gegen den Rest der Welt (= Schriftenreihe des Instituts für interkulturelle Forschung und Bildung Hannover, Bd. 2). München.

Chakraborty, Satyabrata (1994): Communalism in India. The changing scenario. In: Chatterji (Hg.): 21-41.

Chandra, Bipan (1969): Historians of Modern India and Communalism. In: Thapar/ Mukhia/Chandra (Hg.): 36-57.

Chandra, Bipan (1987, 2. Auflage): Communalism in Modern India. New Delhi.

Chandra, Bipan u. a. (1989): India's Struggle for Independence 1857-1947. New Delhi u. a.

Chandra, Bipan (1991): Communalism and the State: some issues in India. In: Panikkar (Hg.): 132-141.

Chandra, Bipan (1992): The Epic Struggle. New Delhi.

Chandra, Bipan (1994): Ideology and Politics in Modern India. New Delhi.

Chatterjee, Partha (1986): Nationalist Thought and the Colonial World. A Derivative Discourse? Delhi u. a.

Chatterjee, Partha (1994): The Nation and Its Fragments. Colonial and Postcolonial Histories. Delhi u. a.

Chatterjee, Partha (1998): Secularism and Tolerance. In: Bhargava (Hg.): 345-379.

Chatterji, Rakhahari, Hg. (1994): Religion, Politics and Communalism. The South Asian experience. New Delhi.

Chenoy, Kamal A. Mitra (1996): Citizen's Inquiry Reports on Ayodhya and its Aftermath. In: Bidwai/Mukhia/Vanaik (Hg.): 107-126.

Chowdhury, Jayanta Roy (1993): Coke Pips Pepsi. In: The Pioneer. 16.11.

Cohn, Bernard S. (1983): Representing Authority in Victorian India. In: Hobsbawm/ Ranger (Hg.): 165-209.

Corbridge, Stuart (1999): „The Militarization of all Hindudom"? The Bharatiya Janata Party, the bomb, and the political spaces of Hindu nationalism. In: Economy and Society Nr. 2: 222-255.

Curran, J.A. (1979): Militant Hinduism in Indian Politics. A study of the R.S.S. New Delhi.

D'Mello, Ashley (1999): Mayhem is to scare tribals off Christianity. In: Times of India. 1.2.

Dalmia, Vasudha/Stietencron, Heinrich von, Hg. (1995): Representing Hinduism. The construction of religious traditions and national identity. New Delhi/Thousand Oaks/ London.

Das, Veena, Hg. (1986): The Word and the World. Fantasy, Symbol and Record. New Delhi/London/Beverly Hills.

Das, Veena (1994): Introduction: Communities, Riots, Survivors – The South Asian experience. In: Das (Hg.): 1-36.

Das, Veena, Hg. (1994, 2. Auflage): Mirrors of Violence. Communities, riots and survivors in South-Asia. New Delhi u. a.

David, Stephen (1995): Giving MNCs the Jitters. In: India Today. 15.10.

Davis, Richard H. (1996): The Iconography of Rama's Chariot. In: Ludden (Hg.): 27-54.

Desai, A. R. (1976, 5. Auflage): Social Background of Indian Nationalism. Bombay.

Desai, Radhika (1999): Culturalism and Contemporary Right. Indian Bourgeoisie and political Hindutva. In: Economic and Political Weekly. 20.3.: 695-712.

Deshpande, Satish (1995): Communalising the Nation-Space. Notes on spatial strategies of Hindutva. In: Economic and Political Weekly. 16.12.: 3220-3227.

Eco, Umberto (1984): Apokalyptiker und Integrierte. Zur kritischen Kritik der Massenkultur. Frankfurt a. M.

Elenjimittan, Anthony (1951): Philosophy and Action of the R.S.S. for the Hind Swaraj. Bombay.

Engineer, Ashgar Ali (1995): Lifting the Veil. Communal violence and communal harmony in contemporary India. Hyderabad.

Engineer, Ashgar Ali (1996, 2. Auflage): Communalism in India. A historical and empirical study. New Delhi u. a.

Engineer, Ashgar Ali (1997): Religious Fanatism and Communalism. In: Economic and Political Weekly. 5.4.: 701-704.

Falk, Rainer (1996): Gefährdung und Chancen in der Weltgesellschaft – Anmerkungen zu einigen Trends der globalen Entwicklung. In: Haedrich/Ruf (Hg.): 24-29.

Farmer, Victoria L. (1996): Mass Media: Images, Mobilization, and Communalism. In: Ludden (Hg.): 98-115.

Featherstone, Mike (1991): Consumer Culture, Postmodernism, and Global Disorder. In: Robertson/Garrett (Hg.): 133-160.

Featherstone, Mike (1991a): Consumer Culture and Postmodernism. London/Newbury Park/New Delhi.

Featherstone, Mike, Hg. (1992): Global Culture: nationalism, globalization and modernity. London.

Featherstone, Mike (1993): Global and Local Cultures. In: Bird u. a. (Hg.): 169-187.

Featherstone, Mike (1995): Undoing Culture. Globalization, postmodernism and identity. London/Thousand Oaks/New Delhi.

Featherstone, Mike/Lash, Scott/Robertson, Roland, Hg. (1995): Global Modernities. London.

Feldbauer, Peter/Gächter, August/Hardach, Gerd/Novy, Andreas, Hg. (1995): Industrialisierung in Afrika, Asien und Lateinamerika (= HSK 6). Frankfurt a. M./Wien

Feldbauer, Peter/Hardach, Gerd/Melinz, Gerhard, Hg. (1999): Von der Weltwirtschaftskrise zur Globalisierungskrise (1929–1999). Wohin treibt die Peripherie? (= HSK 15). Frankfurt a. M./Wien.

Fernandes, George (1993): What's Next, a Madonna Strip-tease? In: The Illustrated Weekly of India. 13-19.11.

Freitag, Sandria B. (1980): Sacred Symbol as Mobilizing Ideology: The North Indian search for identity. In: Comparative Studies of Society and History 22/4: 597-625.

Freitag, Sandria B. (1990): Collective Action and Community. Public arenas and the emergency of communalism in North India. Delhi u. a.

Freitag, Sandria B. (1996): Contesting the Public: colonial legacies and contemporary communalism. In: Ludden (Hg.): 211-234.

Friedman, Jonathan (1995): Cultural Identity and Global Process. London.

Germund, Willi (1999): Männerbund des Morgengrauens. In: Frankfurter Rundschau. 16.2.

Ghosh, Jayati (1998): Development Strategy in India: A Political Economy Perspective. In: Bose/Jalal (Hg.): 165-183.

Giddens; Anthony (1990): The Consequences of Modernity. Stanford.

Gopal, Sarvepalli (1991): Introduction. In: Gopal (Hg.): 11-21.

Gopal, Sarvepalli, Hg. (1991): Anatomy of a Confrontation. The Babri-Masjid-Ramjanmabhoomi Issue. New Delhi/Calcutta.

Goswami, Anupam (1998): I'm No MNC Basher. In: Business India. 23.3.-5.4.

Goyal, D. R. (1979): Rashtriya Swajamsevak Sangh. New Delhi.

Graham, Bruce Desmond (1990): Hindu Nationalism and Indian Politics: The origin of the Bharatiya Jana Sangh (= Cambridge South Asian Studies). Cambridge.

Gramsci, Antonio (1987): Gedanken zur Kultur. Leipzig.

Greer, Jed/Singh, Kavaljit (1996): TNCs and India. Delhi.

Gupta, Dipankar (1993): Claiming Ceded Ground. In: Seminar Nr. 411: 15-18.

Habermas, Jürgen (1998): Die postnationale Konstellation. Politische Essays. Frankfurt a. M.

Habermas, Jürgen (1999): Die Einbeziehung des Anderen. Studien zur politischen Theorie. Frankfurt a. M.

Haedrich, M./Ruf, W., Hg. (1996): Globale Krisen und europäische Verantwortung. Visionen für das 21. Jahrhundert. Baden Baden.

Halarnkar, Samar/Mahurkar, Uday (1999): Burning the Cross. In: India Today. 11.1.

Hall, Stuart/Held, David/McGrew, Tony, Hg. (1992): Modernity and Its Futures. Cambridge.

Handschuh-Heiss, Stephanie (1997): Auf dem Weg zur McWorld-Culture? Betrachtungen zur Globalisierung von populärer Kultur. In: Reimann (Hg.): 44-78.

Hannerz, Ulf (1992): Cultural Complexity. Studies in the social organisation of meaning. New York.

Harris, David (1996): A Society of Signs? London.

Harvey, David (1990): The Conditions of Postmodernity. An enquiry into the origins of cultural change. Oxford UK/Cambridge, MA.

Harvey, David (1995): Globalization in Question. In: Rethinking Marxism 4: 1-17.

Hasan, Mushirul (1991): Competing Symbols and Shared Codes: Inter-Community Relations in Modern India. In: Gopal (Hg.): 99-121.

Hasan, Zoya (1991): Changing Orientation of the State and the Emergence of Majoritarianism in the 1980s. In: Panikkar (Hg.): 142-152.

Literatur 155

Hasan, Zoya (1996): Party Politics and Communal Mobilization in Uttar Pradesh. In: Bidwai/Mukhia/Vanaik (Hg.): 251-272.

Heuzé, Gérard (1992): Shiv Sena and ‚National' Hinduism. In: Economic and Political Weekly. 3.10.: 2189-2195; 10.10.: 2253-2263.

Heuzé, Gérard (1996): Cultural Populism: The Appeal of the Shiv Sena. In: Patel/Thorner (Hg.): 213-247.

Hippler, Jochen (1996): Anstatt einer notwendigen Satire: Eine kleine Polemik zum Clash of Civilizations nebst einigen Anmerkungen zum Islamismus. In: Haedrich/Ruf (Hg.): 169-178.

Hobsbawm, Eric (1983): Introduction: Inventing Traditions. In: Hobsbawm/Ranger (Hg.): 1- 14.

Hobsbawm, Eric/Ranger, Terence, Hg. (1983): The Invention of Tradition. Cambridge.

Hocking, Russel (1996): The Potential for BJP Expansion: Ideology, politics, and regional appeal – the lessons of Jharkhand. In: McGuire/Reeves/Brasted (Hg.): 219-229.

Huntington, Samuel P. (1993): The Clash of Civilizations. In: Foreign Affairs Nr. 72. 22-49.

Huntington, Samuel P. (1996): Der Kampf der Kulturen. The Clash of Civilizations. Die Neugestaltung der Weltpolitik im 21. Jahrhundert. München/Wien.

India Today (1998): Results: How India Voted. 16.3.

India Today (1998a): Post-Poll: Who Voted For Whom? 16.3.

Jaffrelot, Christophe (1993): Hindu Nationalism: strategic syncretism in ideology building. In: Economic and Political Weekly. 20-27.3.: 517-524.

Jaffrelot, Christophe (1996): The Hindu Nationalist Movement and Indian Politics. 1925 to the 1990s. Strategies of identity-building, implantation and mobilisation (with special references to Central India). London.

Jaiswal, Suvira (1993): Historical Evolution of the Ram Legend. In: Social Scientist Nr.21/3- 4. 89-97.

James, P.J. (1995): Nehru to Rao. Neocolonisation Process in India. Quilon.

Jameson, Fredric (1984): Postmodernism, or the Cultural Logic of Late Capitalism. In: New Left Review Nr. 146. 53-92.

Jerath, Arati R. (1996): RSS asks SJM not to Upset State. In: Indian Express, 7.1.

Jhingran, Saral (1996): Religion and Communalism. In: Bidwai/Mukhia/Vanaik (Hg.): 75- 86.

Kapur, Anuradha (1986): Actors, Pilgrims, Kings, and Gods: The Ramlila at Ramnagar. In: Das (Hg.): 57-74.

Kapur, Anuradha (1993): Deity to Crusader: The changing iconography of Ram. In: Pandey (Hg.): 74-109.

Kapur, Anuradha (1995): The Representation of Gods and Heroes in the Parsi Mythological Drama of the Twentieth Century. In: Dalmia/Stietencron (Hg.): 401-419.

Katzenstein, Mary Fainsod (1979): Ethnicity and Equality. The Shiv Sena Party and Preferential Policies in Bombay. Ithaca/London.

Kesari, Venkatesh (1998): Bajrang Dal, Manch will target Coke, Pepsi Again. In: The Asian Age. 7.9.

Kirpal, Raman (1994): Swadeshi Fuss over Videshi Stuff. In: The Pioneer. 7.7.

Klein, Stefan (1996): Chips ja, aber bloß nicht aus Kartoffeln. In: Süddeutsche Zeitung. 2.2.

Kolodner, Eric (1995): The Political Economy of the Rise and Fall(?) of Hindu Nationalism. In: Journal of Contemporary Asia Nr. 2: 233-253.

Krishnan, G.V. (1995): „For Reasonable Life, Foreign Things are not Necessary". In: Times of India. 19.11.

Kumar, Pramod (1993): Polluting Sacred Faith. A study of communalism and violence in India. Delhi.

Lankesh, Gauri (1993): The Seeds of Fury. In: Sunday. 1-7.8.

Lele, Jayant (1993): Orientalism and the Social Sciences. In: Breckenridge/Veer (Hg.): 45-75.

Lele, Jayant (1995): Hindutva. The Emergence of the Right. Madras.

Lieten, G.K. (1996): Hindu Communalism: Between Caste and Class. In: Journal of Contemporary Asia 2: 236-252.

Lieten, G.K. (1996a): Kaste, Klasse und Kommunalismus. In: Weiß u. a. (Hg.): 126-151.

Ludden, David, Hg. (1996): Contesting the Nation. Religion, community, and the politics of democracy in India. Philadelphia.

Lütt, Jürgen (1994): Indien: Religiöser Nationalismus im säkularistischen Staat. In: Bruckmüller/Linhart/Mährdel (Hg.): 119-128.

Lyotard, Jean-Francois (1994, 3. Auflage): Das postmoderne Wissen. Ein Bericht. Hg. von Peter Engelmann. Wien.

Madan, T.N. (1987): Secularism in its Place. In: The Journal of Asian Studies Nr. 4: 747-759.

Madan, T.N. (1997): Modern Myths, Locked Minds. Secularism and fundamentalism in India. Delhi u. a.

Mahesh, B. (1995): Swadeshi Front Asks Joshi to Call Off Talks With Enron. In: Business Standard, 13.11.

Malkani, K.R. (1980): The RSS Story. New Delhi.

Mathias, T.A. (1989): World Culture and Global Village. In: Braganza/Peeradina (Hg.): 17-56.

McDonald's Corporation (1998): Good Time – Great Taste. (Menükarte der Filialen in Mumbai).

McGrew, Anthony (1992): A Global Society? In: Hall/Held/McGrew (Hg.): 61-116.

McGuire, John/Reeves, Peter/Brasted; Howard, Hg. (1996): Politics of Violence. From Ayodhya to Behrampada (Studies on Contemporary South Asia Nr.1). New Delhi/ Thoudans Oaks/London.

McKean, Lise (1996): Divine Enterprise. Gurus and the Hindu Nationalist Movement. Chicago/London.

Meghani, Saloni (1998): Navalkar's Move to Restrict Rock Concerts have Artistic Crying Foul. In: Times of India. 14.4.

Mendonca, Sandhya (1993): Seeds of Revolution. In: Sunday. 7.10.

Miranda, Avertino (1996): Anti-Enron Activists to Resume Agitation. In: Business Standard, 13.1.

Mishra, Ambarish (1995): RSS Will Lead Stir Against Enron. In: Times of India, 24.11.

Mishra, Ambarish (1996): New Body Distances Itself from SJM. In: Times of India. 28.10.

Mitra, Subrata K./Chiriyankandath, James, Hg. (1992): Electoral Politics in India. A changing landscape. New Delhi.

Moyser, George, Hg. (1991): Politics and Religion in the Modern World. London/New York.

Mukherjee, Shubham (1996): Post-Poll Amnesic BJP Keeps Mum on Enron Details. In: Economic Times. 31.5.

Mukhopadhyay, Nilanjan (1998): Spreading its Tentacles. In: Sunday. 7-13.6.

Nalapat, M.D. (1995): Evicting Enron. In: Times of India. 9.8.

Nalapat, M.D. (1995a): MNC-Bashing: Playing Chicken with the Economy. In: Times of India. 19.11.

Nandwani, Deepali (1998): Bewilderment, Anger at VHP's Beef with Big Mac. In: Sunday Observer. 19.4.

Nandy, Ashis (1987): Traditions, Tyranny and Utopias. Essays in the politics of awareness. Delhi u. a.

Nandy, Ashis (1988): The Politics of Secularism and the Recovery of Religious Tolerance. In: Alternatives Nr. 2. 177-194. Auch In: Bhargava: 321-344.

Nandy, Ashis (1989): The Cola Culture. In: Times of India. 10.7.

Nandy, Ashis (1993): Three Propositions. In: Seminar Nr. 402: 15-17.

Nandy, Ashis (1994): The Simple Joy of Living. In: Times of India. 27.8.

Nandy, Ashis/Trivedy, Shikha/Mayaram, Shail/Yagnik, Achut (1995): Creating a Nationality. The Ramjanmabhumi Movement and fear of the self. Delhi u. a.

Nederveen Pieterse, Jan (1995): Globalization as Hybridization. In: Featherstone/Lash/Robertson (Hg.): 45-68.

Nederveen Pieterse, Jan (1996): Globalisation and Culture. Three Paradigms. In: Economic and Political Weekly. 8.6.: 1389-1393.

Nederveen Pieterse, Jan/Parekh, Bhikhu, Hg. (1997): The Decolonization of Imagination. Culture, knowledge and power. Delhi u. a.

Nehru, Jawaharlal (1998, 18. Auflage): The Discovery of India. Delhi u. a.

Nicholson, Mark (1996): Hindus to Protest as Maharaja Mac Goes to Delhi. In: Financial Times. 12.10.

Nicklas, Hans (1996): Das Phantom des „Kampfes der Kulturen". Kritisches Koreferat zu Richard Friedli. In: Haedrich/Ruf (Hg.): 179-184.

Pandey, Gyanendra (1990): The Construction of Communalism in Colonial North India. Delhi u. a.

Pandey, Gyanendra (1993): Which of Us Are Hindus? In: Pandey (Hg.): 238-272.

Pandey, Gyanendra, Hg. (1993): Hindus and Others. The question of identity in India today. New Delhi.

Pandey, Gyanendra (1995): The Appeal of Hindu History. In: Dalmia/Stietencron (Hg.): 369-388.

Pandey, Vinay (1993): George to Launch Stir Against Coke. In: Times of India. 26.10.

Panikkar, K.N., Hg. (1991): Communalism in India. History, politics and culture. New Delhi.

Panikkar, K.N. (1991a): A Historical Overview. In: Gopal (Hg.): 22-37.

Panikkar, K.N. (1993): Religious Symbols and Political Mobilization: The agitation for a Mandir in Ayodhya. In: Social Scientist Nr. 21/7-8. 63-77.

Patel, Sujata/Thorner, Alice, Hg. (1996): Bombay. Metaphor for Modern India. Delhi u. a.

Patnaik, Nageswar (1993): Anti-MNC Activists Now Target Coca Cola. In: Economic Times. 23.12.

Pattanaik, D.D. (1998): Hindu Nationalism in India. Bd. 1-4. New Delhi.

Petras, James (1993): Cultural Imperialism in the Late 20th Century. In: Journal of Contemporary Asia Nr. 2: 139-148.

Phadke, Suhas (1997): Sena Bigwigs Come to the Aid of Enron. In: Times of India. 7.3.

Purohit, B.R. (1965): Hindu Revivalism and Indian Nationalism. Sagar (MP).

Rajagopal, Arvind (1994): Ram Janmabhoomi, Consumer Identity and Image-Based Politics. In: Economic and Political Weekly. 2.7.: 1659-1668.

Rajgopal, P. R. (1987): Communal Violence in India. New Delhi.

Rakesh, K. M. (1996): KRRS Chief Makes Most of KFC-Attack. In: The Statesman. 11.2.

Ram, P. R. (1998): Gandhi and Godse. Nationalism, Hindutva and Freedom Struggle. Mumbai.

Ramachandran, Hari (1995): India: Hindu Group Targets Foreign Consumer Goods Giants. In: Reuters News Service. 8.7.

Ramesh, Jairam (1998): New Convert to Reforms. In: India Today. 7.12.

Ramesh, P. R. (1995): BJP May Backtrack on Enron, MNCs. In: Economic Times. 23.2.

Ramoo, S. K. (1996): More Than Chicken in the Soup. In: The Hindu. 11.2.

Randeria; Shalini (1996): Hindu-„Fundamentalismus": Zum Verhältnis von Religion, Geschichte und Identität im modernen Indien. In: Weiß u. a. (Hg.): 26-56.

Rani, Sarita (1998): Marked for Death. In: Sunday, 7-13.6.

Reimann, Helga, Hg. (1997): Weltkultur und Weltgesellschaft. Aspekte globalen Wandels. Opladen.

Ritzer, George (1995): Die McDonaldisierung der Gesellschaft. Frankfurt a. M.

Robertson, Roland (1991): Globalization, Modernization, and Postmodernization. The ambiguous position of religion. In: Robertson/Garrett (Hg.): 281-291.

Robertson, Roland (1992): Mapping the Global Condition: Globalization as the Central Concept. In: Featherstone (Hg.): 15-30.

Robertson, Roland (1995): Glocalization: Time-Space and Homogenity-Heterogenity. In: Featherstone/Lash/Robertson (Hg.): 25-44.

Robertson, Roland (1996): Globalization. Social theory and global culture. London.

Robertson, Roland/Garrett, William R., Hg. (1991): Religion and Global Order. New York.

Rothermund, Dietmar (1995): Die Industrialisierung Indiens im 19. und 20. Jahrhundert. In: Feldbauer/Gächter/Hardach/Novy (Hg.): 101-116.

Rothermund; Dietmar (1998): The Fall-out of a new Political Regime in India. In: Asien Nr. 68. 5-20.

Rothermund, Dietmar (1999): Indien und der Weltmarkt, 1929–1999. In: Feldbauer/ Hardach (Hg.): 69-84.

Roy, Bhaskar (1996): RSS Backs Manch in Assailing BJP on Enron. In: Times of India. 8.6.

Roy, Nandita (1998): Quit India Campaign Against MNCs. In: The Telegraph. 23.7.

Roy, Sumit (1997): Globalisation, Structural Change and Poverty. Some conceptual and policy issues. In: Economic and Political Weekly. 16-23.8.

Sahlins, Marshall (1994): Kultur und Praktische Vernunft. Frankfurt a. M.

Sardesai, Rajdeep (1995): The Swadeshi Coalition. In: Sunday. 16-22.7.

Sardesai, Rajdeep/Balakrishnan, S. (1993): RSS, George to Boykott Coke, Pepsi. In: Times of India. 7.11.

Sarkar, Sumit (1993): The Fascism of the Sangh Parivar. In: Economic and Political Weekly. 30.1., 163-167.

Savarkar, V.D. (1989, 6. Auflage): Hindutva. Who is a Hindu? New Delhi.

Schied, Michael (1994): Fundamentalismus ohne Fundamente? Zur Entwicklung des Hindu-Fundamentalismus: Der Fall der Babri-Moschee von Ayodhya. In: Asien AfrikaLateinamerika Nr. 21/6: 603-614.

Sen Gupta, Arindam (1995): Is the Indian Polity Growing Up? In: Economic Times. 13.9.

Senghaas, Dieter (1998): Zivilisierung wider Willen. Der Konflikt der Kulturen mit sich selbst. Frankfurt a. M.

Shah, Ghanshyam (1998): The BJP's Riddle in Gujarat: Caste, Factionalism and Hindutva. In: Blom Hansen/Jaffrelot (Hg.): 243-266.

Sharma, R.S. (1990): Communalism and India's Past. In: Social Scientist Nr. 1-2: 3-12.

Singh, Anli (1998): „Swadeshi" Hoteliers Will Back Fast Food MNC Against VHP Move. In: Times of India. 4.4.

Singh, V.B. (1994): Elections in India. Bd. 2: Data Handbook on Lok Sabha Elections 1986-1991. New Delhi/Thousand Oaks/London.

Sklair, Leslie (1995, 2. Auflage): Sociology of the Global System. Hertfordshire.

Slater, Don (1997): Consumer Culture and Modernity. Cambridge.

Spitz, Douglas (1993): Cultural Pluralism, Revivalism, and Modernity in South Asia: The Rashtriya Swayamsevak Sangh. In: Young (Hg.): 242-264.

Srikrishna Commission (1998): Damning Verdict. Report of the Srikrishna Commission appointed for inquiry into the riots at Mumbai during December 1992-January 1993 and the March 12, 1993 bomb blasts. Mumbai.

Sunday (1995): Fair or Fowl? 17-23.9.

Sunday (1998): Marked for Death. MNCs beware! The Swadeshi Jagran Manch threatens to launch a new Quit India movement. 7-13.6.

Sunday (1998a): „We Don't Need MNCs Where They Are Operating Now!" 7-13.6.

Swadeshi Jagaran Manch, The (1995): Report on Dabhol Power Project.

Swadeshi Jagaran Manch, The (1997): Propagating the Value of Self Reliance. New Delhi.

Talbot, Ian A. (1991): Politics and Religion in Contemporary India. In: Moyser (Hg.): 135-161.

Taussig, Michael (1997): Mimesis und Alterität. Eine eigenwillige Geschichte der Sinne. Hamburg.

Thapar, Romila (1975): The Past and Prejudice. New Delhi.

Thapar, Romila (1989): Imagined Religious Communities? History and the modern search for Hindu Identity. In: Modern Asian Studies Nr. 23/2. 209-231.

Thapar, Romila (1991): A Historical Perspective on the Story of Rama. In: Gopal (Hg.): 141-163.

Thapar, Romila/Mukhia, Harbans/Chandra, Bipan, Hg. (1969): Communalism and the Writing of Indian History. Delhi, Ahmadabad, Bombay.

The Pioneer (1993): Fernandes to Campaign Against Coke, Pepsi. 28.12.

The Pioneer (1995): A Knight in Swadeshi Armour. 6.8.

The Pioneer (1995): Delhi Govt Cancels KFC Licence. 12.11.

The Statesman (1995): KFC Outlet Reopens after Court Order. 5.12.

The Statesman (1995a): Khurana Weakened Case Against KFC. 5.12.

The Telegraph (1995): Bangalore Says No to Kentucky Fried. 3.9.

The Telegraph (1996): Fowl Play. 10.2.

The Voice Of People Awakening (1996): Ms. World Contest! But, Made in India!! 1.11.

Thengadi, Dattopant (1992): Nationalist Pursuit. Bangalore.

Tibi, Bassam (1995): Krieg der Zivilisationen. Politik und Religion zwischen Vernunft und Fundamentalismus. Hamburg.

Tibi, Bassam (1996): Strukturelle Globalisierung und kulturelle Fragmentierung. Dialog zwischen den Zivilisationen. In: Internationale Politik 1: 29-36.

Times Of India (1994): Foto der Aktion. 9.8.

Times Of India (1995): Govt. Decision on Enron Angers RSS Lobby in BJP. 7.11.

Times Of India (1997): Fishermen's Body Will Continue Agitation Against Enron Project. 19.8.

Times Of India (1998): McDonald's Move to Open New Outlet at Vile Parle Opposed. 31.3.

Times Of India (1998): McDonald's Opens Outlet at Vile Parle Without Much Fuss. 17.5.

Times Of India (1998): PM will assert himself to pass insurance bill. 3.12.

Tomlinson, John (1991): Cultural Imperialism. A critical introduction. London.

Vanaik, Achin (1990): The Painful Transition. Bourgeois Democracy in India. London/New York.

Vanaik, Achin (1997): Communalism Contested. Religion, Modernity and Secularization. New Delhi.

Veer, Peter van der (1987): ‚God must be Liberated!' A Hindu Liberation Movement in Ayodhya. In: Modern Asian Studies 21/2: 283-301.

Veer, Peter van der (1988): Gods on Earth. Religious experience and identity in Ayodhya. Delhi u. a.

Veer, Peter van der (1994): Religious Nationalism. Hindus and Moslems in India. Berkeley u. a.

Wallerstein, Immanuel (1992): Culture as the Ideological Battleground of the Modern World-System. In: Featherstone (Hg.): 31-55.

Weiß, Christian/Weichert, Tom/Hust, Evelin/Fischer-Tine, Harald, Hg. (1996): Religion-Macht-Gewalt. Religiöser „Fundamentalismus" und Hindu-Moslem-Konflikte in Südasien. Frankfurt a. M.

World Bank (1989): A World Bank Country Study: India. An industrializing economy in transition. Washington D.C. (The World Bank).

Yang, Anand A. (1980): Sacred Symbol and Sacred Space in Rural India: community mobilization in the „Anti-Cow Killing" Riot of 1893. In: Comparative Studies of Society and History Nr. 22/4. 576-596.

Young, Crawford, Hg. (1993): The Rising Tide of Cultural Pluralism. The Nation State at Bay? Madison.

Zimmer, Heinrich (1998, 9. Auflage): Philosophie und Religion Indiens. Frankfurt a. M.